おきりこみと焼き饅頭

群馬の粉もの文化

横田雅博

農文協

――群馬の粉ものいろいろ――

おきりこみ（館林市）
地元ではニゴミと呼ばれる

焼き饅頭（伊勢崎市）

4個刺しは餡なし、3個刺しは餡入り

焼餅（藤岡市上日野）

重曹を使用していない昔ながらのもの

ジリヤキ（富岡市）

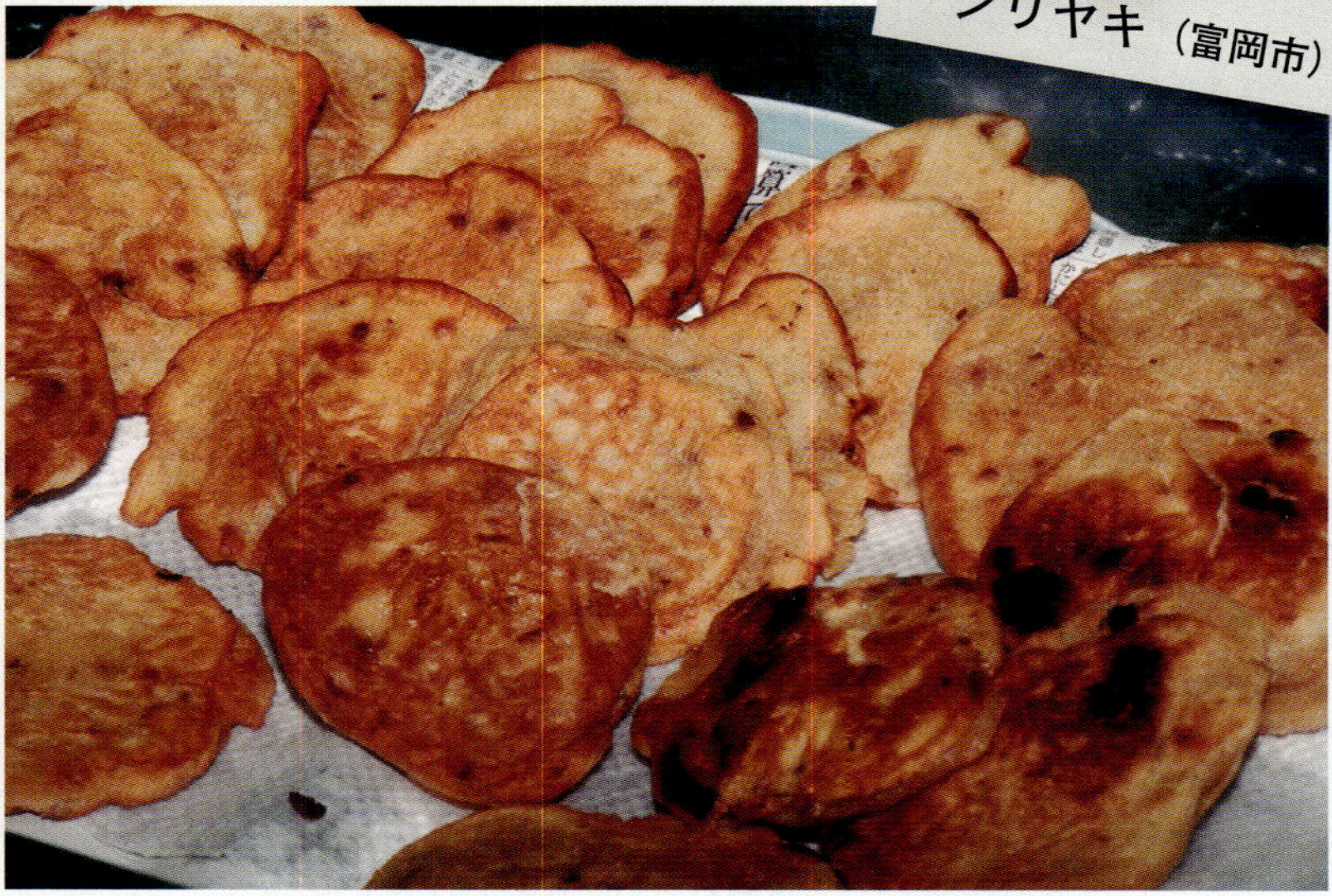

ゆで饅頭（館林市）

小麦粉のゆべし
（甘楽郡南牧村）

地元ではイブシと呼ばれる

湯の花饅頭の製造（渋川市伊香保町）

磯部煎餅を焼く（安中市磯部）

まえがき

群馬の食文化といえば粉ものである。農村の家庭には、おきりこみや水団《すいとん》、焼餅《やきもち》やジリヤキといった粉ものを日常的に食べてきた伝統がある。年中行事の際にも、夏場を中心に饅頭《まんじゅう》やうどんが頻繁に食されてきた。また、来客や冠婚葬祭に伴う人寄せの食事には、「うどん振る舞い」といって、うどんが出されるのが通例だった。

町へ行けば、たいていどこの町の入口にも饅頭を名物にする店があった。養蚕が盛んだった時代、繭の出荷などで町へ出た農家の人達は、そこの饅頭を買って食べ、家族へのみやげにするのを楽しみにしていた。また、祭りともなれば、季節を問わず、今でも必ず焼き饅頭の露店が出る。

土地の名物や観光みやげにも粉ものが多い。水沢・桐生・館林などではうどんが名物になっているし、伊香保・草津などの温泉地へ行けば、温泉饅頭を売る菓子店やみやげ物店が軒を連ねている。近年では、太田の焼きそばや伊勢崎のもんじゃ焼きのように、ご当地グルメとして粉ものをＰＲするところも多く見られるようになった。

このような群馬の特徴的な食文化の背景には、畑作と水田裏作による麦類の栽培が盛んだったことがある。地理的には、日照時間が長く、空っ風に象徴される冬の乾燥した気候と、水はけの良い土壌が麦作に適していたこと。歴史的には、近世に行われた新田開発で畑地の開発が多く、また水田についても二毛作率が高かったことが挙げられる。

私は、群馬生まれの群馬育ちだが、実家は農家ではない。父親は教員で、核家族の家庭に生まれ育った。それでも子供の頃、母親が作ってくれた水団（ツミッコと呼んでいた）・蒸しパン・ジリヤキや、本家に遊びに行くと振る舞われたうどん・てんぷら・炭酸饅頭、祭りに行くと買ってもらった露店の焼き饅頭などが鮮明に記憶に残っている。そして、今でも粉ものが好きである。

学生時代に地理や民俗に興味をもち、フィールドワークに親しみ、教職に就いてからも今日に至るまで、細々ながら趣味として研究を続けてきた。また、仕事の上でも『新編高崎市史』の編纂事業に関わったり、群馬県立歴史博物館に勤務したりして、地域研究に携わってきた。本書は、そうした折に書いてきた文章の中から、群馬の粉ものに関する文章を選んで加筆修正し、新たに書き下ろした文章を加えてまとめたものである。文体や表記は一部を除き、執筆当時のままとしている。

群馬の粉もの文化は多彩で豊かであり、本書は到底その全てを網羅するものではない。この本に載っていない粉ものはまだまだあるし、話題として取り上げたものにもかなり偏りがある。しかし、自分なりにできる範囲で、粉ものについて面白いと思ったこと、足を使って調べたこと、考えてきたことを書いたつもりである。

本書を読んで、伝統ある群馬の粉ものに少しでも興味をもっていただけたら幸いである。

おきりこみと焼き饅頭—群馬の粉もの文化—目次

第三章　粉もの探しの旅

第四章　群馬の粉もの文化とその特色

序・粉どころ群馬の粉ものたち—おきりこみ文化財登録から焼き饅頭《まんじゅう》まで—

二〇一四年三月二十日、「おきりこみ」が群馬県の選択無形民俗文化財となった。本県において「食」の分野から文化財として登録されたのは、今回が初めてである。これは、郷土食・伝統食の文化財的な価値が公に認められたということであり、快挙といってよい。

おきりこみは、幅広に打った小麦粉の麺《めん》を、野菜たっぷりの味噌《みそ》または醤油《しょうゆ》味の汁に入れて、煮込んだもの。山梨県のほうとうによく似た麺料理だ。その呼称は「切り込む」という言葉、すなわち包丁で切った生麺を直ちに鍋《なべ》に入れて煮込むことに由来する。おきりこみは、手軽に作れて、これ一品で一回の食事になることから、養蚕業で忙しかった群馬の女性に重宝され、代表的な家庭料理となった。

群馬では、古くから畑作と水田裏作による小麦栽培が盛んである。その背景として、近世に行われた新田開発で、地形的な制約から畑地の開発が多かったこと。また、日照時間の長いことや、空っ風に象徴される冬の乾燥した気候が、小麦栽培に適していたことを挙げることができる。二〇一二年の群馬の小麦生産量は二万六六〇〇トンで、北海道・福岡県・佐賀県に次ぐ全国第四位。伝統的な「粉どころ」なのだ。

農村で日常的に食べられてきた粉ものには、おきりこみの他に、小麦粉の団子を汁で煮込んだ「すいとん」、長野県のおやきによく似た「焼餅《やきもち》」、残り飯に小麦粉を加えてこね、丸めて焼いた「めし焼餅」、小麦粉をゆるく溶き、焙烙《ほうろく》に垂らして焼いた「じりやき」などがあった。また、農休み・七夕・盆などの夏の年中行事には、小麦の収穫に感謝して、うどんや饅頭を作り、神仏に供えるとともに家族みんなで食べた。このように、群馬の農村には豊かな粉もの文化の伝統がある。

その一方で、町には町の粉もの文化が根付いている。代表格は「焼き饅頭」。あんの入らない酒饅頭を竹串に刺し、甘い味噌ダレを塗って焼いたものだ。前橋市・伊勢崎市・沼田市などには、幕末や明治初期から続く老舗《しにせ》がある。焼き饅頭は町の人たちのおやつであり、明治以降は製糸工場や織物工場で働く女性にも喜ばれた。また、群馬の祭りには、必ず焼き饅頭の露店が登場する。

学校周辺の駄菓子屋は、放課後になると、もんじゃ焼きを食べに来る子どもたちで賑わった。とくに伊勢崎市のもんじゃ焼きは、いちごシロップを入れた「甘《あま》」やカレー粉を入れた「辛《から》」、両方を入れた「甘《あま》辛《から》」など、ユニークなメニューで知られている。

この他にも、絹織物工業で有名な桐生市のうどん、自動車工業で発展した太田市の焼きそばのように、地域の労働力を支えてきた粉もののもある。また、乾麺や温泉饅頭・鉱泉せんべいのように、観光と結びついて土産物《みやげもの》になった粉もののもある。

群馬の粉ものは多彩だ。それを育んできたのは、地域の豊かな自然・風土であり、人々の生活の歴史である。その意味で、「食」はまさに文化財なのだ。

第一章　粉もの文化の伝統

餡《あん》入り焼餅《やきもち》と饅頭《まんじゅう》

焼餅は定義の難しい食品である。同じ名称で呼ばれていても、その実態は地方によって大きく異なっているからである。

群馬県で一般に焼餅といえば、小麦粉を水でこねて丸め、焙烙《ほうろく》の上や囲炉裏《いろり》の灰の中で焼いたものを指すことが多い。焼餅は小麦以外の穀物粉でも作られ、ソバ・ヒエ・シコクビエ・トウモロコシ・粳米《うるちまい》などの粉が材料として用いられている。これらのうち雑穀の粉は、単独で用いられる場合と、小麦粉に混ぜて用いられる場合とがある。また、小麦粉に残り飯を混ぜて作ったものや、クズ粉やワラビ粉を混ぜて作った焼餅もある。さらに加熱法を見ると、焼いて作るもののほかに、蒸したりゆでたりして作るものがある。

このような焼餅は、群馬県の近県には多く見られる。大塚力《おおつかつとむ》は、その分布範囲を静岡・山梨・長野・群馬・埼玉・東京・神奈川の一都六県とし、ホウトウの分布範囲と一致するとしている(1)。一方、金子萬平《かねこまんぺい》は『本邦郷土食の研究』(一九四四年、中央食糧協会刊行)などを資料に、全国に焼餅やこれに類似した食品のあったことを示した上で、中部・関東地方に焼餅が多く分布することを指摘している(2)。金子が焼餅の類似品として挙げたものには、地元では饅頭や団子という名称で呼ばれるものも多く含まれている。焼餅の研究には、名称だけにこだわらず、材料や製法に着目して広く資料を集めることが必要であろう。

ところで、焼餅には餡の入ったものと入らないものとがあり、餡なし焼餅がより古い形と考えられる。長野県には概して餡入り焼餅が多く見られる。そして、餡といえば砂糖入りの小豆餡を連想しがちであるが、長野県では、小豆餡と並んで野菜の餡が一般的である。太田春子《おおたはるこ》は長野県西山地区を例として、小麦粉の皮で様々な野菜餡を包み、焼いたり蒸したりして作る焼餅を報告している。それによれば、餡にする野菜はカボチャ・大根・カブ・玉菜・ナスなどで、千切り（ナスは角切り）にし、味噌《みそ》とすり胡麻《ごま》（またはエゴマ）で調味して用いる。

餡入り焼餅（沼田市）

また、野沢菜の漬物を入れる場合や、野菜なしで味噌と胡麻だけを混ぜ合わせて使う場合などがあるという(3)。

餡入り焼餅は群馬県にもあり、小豆を含めて様々なものが餡に用いられてきた。吾妻郡長野原町羽根尾には、小麦粉の皮で味噌やナスを包んで焼いたものがあった(4)。伊勢崎市境上矢島の屑米粉《くずまい》（粳米）の焼餅は、干葉《ひば》（菜類を乾燥させたもの）を包んで焼いたもので、小豆餡や塩餡を入れた焼餅は上等なものとされた(5)。また、多野郡神流町持倉にはトウモロコシ粉で作った焼餅があり、小豆餡、栗餡のほかに、ウルカ（鮎《あゆ》の内臓の塩漬）やホオザシなどが餡として用いられていた(6)。

聞き取り調査を行うと、こうした様々な餡は小豆餡の代用品と説明されることが多い。それは、小豆や砂糖が貴重品であったことを考えると、一応納得できる説明ではある。確かに栗餡や塩餡・味噌餡などは、砂糖を使った小豆餡の代用もしくは応用と考えられなくはない。しかし、野菜や魚などの餡は味覚的にも小豆餡とはかけ離れており、小豆餡の代用品とは考えにくい。そこで筆者は、野菜や魚などの入った焼餅を、古い形の饅頭、すなわち肉饅頭や菜饅頭の影響を受けてできたものではないかと考えている。

饅頭が日本にもたらされたのは鎌倉時代のことで、禅宗の伝来に伴って点心（間食）の一要素として伝えられたといわれる。樋口清之《ひぐちきよゆき》によれば、伝来当時の饅頭は現在のような甘味餡を入れた菓子ではなく、餡に魚鳥獣肉や野菜などを用いたもの、すなわち肉饅頭や菜饅頭だったという。それが禅僧の間で肉類を避けた精進料理に改められ、野菜や豆を用いた塩味のものになり、その後さらに普及通俗化して甘味餡になっていった。そして、江戸時代には菜饅頭は姿を消し、小豆を用いた甘味餡の砂糖饅頭が専らとなったという(7)。

筆者は、江戸時代までに消滅してしまったとされる肉饅頭や菜饅頭の製法の一部が、実は餡入り焼餅に引き継がれて現在まで伝えられてきたのではないかと考えている。肉饅頭や菜饅頭は、鎌倉の禅宗文化の要素として関東・中部の各地方に伝播していったと想像される。ところが、これらの地方には在来の食品として焼餅があった。焼餅は小麦粉を中心とした穀物粉で作られ、材料も外形も饅頭によく似ている。そこで、当時の饅頭の形態が模倣され、焼餅の中にも野菜や魚などの餡が入れられるようになったのではないだろうか。各地で見られる焼餅の中に、蒸したりゆでたりして作られるものがあるのも、饅頭の製法の影響と思われるのである。

後に饅頭に砂糖入りの小豆餡が使われるようになると、焼餅にも小豆餡が導入されたと考えられる。しかし、饅頭が都市部で茶道などと結び付いて甘味菓子として発展したのに対し、焼餅は農山村の労働生活と結び付いていたため、餡のないものや、野菜や魚などの餡を使ったものも残ったのではないだろうか。

饅頭の伝来が日本に餡を包む文化をもたらしたことは樋口によって指摘されており、握り飯の中の梅干しなどもその影響という(8)。とすれば、焼餅の餡を饅頭の餡の模倣と考えても、さほど無理はないように思われる。

さらに、焼餅の呼称についても興味深い事例がある。伝来当時の饅頭は禅寺院で間食に用いられ、間食は点心・茶の子・菓子などと呼ばれていた。ところが、茶の子や茶菓子という名称が地域によって焼餅を指す場合があるのである。長野県秋山郷（下水内郡栄村）では焼餅をチャナコと呼んでいる(9)。また、群馬県多野郡上野村住居附《すもうづく》では、焼餅をチャガシと呼んでいる。これらの名称は、焼餅が間食の代表的な食品であったことから付けられたものであろうが、一方で、かつて茶の子として用いられていた饅頭との何らかの関わりを示しているとはいえないだろうか。

また、禅寺院で茶の子に用いられた代表的な食品には、饅頭のほかに「饂飩《うんどん》」がある。饂飩がうどんの一種であることを考えると、焼餅の分布がホウトウの分布と一致するという大塚の指摘にもうなずけるのである。

以上に述べたように、筆者は餡入り焼餅を饅頭の模倣からできたものと考える。そして、焼餅の饅頭模倣は今も進んでいるのである。現在、群馬県や長野県の菓子店などで見られる焼餅の多くは、皮の生地に重曹《じゅうそう》が使われている。それらは主に蒸して作られるため、食感はより饅頭に近いものになってきている。一方で、重曹を使ったいわゆる田舎饅頭には、焼餅のように大根の切干《きりぼし》や野沢菜の塩漬などを入れたものが現れている。焼餅と饅頭の形態は、双方から近付きつつあるといえよう。

注

（1）大塚力（一九七九）『「食」の近代史』教育社、一七三頁
（2）金子萬平（一九八四）『おやき・焼餅の話』銀河書房、二六頁
（3）太田春子（一九八六）「西山の食」『聞き書　長野の食事』農山漁村文化協会、二七〇頁
（4）篠原敏子（一九九〇）「吾妻の食」『聞き書　群馬の食事』農山漁村文化協会、九一頁、一一〇頁
（5）群馬県教育委員会（一九六四）『境町の民俗』、一一四頁
（6）土屋政江（一九九〇）「奥多野の食」『聞き書　群馬の食事』農山漁村文化協会、一八六頁
（7）樋口清之（一九八七）『新版　日本食物史』柴田書店、一五五頁
（8）生内玲子（一九七九）『おにぎり・おむすび風土記』日本工業新聞社、四三頁。樋口と生内の対談記録による。
（9）市川健夫（一九六一）『平家の谷』令文社、五五頁

ゆで饅頭《まんじゅう》考

一　饅頭の定義とゆで饅頭

「ゆで饅頭」という饅頭がある。文字通りゆでて作る饅頭のことである。近年あまり見かけなくなってしまったが、夏から秋にかけて農村の年中行事に用いられた食品として、群馬県の人間には馴染みが深い。このようなゆでて作る饅頭の分布は、群馬県だけでなく栃木県、埼玉県、東京都などにも見られる(1)。

ところで饅頭の一般的な定義を『広辞苑(第三版)』に見ると、「小麦粉に甘酒またはふくらし粉などを加えてこね、中に餡《あん》を包んで蒸して作る菓子」とある。

饅頭は、生地の製法によって、一般に大きく二つの系統に分けられる。一つは酒《さか》饅頭または酒素《さかもと》饅頭と呼ばれるもので、生地の膨剤に甘酒を用い、その発酵によって生地を膨らませるものである。この製法は、仁治二(一二四一)年に宋から帰朝した聖一《しょういち》国師によって日本に伝えられたものといわれている(2)。

もう一つは薬饅頭と呼ばれるもので、生地の膨剤に膨らし粉や山芋を用いるものである。これは、暦応四（一三四一）年に宋から来朝した林浄因《りんじょういん》によって伝えられたものとされる(3)。ただし伝来当時の膨らし粉の製法は明らかではなく、生地を自然発酵させて作ったのではないかともいわれる。やがて、浄因から数代後の紹絆《しょうはん》の頃に、山芋（薯蕷《じょうよ》）を用いた薯蕷饅頭が工夫され、山芋が中国で山薬《さんやく》と呼ばれたことから薬饅頭と呼ばれたという(4)。

もっとも、薯蕷饅頭と膨らし粉を用いた饅頭とは本来別物だが、どちらも薬饅頭と呼ばれることがあるために、多くの文献で二者が混同されてしまっているという指摘もある(5)。

以上のような、聖一国師や林浄因によって饅頭が伝えられたという説には伝説的な部分が多く、これらを直ちに史実として受け入れることについては議論の分かれるところである。しかし、饅頭が点心の一要素として、鎌倉時代頃に禅宗の伝来にともなって伝わったものである(6)ということは、ほぼ定説となっている。そして、伝来当初から饅頭の製法はほぼ完成されており、その基本としていずれの系統にも共通しているのは、生地を膨らませ、餡を包んで蒸籠《せいろう》で蒸すという点であった。

こうした点から考えたとき、ゆで饅頭は果たして饅頭の一種といえるのだろうか、という疑問が起こってくる。ゆで饅頭の生地には、基本的には膨剤は用いられない。また、蒸すのではなく、ゆでて作られる。饅頭らしい点といえば、材料に小麦粉を用いる点と、餡を包む点だけである。饅頭の一般的な定義からはかなり外れているうえに、製法的には伝来当時の饅頭よりも原始的にさえ思われる。

そのため、群馬県ではゆで饅頭は饅頭の原形と考えられ、ゆで饅頭が発展して、蒸籠で蒸す饅頭ができたといわれてきた(7)。そして、県内の観光地などで販売されている湯の花饅頭（黒糖饅頭）や酒饅頭などの各種の饅頭は、ゆで饅頭に改良が加えられて作られたものといわれている(8)。

しかし、饅頭が日本に伝えられたときに、すでに酒饅頭や薬饅頭という完成された形であったとすれば、ゆで饅頭が改良されて酒饅頭ができたという説は矛盾することになる。仮に、ゆで饅頭が酒饅頭や薬饅頭に先行するものであるとすれば、禅宗の伝来以前にすでに日本に饅頭があったことになろう。

こうした疑問点を踏まえ、本稿ではゆで饅頭について、その製法や行事食としての用いられ方などに検討を加え、食品としての特色について述べてみたい。また併せて、ゆで饅頭が登場し、変化してきた過程について考えてみたいと思う。

二　製法から見たゆで饅頭

（一）ゆで饅頭の製法の基本

ゆで饅頭の一般的な製法として、前橋市古市町の大正期頃の例を紹介しよう。

まず、小豆餡を作る。水洗いした小豆を鍋に入れて一晩水に浸しておく。翌日これを火にかけ、柔らかくなったところで、砂糖を加え、さらに少量の塩を加える。これを煮つめてつぶし餡にし、冷ましてから、作ろうとする饅頭の数に分けて丸めておく。

次に皮の生地を作る。小麦粉にぬるま湯を加えて耳たぶくらいの固さにこね、餡と同じ数にちぎって分ける。これを薄くのばして皮とし、餡を中に入れて包み、形を整える。餡の包み方が悪いと、ゆでている

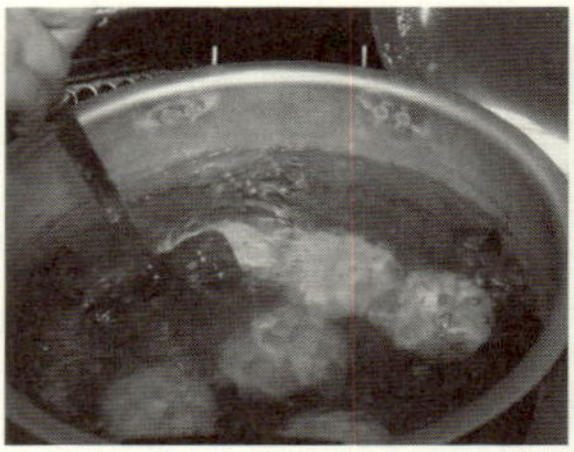

饅頭をゆでる（館林市）

餡を生地で包む（館林市）

最中に皮が破れたり、湯が内部に入り込んで、食べたときに熱い湯が流れ出したりするので、注意を要する。

形を整えたものを釜《かま》の熱湯に入れてゆでる。饅頭は初め沈んでいるが、ゆで上がると浮いてくるので、水嚢《すいのう》ですくって水気を切る。これをショウギ（竹製の揚笊《あげざる》）の上に並べて冷ませば、できあがりである。

以上がゆで饅頭の作り方のごく一般的な例であるが、地域によって作り方に若干の違いが見られる。皮の製法について見ると、伊勢崎市境伊与久では、小麦粉をこねるときにぬるま湯ではなく、水を使っていたという(9)。

中に入れる餡についても、地域によっていくつかの種類が見られる。例えば、前橋市富士見町小暮では、砂糖を使った小豆餡のほかに塩味の小豆餡、味噌餡、いんげん豆の餡などを入れることがあった(10)。砂糖節約のために塩味の小豆餡を用いる例はしばしば見られ、多野郡上野村大字新羽《にっぱ》字野栗では塩餡のゆで饅頭に砂糖をつけて食べたという。また、味噌《みそ》に砂糖を加えた味噌餡を用いる例も多い。前橋市石倉町上石倉では、小豆餡（砂糖使用）

を入れたゆで饅頭は丸い形に、味噌餡を入れたものは三角の形に作って、食べるときに外見で中身を判断できるようにしたという。

以上に見てきたように、ゆで饅頭には基本的に膨剤が用いられない。そのため、皮が膨らんでおらず、できあがりは蒸して作る饅頭に比べてかなりゴツゴツしている。また、ゆでて作られるため、皮にはシコシコとした歯応えがある。食感からいえば、ゆで饅頭は饅頭というよりもむしろ団子に近いのである。

（二）ゆで饅頭に類似した食品

群馬県の各地には、小麦粉以外の穀物粉を用いた食品の中に、ゆで饅頭によく似た製法で作られるものがある。以下にそれらを見てみよう。

【粳米《うるちまい》の焼餅《やきもち》】　吾妻郡東吾妻町大字三島字唐堀《からぼり》では、粳米粉を熱湯でこねて皮とし、砂糖を加えた小豆餡を包んでゆでたものを、焼餅と読んでいる。同様のものは、同郡高山村大字中山字原(11)や利根郡みなかみ町大字東峰須川(12)にもあって、おやきと呼ばれている（高山村では、ゆでて作ったものをさらに焼いて食べるため、おやきと呼ぶと説明される）。一方、邑楽郡板倉町大字大曲(13)や多野郡神流町大字黒田(14)では、同じものを米粉の饅頭と呼んでいた。

【朝鮮稗団子《ちょうせんびえ》】　利根郡みなかみ町大字東峰須川ではシコクビエ（朝鮮稗）粉を熱湯でこねて皮とし、小豆餡を包んでゆでたものを、朝鮮稗団子と呼んでいる(15)。同様のものは渋川市大字祖母島《うばしま》でも作られ、朝鮮稗のゆで饅頭と呼ばれていた(16)（シコクビエについては281頁参照）。

【もろこし饅頭】　多野郡神流町大字平原《へばら》字持倉《もちくら》では、トウモロコシ粉を熱湯でこねて皮とし、小豆餡を包んでゆでたものを、もろこし饅頭と呼んでいる(17)。もろこし饅頭は藤岡市大字上日野字上平でも作られていた(18)。もろこし饅頭は、固くなると焼いて食されることが多い。

【そば饅頭】　多野郡神流町大字平原字持倉では、ソバ粉をこねて皮とし、小豆餡や栗餡を包んでゆでたものを、そば饅頭と呼んでいる(19)。そば饅頭は、食べるときに焼いて焦がしたという。そば饅頭は高崎市倉渕町でも作られていた(20)。また、渋川市でも作られており、そば粉のゆで饅頭と呼ばれていた(21)。

以上に見てきた事例は、小麦粉以外の穀物粉が使われているという点を除いては、ゆで饅頭の作り方とほぼ同じである。そこで、これらをゆで饅頭に類似した食品ということで、仮に「ゆで饅頭類」という分類項目でまとめてみたい。

(三)　ゆで饅頭と焼餅

ここで、先ほど「ゆで饅頭類」として挙げた食品の呼称に注目したい。

もろこし饅頭やそば饅頭のように「饅頭」と呼ばれるものがある一方で、粳米の焼餅や朝鮮稗団子のように、「焼餅」「おやき」や「団子」と呼ばれるものがある。

皮の材料が異なるだけで、ゆで饅頭と同じ形態をもつのであるから、饅頭あるいはゆで饅頭と呼ばれることに問題はない。ゆでて作るのであるから、団子と呼ばれるもののあることも納得できる。しかし、焼いて作るのではなく、ゆでて作るものが焼餅やおやきと呼ばれることには疑問が残る。

名が体《たい》を表さない、このような矛盾した呼称について、筆者はその食品の前身を表すものと解釈したい。つまり、粳米の焼餅（おやき）は、もともとは焼いて作られていたのだと考えるのである。焼いて作られていた焼餅が、団子のようにゆでて作られるようになり、そうなっても呼称だけは古いものが残ったのではないだろうか。そして、地域によっては、これが邑楽郡板倉町大字大曲のように饅頭と呼ばれるようになったと推測されるのである。

こうした事情は粳米だけでなく、小麦や他の穀物の場合でも同様であったと思われる。次の事例は、それを段階的に示すものである。伊勢崎市旧境町地区では、小麦粉をこねて小豆餡を包み、焙烙《ほうろく》で焼いたものを焼餅と呼ぶが、釜でゆでたものも同じく焼餅と呼ぶ(22)。一方、利根郡片品村では、小麦粉の皮で味噌を包んでゆでたものをゆで焼餅と呼び、同様にして小豆餡を包んだものを饅頭と呼んだ(23)。

このような、ゆで饅頭類と焼餅の製法のごく近い関係を示す例は、埼玉県にも見られる。埼玉県秩父市下吉田字赤柴では、粃米《しいなまい》の粉とトウモロコシの粉を混ぜてこね、これで小豆餡やシャクシ菜漬を包んで焼き、さらに囲炉裏《いろり》の灰に入れて焼いたものを、もろこしの焼餅と呼ぶ。そして、全く同様に形作ってゆでたものを、もろこし饅頭と呼んだ。この地区では、小麦粉や粳米でも同様のものが作られ、それぞれ焼けば焼餅、ゆでれば饅頭と呼ばれていた(24)。つまり、同じものが加熱法によって焼餅にも饅頭にもなったのである。

以上のことから推測すると、餡入りの焼餅が変化し、ゆでられるようになって、ゆで饅頭類ができたのではないかと考えられるのである。そして、それらのうち小麦粉で作られたものが、一般的な「ゆで饅頭」

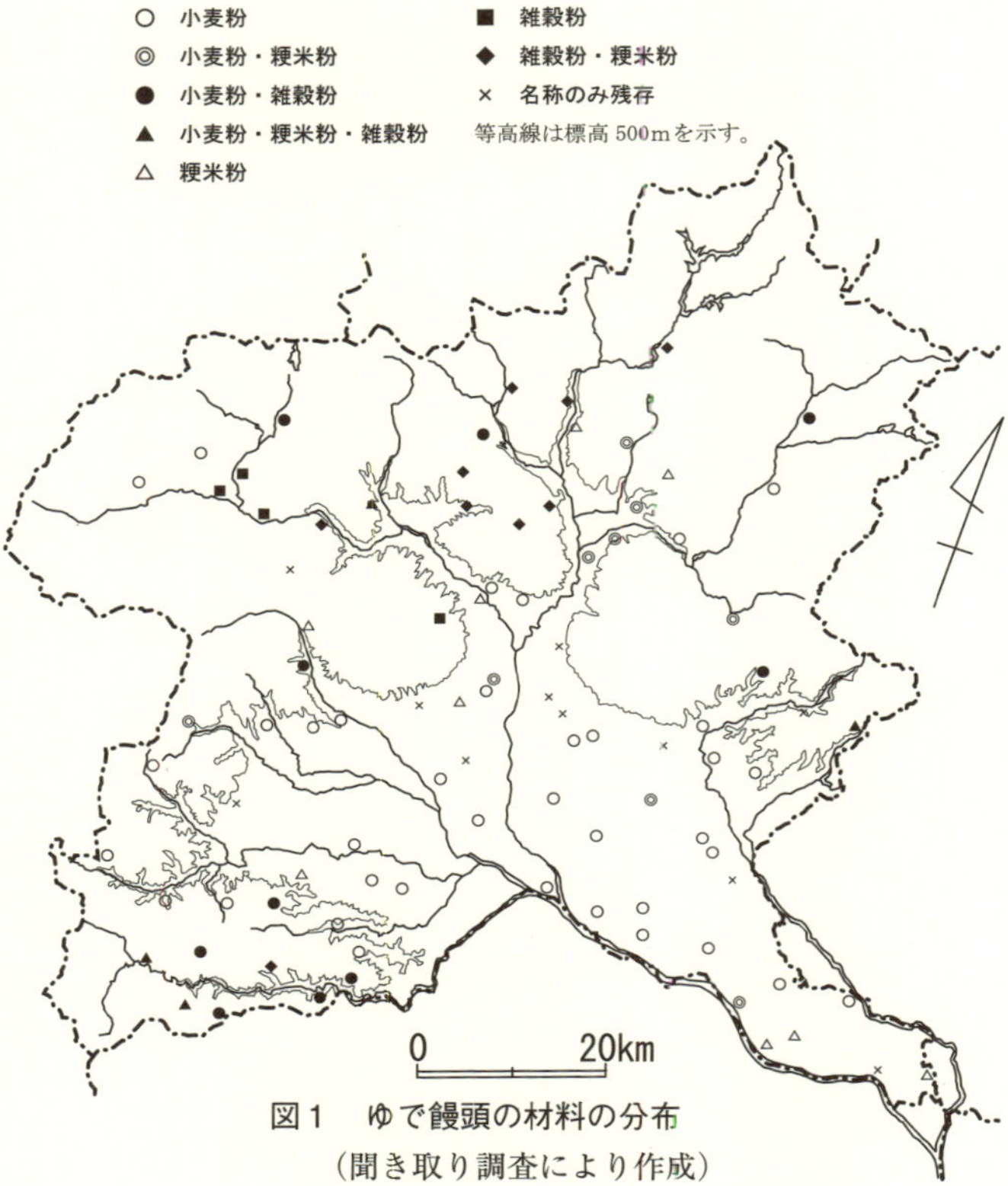

図1　ゆで饅頭の材料の分布
（聞き取り調査により作成）

として定着したのではないだろうか。

(四) ゆで饅頭の分布

群馬県における伝統食の分布状況を調べるため、平成十七年九月から十八年一月にかけて聞き取り調査を行った。聞き取りに際しては、昭和初期から高度経済成長期以前（昭和三十年頃まで）の食生活を調査対象とした。その結果をもとに作成したのが図1〜図12である。図1では、小麦粉製のゆで饅頭だけでなく、粳米粉や雑穀粉を使ったゆで饅頭類も含めて、その材料別の分布を示した。ゆで饅頭類に用いられた雑穀には、アワ・

キビ・ヒエ・シコクビエ・モロコシ・トウモロコシ・ソバがある。

この図によると、中央部から南東部の平坦部には小麦粉のみを用いる地域が広がっている。また、東部の低地部には小麦粉と粳米粉を併用する地域や、粳米粉のみを用いる地域が見られる。東部地域では水稲作が盛んであり、そのことがゆで饅頭類の材料にも反映されているといえる。

雑穀栽培の盛んだった北部や南西部の山間部には、雑穀粉を用いる地域が広がっている。ところが、これら山間部には、雑穀粉や小麦粉に加えて粳米粉を併用する地域も多い。山間部でゆで饅頭に用いられる粳米は、米飯に向かない屑米や食味の劣る陸稲《おかぼ》が多かった（一般に陸稲は粘り気が少ないといわれる）。山間部における粳米粉のゆで饅頭は、これらを利用する方法として伝承されたものと考えられる。

なお、ゆで饅頭の名称のみが残存する地域では、実際には重曹を使った「ふかし饅頭」が作られていたにもかかわらず、それが「ゆで饅頭」と呼ばれていた。このことについては後で触れることにしたい。

三　行事食としてのゆで饅頭

(一)　年中行事とゆで饅頭

ゆで饅頭は、年中行事の食事に用いられてきた食品である。ここでは甘楽郡下仁田町大字青倉（以下、青倉地区と呼ぶ）を例に、年中行事におけるゆで饅頭の用いられ方を見てみたい。

青倉地区は水田のない山間集落である。この地区の伝統的な生業は畑作と養蚕を中心としたものであり、特にコンニャク栽培が盛んであった。食糧生産では麦作が最も重視され、農閑余業として薪炭生産や和紙生産も行われていた。

青倉地区の昭和初期頃の年中行事と、その際に作られた食品を表1に示した。まず、ゆで饅頭が供される行事は、六月の春蚕《はるご》のニワ休み（四眠）、七月の半夏《はんげ》（半夏生）、八月の釜の口開け・七夕、九月の二百十日・十五夜、十月の十三夜、十二月のネドフサギ（鼠塞ぎ）である。十二月のネドフサギを除けば、ゆで饅頭が用いられる季節は夏から秋にかけてであることがわかる。また、七月の農休みには柏餅が用いられているが、群馬県内の他地域では、ゆで饅頭の供される例が多い。

ゆで饅頭が麦の収穫期を中心とした夏季に用いられ、冬季の餅に代わる性格をもつことについては、関口正己の指摘がある。関口によれば、小麦の新粉を使った饅頭が、麦の収穫祝いを兼ねて神仏に供されるという(25)。このことは青倉地区にもあてはまるといえる。また、麦播き終了後に行われるネドフサギにゆで饅頭が用いられるのは、これが麦栽培に関連した行事であるためであろう。

次に、いくつかの行事で、ゆで饅頭と小麦粉の焼餅が併用されていることに注目したい。青倉地区でゆで饅頭と焼餅が併用されているのは、半夏（七月二日）、釜の口開け（八月一日）、ネドフサギ（十二月）である。青倉地区では、これらの行事にはゆで饅頭と焼餅のどちらを作ってもよいとされている。しかし、本来は焼餅が用いられてきたらしい形跡が認められるのである。

半夏は、この地区では「ハゲンさん」という人がネギ畑で死んだ日といわれており、もともとはハゲン焼餅という焼餅を神棚に供えていたという。釜の口開けは地獄の釜の蓋が開く日といわれており、焼餅を

表１　年中行事と食品（甘楽郡下仁田町青倉地区）

月　日	行　事	食　品
1月　1日～3日	三箇日	雑煮（朝）
4日	お棚さがし	オジヤ（朝）
6日	六日年	雑煮（朝）、白米飯（夜）
7日	七草	七草粥（朝）
11日	鍬立て	雑煮（朝）
13日	マルメドシ	マユダマ
14日	小正月	雑煮（朝）
15日	小正月	小豆粥（朝）
20日	エビス講	小豆飯（朝）
2月　1日頃	旧正月	餅
初午	初午	餅
20日頃	天神講	餅
3月15日	契約の日	キナコ餅
18日頃	彼岸（入り）	ボタモチ、または餅・すし・五目飯
4月　3日～4日	雛の節供	餅
5月　5日	五月節供	赤飯
8日	花祭り	草餅
6月中旬	ニワ休み	ゆで饅頭、餅、白米飯
7月　2日	半夏	焼餅、またはゆで饅頭
19日～20日	農休み	柏餅
8月　1日	釜の口開け	焼餅、またはゆで饅頭
7日	七夕	ゆで饅頭
13日	盆迎え	白米飯（夜）
14日	盆	オハギ（朝）、うどん（昼）、白米飯（夜）
15日	盆	オハギ（朝）、うどん（昼）、白米飯（夜）
16日	盆送り	オダンスサマ（小麦団子）
9月　1日	二百十日	ゆで饅頭、またはオハギ・赤飯
11日	二百二十日	赤飯
旧8月15日	十五夜	ゆで饅頭、うどん（夜）
9月20日頃	彼岸（入り）	オハギ、または餅
旧9月13日（10月）	十三夜	ゆで饅頭、うどん（夜）
10月16～17日	鎮守秋祭り	赤飯
10月または11月の申の日	庚申講	餅（アンピン）
旧10月10日	十日夜	マユダマ、餅
11月20日	エビス講	小豆飯（朝）
12月麦播き終了後	ネドフサギ	焼餅、またはゆで饅頭
12月冬至前	屋敷祭り	赤飯、または小豆飯
30日	正月の餅搗き	餅
31日	大晦日	白米飯

仏壇に供えたという。この焼餅は、仏様が盆の里帰りのために地獄から出てくるとき、地獄の釜の蓋を壊すためにぶつけるものなので、堅く焼くのだといわれている。また、ネドフサギは、麦播き終了後にネズミやモグラに荒らされないことを願って、麦播きを手伝ってくれた人たちに焼餅やゆで饅頭を配る行事である。このとき、ゆで饅頭を配る場合にも、必ず焼餅をいくつか一緒に配ったという。

これらの行事に用いられたのは本来的には焼餅であったが、次第にゆで饅頭でもよいとされるようになっていったらしい。その時期は聞き取り調査では確認できず、かなり古いことと推測される。また、どちらを作るかは家庭によってまちまちであった。

釜の口開けや七夕などに焼餅やゆで饅頭を供する例は、群馬県には一般に見られるが、どちらを用いるかは地域によって異なっている。青倉地区の場合は、同じ地区の中でも家庭によって異なり、しかも焼餅からゆで饅頭へと移行していったらしい形跡が認められた。

この事例から、ゆで饅頭と焼餅は製法だけでなく、年中行事における用いられ方もごく近い関係にあったことがわかる。

(二) 月見の団子とゆで饅頭

下仁田町青倉地区では、十五夜や十三夜などの月見の行事にもゆで饅頭が供されている(表1参照)。十五夜・十三夜にゆで饅頭を用いる例は群馬県内には一般に見られるが、このほかに県内にはオテマルと呼ばれる粳米製の月見団子を用いる例が広く見られる。そして、ゆで饅頭と団子のどちらを用いるかは、地域によって、また家庭によって異なっているのである。

聞き取り調査を行うと、地域によっては両者の間に移行関係が認められる場合がある。しかし、それは青倉地区に見られた焼餅とゆで饅頭の関係のような単純なものではない。多野郡上野村大字楢原では、もとは十五夜や十三夜に粳米の月見団子を用いていたが、昭和初期頃からゆで饅頭やふかし饅頭を用いるようになったという。一方、前橋市元総社町では、十五夜や十三夜にゆで饅頭を用いていたが、第二次大戦後になってオテマルを用いるようになったという。このように、団子からゆで饅頭へ移行した例と、その逆とが見られるのである。

月見団子とゆで饅頭の一般的な先後関係を明らかにするには、さらに多くの事例を検討する必要がある。しかし、後で述べるように、十五夜や十三夜の供え物としていくつかの近世文書に登場するものが団子であったことから、現在のところ、筆者は団子の方が古いのではないかと想像している。そして、ゆでるという製法上の共通性から、地域によって（あるいは家庭によって）、月見団子に代わってゆで饅頭が用いられるようになったのではないかと考えている。つまり、団子とゆで饅頭は互いに似通った食品として、一般に意識されていたのではないかと思われるのである。

粳米粉の団子と小麦粉のゆで饅頭とでは、材料の点で違いがあるが、団子は本来粳米だけでなく、ヒエやソバなど様々な穀物粉で作られていたものである。そして、小麦粉で団子を作る例は、青倉地区の盆送りのオダンスサマ（お団子様）をはじめ（表1参照）、県内各地にあった。邑楽郡板倉町では、小麦で作った団子を麦団子、小麦で作った饅頭を麦饅頭と呼んでおり、両者は類似したものとして捉えられている(26)。

つまり、小麦粉をこねて餡を入れずに丸めてゆでれば麦団子であり、餡を入れてゆでれば麦饅頭なのである。

以上のことから、団子とゆで饅頭は、ゆでて作るという点で互いに似通った食品と一般に意識され、そのために年中行事の中でも団子に代わってゆで饅頭が用いられることがあったのではないかと考えるのである。

(三) 文献に見るゆで饅頭

ゆで饅頭が年中行事に用いられるようになった時期は、地域や家庭によってまちまちである。しかし、群馬県にゆで饅頭が登場したのは古いことであるらしく、近世の日記や年中行事・家例の記録などに、ゆで饅頭に関する記録がいくつか見られる。ここでは、そうした文献から、近世におけるゆで饅頭の用いられ方について見てみたい。

天保三(一八三二)年の『家内年中行事　嘉例食制書上』(高崎市東国分町、住谷修家所蔵)には「ゆでまんぢう」の記述がある(27)。これによれば、「ゆでまんぢう」が用いられているのは、六月十五日の朝、釜の口あき(七月一日)である。

文久二(一八六二)年の『年中行事雑記』(高崎市上豊岡町、飯野清子氏所蔵)には、「ゆてまんちう」の記述がある(28)。これによれば、「ゆてまんちう」が作られるのは、六月の農休みの二日目(農休みの記述は初日・二日目に渡る)である。農休みが六月何日に行われたかは記述されていないので、おそらく日は定まっていなかったと思われる。

江戸末期から明治初年頃の年中行事をまとめた小林家『年中行事』（藤岡市大字中大塚、小林小五郎家所蔵）には、「湯出饅頭」の記述がある[29]。これによれば、湯出饅頭が作られるのは、八丁注連（六月一日）、藤岡町富士浅間ノ祭（六月十五日）、天王祭（六月十九日）、農休（日は不定）、地獄ノ釜ノ口明キ（七月一日）、七月十六日の朝、麦休ミ（日は不定。多くは七月十八日）である。このうち、農休の湯出饅頭には「黒砂糖ヲ附ル」とあり、塩餡入りのゆで饅頭に黒砂糖を付けて食べていた可能性が考えられる。また、地獄ノ釜ノ口明キについては「古来湯出饅頭ナリシガ近頃温飩ニ代ル」とあり、湯出饅頭に代わってうどんが供されるようになったことがわかる。

なお、これらの文献の中で十五夜・十三夜について記述されているのは、飯野家『年中行事雑記』と小林家『年中行事』であり、飯野家では「御手丸」すなわちオテマルが、小林家では団子が用いられていた。

以上に見てきたように、江戸末期には既にゆで饅頭が作られていたことがわかる。そして、ゆで饅頭が用いられるのは、農休みや釜の口開けなど主に六月から七月にかけての夏季の行事であり、昭和初期の下仁田町青倉地区での用いられ方とほぼ同じであった。

四　ゆで饅頭からふかし饅頭へ

（一）重曹《じゅうそう》の普及とふかし饅頭

聞き取り調査を行うと、重曹の普及により、ゆで饅頭に代わって「ふかし饅頭」が作られるようになったという話が聞かれる。ふかし饅頭は、皮の生地を作るときに、小麦粉に膨剤として重曹を加えるものである。蒸籠で蒸して作るため、皮が膨らんで饅頭らしい形状となる。重曹による作用で、皮の生地がやや黄色っぽい色をしているのが特徴である。餡は砂糖入りの小豆餡がごく一般的であるが、味噌餡や野菜餡、サツマイモ餡や栗餡などが用いられた例もある。

ゆで饅頭からふかし饅頭へ移行した時期は地域によって多少異なるが、昭和初期という例が多い。次に挙げるのは、ゆで饅頭からふかし饅頭へ移行する過程を示す例である。

前橋市元総社町では、農休み（七月十四・十五日）・祇園祭り（七月二十一日）・釜の口開け（八月一日）などにゆで饅頭を作っていた。昭和初期頃から重曹を使うようになり、ゆで饅頭の皮の生地に混ぜたが、釜の湯でゆでてしまうとあまり膨らまなかったという。そこで、これを蒸籠で蒸してふかし饅頭を作るようになった。しかし、そうなってからもしばらくは、ふかし饅頭のことをゆで饅頭と呼んでいたという。

同市上大島町では、農休み（八月二十七・二十八日）や天道念仏の日（三月十五日・七月十五日）などにゆで饅頭を作っていた。昭和初期頃に、皮に重曹を入れてゆでるようになり、その後にドウブカシ（蒸籠）で蒸すようになったという。

同市古市町でも、農休み（七月十四・十五日）・釜の口開け（八月一日）・七夕（八月七日）・十五夜・十三夜などにゆで饅頭を作っていた。昭和初期頃から重曹を入れて蒸したふかし饅頭を作るようになったが、ふかし饅頭のことをしばらくはゆで饅頭と呼んでいたという。

このように、ゆで饅頭からふかし饅頭へ移行する過程で、重曹入りのゆで饅頭が作られた例や、ふかし饅頭がゆで饅頭と呼ばれていた例は多く聞かれる。こうして重曹の使用により、ゆで饅頭はふかし饅頭となり、より饅頭らしい食感の食品となったのである。

ただし、第二次世界大戦前には重曹は贅沢品とされたため、ゆで饅頭もふかし饅頭も共存していた。例えば、家族のみで食する場合にはゆで饅頭を作り、来客がある場合にはふかし饅頭を作るというように、使い分けがなされていた。各地でゆで饅頭が次第に姿を消し、ふかし饅頭が一般的になったのは第二次世界大戦後のことである。磯部温泉（安中市）の周辺では、重曹が入手し難かった第二次世界大戦中を中心に、重曹の代用品として磯部鉱泉水を使用してふかし饅頭が作られていた。鉱泉水を用いたふかし饅頭は、「鉱泉饅頭」と呼ばれている。

なお、ここで一つ注意しておきたいのは、ゆで饅頭がふかし饅頭になったのは重曹の使用によってであり、ゆで饅頭の皮に甘酒やドブロクを入れるようになって酒饅頭ができたという例は見られないことである。確かに群馬県内各地で酒饅頭の作られた話は聞かれるが、それらは初めから酒饅頭であり、ゆで饅頭から酒饅頭へ移行した話は聞かれないのである。したがって、酒饅頭はゆで饅頭とは系統の異なる饅頭と

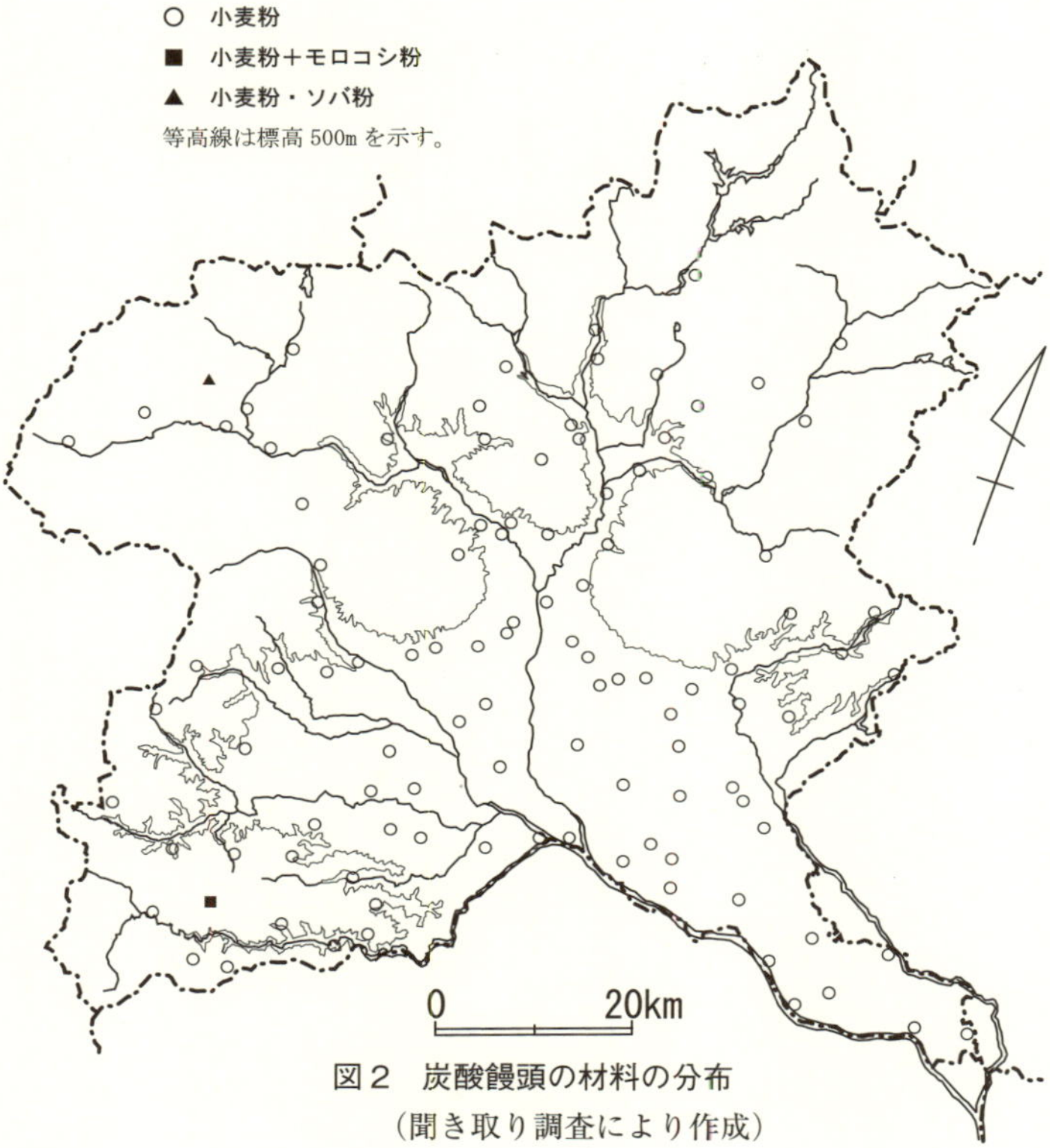

図２　炭酸饅頭の材料の分布
（聞き取り調査により作成）

考えたほうがよいであろう。酒饅頭については、また稿を改めて述べてみたいと思う。

(二) 炭酸饅頭の分布

ふかし饅頭は、膨剤に重曹を使っていることから、現在は県下では「炭酸饅頭」と呼ばれることが多い。そして、それは後に触れるイースト饅頭（一般にイースト饅頭もふかし饅頭の一種と認識されている）と区別するための名称でもある。図2は、前述した調査結果に基づき、群馬県における炭酸饅頭の分布状況を示したものである。

この図からわかるように、炭酸

饅頭の生地には小麦粉が用いられるのが普通であり、粳米粉が用いられることはなく、雑穀粉が用いられることもほとんどない。例外的に、吾妻郡草津町前口でソバ粉が、多野郡神流町平原でモロコシ粉が、小麦粉と併用または混ぜて使用されたのを確認できたにすぎない。これは、粳米粉や雑穀粉ではグルテンが形成されず、重曹の使用に向かなかったためであろう。

そして、材料や製法、呼称に地域的な差異がほとんど認められないのは、炭酸饅頭が重曹の普及という、食の近代化により生まれた新しい食品であるためと考えられる。

五　模倣から生まれたゆで饅頭

製法と年中行事における用いられ方という観点から、ゆで饅頭について述べてきた。

ゆで饅頭は、製法的には餡入り焼餅に近いものであり、年中行事での用いられ方も焼餅に準ずるものとして捉えることができる。これらのことから、ゆで饅頭は餡入り焼餅が発展し、ゆでられるようになってできたものと考えられる。ゆでて作った理由は、皮の生地に膨剤を用いていなかったことや、ゆでることが加熱法として簡便であったことによると思われる。実際、聞き取り調査では、焙烙や囲炉裏の熱灰で焼く焼餅よりもゆで饅頭のほうが手間がかからないので、多人数のためにたくさん作るときには、丸めて形作ったものを焼餅にせず、ゆで饅頭にしたという話が各地で聞かれた。

ゆでるということについては、おそらく団子の製法が応用されたものと思われ、その点でゆで饅頭は団子とも製法的に近い関係にあるといえる。そのため、年中行事において、ゆで饅頭は団子に代わって用いられることがあり、それが月見団子との関係を生じさせたと考えられる。

文献から、ゆで饅頭は江戸末期には年中行事に用いられていたことがわかった。さらにその先がどこまで遡れるかは明らかでないが、どんなに遡っても江戸後期までのことであろうと筆者は想像している。

神崎宣武によれば、江戸市中で饅頭が手みやげとして普及するのは、江戸中期からであるという(30)。江戸後期には饅頭は上州にも伝わっており、文政十(一八二七)年の『商家高名録』には、中山道倉賀野宿中町で「中華饅頭」を売っていた伊藤家や、高崎本町一丁目で「九重御まんぢう」を売っていた増田屋忠右衛門の店が掲載されている(31)。また、板橋春夫によれば、佐位郡太田村(伊勢崎市太田町)で葬式饅頭が用いられ始めたのは、江戸後期から明治初期のことであるという(32)。

当時の饅頭はかなり広く普及していたものの、まだ高級品の感があり、一般農家が日常的に購入できるものではなかった。そのため、こうした背景のもとで、菓子店や茶店で売られていた饅頭を模倣して、農村でゆで饅頭が作られるようになったのではないだろうか。つまり、ゆで饅頭は饅頭の原形や古形ではなく、むしろその逆で、都会からの文化の影響によって、焼餅から生まれたものと考えるのである。筆者は餡入り焼餅は饅頭の模倣から生まれたものであろうと述べたことがあるが(33)、その模倣がさらに進んでゆで饅頭ができたと考えている。

こうして生まれたゆで饅頭が、市販の饅頭とは異なるものと意識されていたことは、その呼称から明らかであろう。すなわち、蒸して作る本来の「饅頭」に対して、家庭でゆでて作るものが「ゆで饅頭」だったのである。このため、重曹の普及によって家庭で蒸した饅頭が作られるようになったとき、本来ならば単に「饅頭」でよいはずのものが、「ゆで饅頭」に対して改めて「ふかし饅頭」と呼ばれたのである。

現在、重曹を用いたふかし饅頭は「炭酸饅頭」や「田舎饅頭」などと呼ばれ、菓子店やドライブイン、各市町村の農産物直売所などで販売されている。その内容は豊富であり、皮の生地に味噌やカボチャを練り込んだもの、生地にヨモギや刻んだシソの葉を加えたもの、餡に砂糖味噌や大根の切干を用いたものなど、様々なものが工夫され、菓子の一分野として確立されている。

さらに一歩進んで、膨剤に重曹ではなく、ドライイーストを使ったイースト饅頭も見られるようになった。イースト饅頭は、炭酸饅頭よりもさらにふっくらとした、柔らかな饅頭である。饅頭を模倣して焼餅から生まれたゆで饅頭は、ふかし饅頭になることで饅頭として完成し、市販の饅頭の仲間入りをしたといえよう。

注

（1）農山漁村文化協会編集部（一九九三）『日本の食生活全集50　日本の食事事典Ⅱ　つくり方・食べ方編』農山漁村文化協会、四五頁
（2）守安正（一九六五）『増補新版　お菓子の歴史』白水社、一六七頁
（3）注（2）に同じ、一五二頁

(4)『サライ』編集部・本多由紀子編（一九九五）『老舗饅頭』小学館、四頁
(5) 注（4）に同じ、一一頁
(6) 樋口清之（一九八七）『新版　日本食物史—食生活の歴史—』柴田書店、一五五頁
(7) 阪本英一（一九九〇）「主食」『着る・食べる・住む　群馬の民俗3』みやま文庫一一四、一〇〇頁
(8) 萩原進（一九七八）「からっ風と麦の国の食文化」『味のふるさと17　群馬の味』樋口清之・田辺聖子・渡辺文雄監修、角川書店、八二頁
(9) 群馬県教育委員会（一九六四）群馬県民俗調査報告書第五集『境町の民俗』一〇四頁
(10) 野口美恵子（一九九〇）「赤城南麓の食」『日本の食生活全集10　聞き書　群馬の食事』農山漁村文化協会、二四六頁
(11) 群馬県教育委員会（一九七九）群馬県民俗調査報告書第二十一集『高山村の民俗』二六頁
(12) 真下くに子（一九九〇）「奥利根の食」『日本の食生活全集10　聞き書　群馬の食事』農山漁村文化協会、四五頁
(13) 松崎宣子（一九九〇）「東毛平坦地の食」『日本の食生活全集10　聞き書　群馬の食事』農山漁村文化協会、二八五頁
(14) 群馬県史編さん委員会（一九八四）『群馬県史　資料編25　民俗1』五〇三頁
(15) 注（12）に同じ、四八頁
(16) 渋川市市誌編さん委員会（一九八四）『渋川市誌　第四巻　民俗編』六八頁

(17) 土屋政江（一九九〇）「奥多野の食」『日本の食生活全集10　聞き書　群馬の食事』農山漁村文化協会、一八六頁
(18) 藤岡市史編さん委員会（一九九一）『藤岡市史　民俗編　上巻』一七二頁
(19) 注（17）に同じ、一八八頁
(20) 群馬県教育委員会（一九七六）群馬県民俗調査報告書第十八集『倉渕村の民俗』二一頁
(21) 注（16）に同じ、六九頁
(22) 群馬県教育委員会（一九六四）群馬県民俗調査報告書第五集『境町の民俗』三五頁
(23) 群馬県教育委員会（一九六〇）群馬県民俗調査報告書第一集『片品の民俗』二七頁
(24) 五十嵐万里子（一九九二）「秩父山地の食」『日本の食生活全集11　聞き書　埼玉の食事』農山漁村文化協会、四三頁
(25) 関口正己（一九九〇）「モノビの食べもの」『着る・食べる・住む　群馬の民俗３』みやま文庫一一四、一四五頁
(26) 群馬県教育委員会（一九六二）群馬県民俗調査報告書第三集『板倉町の民俗』一五三頁
(27) 群馬町誌編纂委員会（一九九五）『群馬町誌　資料編４　民俗』四五頁
(28) 高崎市市史編さん委員会（二〇〇二）『新編　高崎市史　資料編８　近世Ⅳ』五四一頁
(29) 群馬県史編さん委員会（一九八〇）『群馬県史　資料編27　民俗３』一一五四―一一五六頁
(30) 神崎宣武（一九九七）『おみやげ　贈答と旅の日本文化』青弓社、八四頁
(31) 萩原進・近藤義雄編（一九八三）『商家高名録・諸業高名録』みやま文庫八九、三七頁、五九頁

(32) 板橋春夫（一九九五）『葬式と赤飯―民俗文化を読む―』煥乎堂、六八頁
(33) 横田雅博（一九九七）「餡入り焼餅と饅頭」『武尊通信』第七二号

酒饅頭《さかまんじゅう》と焼き饅頭

一　群馬の酒饅頭

餡入り酒饅頭（甘楽郡甘楽町善慶寺）

全国有数の小麦生産地である群馬県では、伝統的に農村の家庭で饅頭が作られてきた。農村家庭で作られた饅頭には、ゆで饅頭・炭酸饅頭・イースト饅頭・酒饅頭の四つがある。ゆで饅頭は、皮の生地に膨剤を用いずに文字通りゆでて作る饅頭で、餡《あん》入りの焼餅《やきもち》から派生した食品と考えられ、県内では江戸末期には作られていたことがわかっている(1)。炭酸饅頭は、重曹《じゅうそう》の普及によって昭和初期以降に作られるようになった饅頭で、蒸して作ることから「ふかし饅頭」とも呼ばれる。炭酸饅頭は、ゆで饅頭の皮の生地に重曹が入れられるようになってできたものであり、系統的にはゆで饅頭に連なる食品であるといえる(2)。したがって、ゆで饅頭も炭酸饅頭も農村で生まれた饅頭である。この二つの饅頭については先に述べた。イースト饅頭は、イースト菌の発酵作用を利用して生地を膨らませるもので、第二次世界大戦後に普及した最も新しいタイプの饅頭である。

さて、本稿で取り上げる酒饅頭は、生地の膨剤として甘酒やドブロクを用い、その発酵作用によって生地を膨らませるものである。やはり蒸して作ることから、群馬県では「ふかし饅頭」の一種とされている。しかし、ゆで饅頭の皮の生地に甘酒やドブロクが入れられるようになって酒饅頭ができたという伝承は見られないことから、酒饅頭はゆで饅頭に連なるものではなく、系統の異なる饅頭と考えられる(3)。

酒饅頭を歴史的に見れば、鎌倉時代にまで遡ることができるといわれる。仁治二(一二四一)年に宋から帰朝した聖一《しょういち》国師によって、酒饅頭の製法が博多の栗波吉右衛門に伝えられ、吉右衛門は「虎屋」と号して饅頭店を開いたとされる(4)。その後、酒饅頭は京・大阪で広まるが、江戸に伝わるまでの経緯は明らかではない。また、上方では酒饅頭が好まれたが、江戸では薬饅頭が好まれたために酒饅頭はあまり流行らなかったともいわれる(5)。しかし、江戸で酒饅頭が作られなかったわけではなく、天保十二(一八四一)年に江戸で刊行された『菓子話船橋』には酒饅頭の詳しい製法が掲載されている(6)。酒饅頭は、江戸末期には上州にも伝わっており、前橋市で「片原饅頭」を販売していた志満屋《しまや》本店が天保三(一八三二)年の創業と伝えられている(7)。このように、酒饅頭は農村で生まれたものではなく、中国から伝来し、上方から江戸へ、江戸から地方都市へ、さらに地方都市から農村に伝わったものと推測される。

ところで、群馬県に見られる酒饅頭の一つに焼き饅頭がある。焼き饅頭は、餡を入れない酒饅頭数個を竹串《たけぐし》に刺し、味噌《みそ》だれを塗って焼いたものである。群馬県の人間には馴染みの深いものであるが、一般的な酒饅頭と比較して見れば、かなり特殊な形態であるといえる。また、焼き饅頭は、埼玉県飯能市などのごくわずかな例を除いて、群馬県以外にはほとんど分布しないことから、群馬県で独自の発展を遂げたものと考えられる。この焼き饅頭と農村家庭の酒饅頭とが何らかの関連をもつ可能性は、従来より指摘されている(8)。しかし、両者の間に具体的にどのような関連性があるかは、ほとんど考察されてこなかった。以上の点を踏まえ、本稿では群馬県の農村家庭に見られる酒饅頭について、その製法や行事食としての用いられ方、県内における分布や呼称などに検討を加え、食品としての特色について述べてみたい。また併せて、上州名物として知られる焼き饅頭との関連についても考えてみたいと思う。

二　製法から見た酒饅頭

(一) 酒饅頭の製法の基本

酒饅頭の一般的な製法として、吾妻郡中之条町山田で昭和三十年頃まで行われていた方法を紹介しよう。酒饅頭作りの工程は、コウジ作り、甘酒作り、饅頭作りの三つに分けられる。

まず、コウジを作る。ここで作られていたのは米コウジである。土間に稲藁《わら》を敷いて、さらにムシロを敷き、蒸籠《せいろう》で蒸した米を人肌くらいの温度に冷まして、その上に載せる。そこにコウジ屋から買った種コウジを入れて混ぜ、ムシロを掛けて二日ほどおくと、米にカビが付いたような状態になり、コウジができる。

次に、甘酒を作る。残り飯（米とひき割り麦などを混ぜて炊いたもの）に水を加え、粥状に煮てから、人肌くらいの温度に冷ます。そこに先ほどの米コウジを入れると発酵が始まる。この状態を「わく」という。発酵が始まって一日から二日ほどで甘酒ができる。

甘酒ができると、それを用いて饅頭の生地を作る。甘酒を布巾《ふきん》などの布で漉《こ》して搾り、搾り汁に小麦粉を混ぜてこね、生地とする。こねた生地を二時間から三時間ほどねかせると、発酵して膨らむ。この状態を「もえる」という。膨らんだ生地を適当な大きさにちぎって皮とし、小豆餡を包んで丸める。丸めたものを一時間ほどねかせ、再び膨らませた後、ドウ（蒸籠）に並べて、二十分ほど蒸せばでき上がりである。

以上が中之条町山田に見られた酒饅頭の製法である。このように、酒饅頭を作るには、それに先立つ工程としてコウジ作りや甘酒作りが必要であり、それぞれに数日を要するため、ゆで饅頭や炭酸饅頭に比べて非常に手間のかかるものであったことがわかる。

ところで、酒饅頭の製法のうち、饅頭作りの工程については、県内いずれの地域の方法もこの事例とほとんど変わらない。しかし、それに先立つコウジ作りや甘酒作りの工程には、地域によって若干の違いが見られる。

甘酒作りに用いられるコウジの種類について見ると、米コウジの他に麦コウジ（大麦を用いたコウジ）があり、渋川市赤城町溝呂木《みぞろぎ》や甘楽郡下仁田町西野牧《にしのまき》では麦コウジを用いていたという。また、渋川市有馬や同市伊香保町湯中子《ゆなかご》では、米コウジを使うことも、麦コウジを使うこともあったという。さらに、多野郡神流町平原《へばら》の八倉《ようくら》では、かつては麦コウジを使っていたが、後に米コウジを使うようになったといわれ、麦コウジを用いる方法が米コウジに先行する古い方法であった可能性が考えられる。

種コウジの入手法については、最寄りのコウジ屋から購入するのが一般的であるが、コウジ売りの行商人から購入する例もある。みどり市東町沢入《そうり》では、足尾や大間々からコウジ売りが来たという。また、太田市新田花香塚町《にったはなかづか》では、二〜三月にやって来るコウジ売りから種コウジを買い、桶にコウジを仕込んで甘酒を作ったという。

一方、その都度、種コウジを購入するのではなく、作ったコウジや甘酒の一部を残しておき、次の酒饅頭作りの際に種として使う方法がある。渋川市有馬や富岡市南後箇《みなみごか》では、乾燥させたコウジをビンなどに入れて保存しておき、次に使うことがあったという。また、高崎市上里見町や同市宮沢町では、甘酒に小麦粉を混ぜて作った酒饅頭の生地の一部を、饅頭よりもやや大きめに丸め、乾燥させて粉箱の隅に保存しておいた。これは「万年ズ」と呼ばれ、カメに入れて水で溶くと、発酵して甘酒になったという。

コウジ作りや甘酒作りに使った容器に付着して残っているコウジ菌を利用する方法もある。高崎市上小塙町《かみこばな》では、コウジ作りに使う酒桶があり、そこに大麦の粕を入れると、発酵してコウジができたという。また、吾妻郡東吾妻町本宿では、甘酒作りのための桶があり、そこに米の粥を入れると発酵して甘酒ができたという。

このような方法は、コウジの種を確保するとともに、コウジ作りや甘酒作りの工程を簡略化・省力化するものであり、より便利な方法として各家庭や地域で工夫されてきたものと思われる。

(二)　酒饅頭の餡入りと餡なし

一般的に饅頭というものは、餡とそれを包む皮の生地からできている。ところが、群馬県内に見られる酒饅頭には、生地の中に餡を入れたものと、餡を入れないものとがある。

まず、餡入り酒饅頭の餡について見てみよう。酒饅頭に用いられる餡は、主に小豆の粒餡または漉し餡である。小豆餡は、味付けに和白・玉砂糖・黒砂糖などを用いた甘い餡が一般的である。しかし、砂糖が貴重品であった第二次世界大戦前には、塩で味付けした塩餡を用いる例がしばしば見られる。吾妻郡中之条町山田や同町入山では、塩餡の方が普通であったという。小豆餡以外のものが用いられる例もあり、渋川市有馬では大豆の餡・菜葉の油炒《いた》め・タクアンを刻んだものなどが用いられたという。

次に、餡なし酒饅頭の食べ方について見てみよう。餡なしは生地のみで餡がないため、味噌や醤油《しょうゆ》をベースにしたたれで調味して食べるのが一般的である。高崎市上小塙町では、味噌に砂糖を混ぜた砂糖味噌(甘味噌とも呼ばれる)を付けて食べたという。同様な食べ方は渋川市有馬、吾妻郡中之条町入山にも見られる。醤油に砂糖を混ぜた砂糖醤油を付けて食べる例もあり、桐生市新里町板橋、太田市新田花香塚町などに見られる。この他、たれを用いない食べ方として、餡なしの酒饅頭を作る際に、菜葉の漬物を刻んだものを生地に混ぜて味付けする例があり、太田市新田花香塚町に見られる。

ここまで酒饅頭の食べ方について見てきて、想起されるのは焼餅の食べ方である。群馬県各地に見られる焼餅には餡入りと餡なしとがある。そして、餡入り焼餅の場合、餡に用いられるのは小豆ばかりではなく、栗・味噌・ナスや干葉《ひば》(菜類を乾燥させたもの)などの野菜・ウルカ(鮎《あゆ》の内臓の塩辛)やホオザシなど、さまざまなものがあった(9)。一方、餡なし焼餅の場合は、生地に味噌を混ぜて味付けをしたり、刻んだネギ・シソ・フキノトウなどを混ぜて風味付けをしたりすることが多い(10)。また、生地に味付けも風味付けもしない場合は、砂糖や醤油を付けて食べたり、菱形や短冊形などに切ってゴマ味噌和えにして食べたりする(11)。

このように、焼餅の食べ方と酒饅頭の食べ方は互いによく似ていることがわかる。このことについて筆者は、焼餅の食べ方が酒饅頭の食べ方に影響を与えた結果と推測する。つまり、農村の食生活の中には焼餅が先にあり、後に都市部から酒饅頭が入ってきたときに、焼餅の影響を受けて、小豆以外の餡が用いられるようになったり、餡なしの酒饅頭が作られるようになったりしたのではないかと考えるのである。そして、それはおそらく、焼餅も酒饅頭も小麦粉を使った食品であり、その外形や食生活における位置付けが互いに似通っていたためであろうと思われる。

ところで、酒饅頭は時間が経つと硬くなりやすい饅頭である。硬くなった餡なしの酒饅頭を食べる方法として、温め直したり、火であぶったりして食べる例がある。例えば、太田市新田花香塚町では、硬くなった餡なしの酒饅頭を釜《かま》のご飯の上に載せて温め、ちぎって砂糖醤油を付けて食べたという。また、硬くなったものを火であぶり、砂糖醤油を付けて再びあぶって食べることもあったという。七輪や火鉢の火であぶって砂糖醤油を付ける食べ方は、桐生市新里町板橋にも見られる。さらに、囲炉裏《いろり》の火であぶり、味噌や砂糖味噌を付ける食べ方もあり、渋川市有馬、吾妻郡中之条町入山、伊勢崎市馬見塚町などに見られる。こうした酒饅頭の食べ方は、上州名物となっている焼き饅頭を思わせるものであり、注目される。

三　行事食としての酒饅頭

酒饅頭は、主に年中行事の食事に用いられてきた食品である。ここでは、酒饅頭がどのような行事に用いられてきたか、群馬県内の事例を見ていきたい。

筆者が平成十七年九月から十八年一月にかけて群馬県内で行った聞き取り調査の結果から、酒饅頭の作られる機会についてまとめたものが表2である。調査地は一〇九か所、そのうち酒饅頭について聞き取ることができたのは四一か所、さらにこれを作る機会について確認できたのが表2に挙げた三四か所である。

表2を見ると、酒饅頭が作られる行事として、調査地の多くで挙げられたのは七夕（一八か所）、農休み（一一か所）、釜の口開け（六か所）であった。七夕に饅頭が付き物とする地域は多く、甘楽郡南牧村檜沢《ひさわ》（No.12）などでは「七夕には七回水を浴びて、七個饅頭を食べる」ものだと言われている。農休みは、春蚕《はるご》の繭《まゆ》の出荷・麦刈り・田植えなどが終わって農作業が一段落したときに行われる行事であり、仕事を休んで酒饅頭を作り、神仏に供える。釜の口開けは、盆のために地獄の釜の蓋が開いて先祖が出てくる日といわれ、酒饅頭を仏壇に供える。

沼田市上川田町（No.29）や太田市世良田町《せらだ》（No.33）のように祇園に酒饅頭を作る例もある。例えば、世良田町の祇園祭りは盛大であることで知られるが、酒饅頭が作られるのは「隠居様」と呼ばれる七月十五日で、御輿が各家を巡回すると饅頭が出される。

表２　酒饅頭を作る機会

No.	調査地	作る機会
1	高崎市上小塙町	４月頃に間食として
2	高崎市宮沢町	農休み（7/19・7/20）、釜の口開け（8/1）、七夕（8/7）、十五夜
3	高崎市上里見町	農休み（7/20 頃）、釜の口開け（8/1）、七夕（8/7）、盆（8/15）、十五夜、十三夜
4	高崎市吉井町上奥平	農休み（7/20 頃）、釜の口開け（8/1）、七夕（8/7）
5	高崎市吉井町多胡	農休み（7/20 頃）、七夕（8/7）
6	藤岡市坂原	七夕（8/7）
7	多野郡神流町神ヶ原	繭かき
8	多野郡神流町平原	蚕上げ、七夕（8/7）
9	富岡市君川	農休み（7/17・7/18）、釜の口開け（8/1）、七夕（8/7）
10	富岡市南後箇	七夕（8/7）
11	甘楽郡下仁田町青倉	一年を通して間食に
12	甘楽郡南牧村檜沢	七夕（8/7）、冬季の間食
13	甘楽郡甘楽町天引	釜の口開け（8/1）、七夕（8/7）
14	甘楽郡甘楽町秋畑	盆行事（8/13 ～ 8/15）の後
15	安中市西上秋間	七夕（8/7）
16	安中市野殿	七夕（8/7）
17	安中市松井田町北野牧	稲荷神社祭り（4/28 頃）
18	安中市松井田町土塩	蚕上げ、田植え
19	渋川市有馬	農休み（7/15・7/16・7/17）、春先・秋口の間食
20	渋川市赤城町溝呂木	夏季の間食
21	渋川市伊香保町湯中子	冬季の間食
22	吾妻郡中之条町山田	農休み（7/20 頃）、七夕（8/7）、十五夜
23	吾妻郡中之条町栃窪	農休み（7/15 か 7/20）、七夕（8/7）
24	吾妻郡中之条町入山	夏季の間食
25	吾妻郡東吾妻町三島	春の彼岸（走り口）、釜の口開け（8/1）、七夕（8/7）、盆（8/15）、秋の彼岸（走り口）、十五夜
26	吾妻郡東吾妻町本宿	春の彼岸（中日）、盆（8/15）、秋の彼岸（中日）
27	吾妻郡高山村尻高	農休み（7/15 頃）、盆（8/14 か 8/15）、十五夜
28	吾妻郡高山村中山	盆（8/15）
29	沼田市上川田町	祇園（７月半ば）
30	利根郡みなかみ町下津	お富士参り
31	みどり市東町沢入	春先から７月までの間食
32	太田市細谷町	春祭り、蚕上げ、農休み（7/20 頃）、七夕（8/7）、十五夜、十三夜、秋祭り
33	太田市世良田町	祇園（7/15）、七夕（8/7）、十五夜、十三夜
34	太田市新田花香塚町	田植え、七夕（7/7）、農休み（7/20 頃）、十五夜、十三夜

（聞き取り調査により作成）

盆に酒饅頭を作って仏壇に供える例は、吾妻郡の東吾妻町や高山村に見られる。これらの地域では、盆の期間中にボタモチや赤飯など、いくつかの食品が作られるが、その一つとして酒饅頭が作られる。例えば東吾妻町三島（No.25）では、八月十四日の朝にはアンピン（餡入り餅）またはボタモチ、十五日の朝には酒饅頭、十六日の朝には赤飯が作られていた。

盆行事の後に酒饅頭が作られる例もある。甘楽郡甘楽町秋畑（No.14）では、「仏様の足洗い水」といって、盆迎えの日（八月十三日）に甘酒を作って玄関に出しておく。盆が終わる頃には、甘酒の残りが酸っぱくなっているので、それを使って酒饅頭を作ったという。

また、蚕上げ（上蔟）、繭かき（収繭）、田植えなどの農作業の際に酒饅頭が作られる例もあり、多野郡神流町神ケ原《かがはら》（No.7）、同町平原（No.8）、安中市松井田町土塩《ひじしお》（No.18）、太田市細谷町（No.32）などで確認された。これらは特に人手を必要とする作業であり、間食などに酒饅頭が作られ、作業を手伝った人たちに振る舞われたのである。

これらはいずれも夏季の行事であり、酒饅頭に限らず、ゆで饅頭や炭酸饅頭などの饅頭の作られる行事として知られている。饅頭が麦の収穫期を中心とした夏季に用いられ、冬季の餅に代わる性格をもつことについては、関口正己の指摘がある。関口によれば、小麦の新粉を使った饅頭が、麦の収穫祝いを兼ねて神仏に供されるという。また、夏季は餅がすえやすいという欠点を饅頭が補っている点も考慮されるという(12)。十五夜、十三夜など、秋の月見の際に酒饅頭を作る例も多いが（八か所）、これらも夏季の行事に続く行事と見ることができる。

このように、年中行事における酒饅頭の用いられ方は、基本的にゆで饅頭のそれと同じである。筆者は年中行事におけるゆで饅頭の用いられ方が焼餅の用いられ方に近いものであることを指摘したが(13)、酒饅頭の用いられ方もまた、焼餅のそれに通じるものであるといえよう。

ところで、酒饅頭が夏季の行事に多く用いられる理由については、先の関口の指摘に加え、夏季には甘酒の発酵が容易であることも挙げておきたい。先に紹介した吾妻郡中之条町山田における酒饅頭の製法は夏季の例であり、甘酒の発酵にかかる日数は二日ほどである。これに対して、冬季に酒饅頭を作る渋川市伊香保町湯中子の例では、甘酒の発酵に一週間ほどかかっており、三倍以上の日数を要する。しかも、冬季には甘酒を入れた容器をこたつなどで温める必要がある。酒饅頭作りに使用される甘酒は、通常、口当たりの良い飲用に適した段階を通り越したもので、アルコール分が強くなって辛くなり、さらに発酵が進んで酸味の出たものである。ここまで発酵を進ませるのは、気温の高い夏季の方が容易であり、そのことが酒饅頭を夏季の行事に結びつけていると考えられる。

四　酒饅頭の分布と呼称

(一) 酒饅頭の分布

群馬県内各地で聞き取り調査を行うと、戦前生まれくらいの話者が対象であれば、ゆで饅頭や炭酸饅頭についてはどの地域でもたいてい聞き取ることができる。ところが、酒饅頭については分布にかなり地域

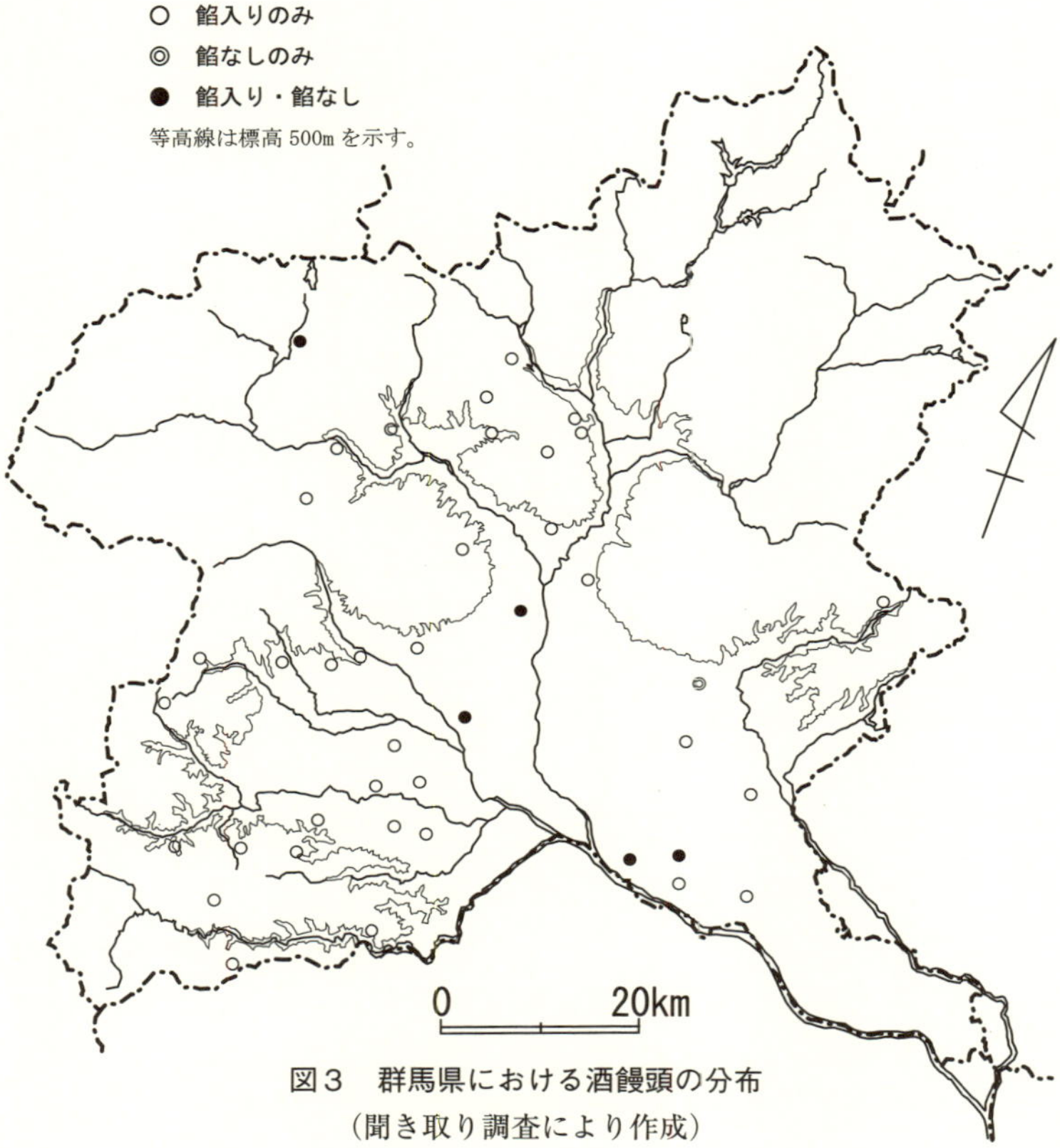

図３　群馬県における酒饅頭の分布
（聞き取り調査により作成）

的な偏りがあり、一様ではない。

前項で述べた聞き取り調査の結果をもとに、群馬県における酒饅頭の分布を示したものが図3である。この図によると、酒饅頭の分布が多く見られるのは、北毛の吾妻郡、西毛の安中市・高崎市・富岡市・甘楽郡・多野郡、中毛の渋川市・伊勢崎市、東毛の太田市などである。これに対して、その他の地域には分布が希薄であり、とくに東毛の館林市・邑楽郡などには分布がないことがわかる。もちろん、この分布図は県内のすべての地域を網羅しているわけではないので、今後の調査によって分布域がさらに広がる可能性はある。このような酒饅頭の地域的な分布の濃淡について、その理由は明らかではなく、今後の研究課題としたい。

また、酒饅頭の餡入りと餡なしについて見ると、餡入りの分布する地域が圧倒的に多く、酒饅頭は餡入りが一般的なものであることがわかる。これに対して、餡なしと餡入りが併存する地域や、餡なしの酒饅頭のみが分布する地域はごく限られている。このことは、群馬県に酒饅頭が伝えられた際に、餡入りの形で伝えられたことを示すものと考えられる。餡なしの酒饅頭は、おそらくその後に県内の一部地域で作られるようになったものであろうと推測される。

ところで、群馬県における酒饅頭の分布の特徴として、その製法を伝える伝承者の少ないことが指摘できる。すなわち、酒饅頭作りを伝える集落であっても、集落のすべての家庭で酒饅頭が作られてきたわけではなく、いくつかの家庭に限られている場合が多い。これは、酒饅頭の製法が、他の饅頭に比べて手間がかかり、難しいためと思われる。酒饅頭作りが成功するか否かは、コウジ作りや甘酒の発酵にかかっており、温度管理などに熟練を要する。

そして、地域によって酒饅頭作りの根幹ともいうべきコウジ作りや甘酒作りの方法に違いが見られるのは、伝承者が少なく散在しているために、各家庭や地域で作り方の工夫がなされても、互いの技術的な交流があまり行われなかったためと考えられる。

（二）酒饅頭の呼称

群馬県に見られる酒饅頭の呼称には、「サケ饅頭」「アマザケ饅頭」「ス饅頭」の三つがある。これらのうち、「サケ饅頭」および「アマザケ饅頭」の呼称は、その語源について推測することが容易であろう。いずれもその製造過程において、酒（すなわち甘酒）が使用されることによると考えられるからである。

一方の「ス饅頭」の呼称については事情が異なり、その語源がわかりにくい。それは、「ス」のもつ元々の意味がわからなくなっているためである。農村で聞き取り調査を行うと、「ス饅頭」の語源について「酸っぱい匂いがするから」などと説明されることが多い。しかし、筆者はその製造過程において「ス」が使用されたことによるものと考える。そして、「ス」とは発酵が進んで酸味の出た甘酒のことである、と推測するのである（この言葉にあえて漢字を当てはめれば、「酸」あるいは「酢」ということになろうが、調味料の酢と紛らわしいので、「ス」と表記する）。

残念ながら、現在、この「ス」という言葉はほとんど単独で使われることはなく、県内では「ス饅頭」という言葉の中に残されている程度である。その他の「ス」の用例としては、高崎市上里見町や同市宮沢町などに見られた「万年ズ」という言葉がある。これは先にも紹介したように、甘酒に小麦粉を混ぜて作った酒饅頭の生地の一部を、丸めて乾燥・保存しておいたもので、いつでも使用できる「ス」という意味である。

近世において、酸味の出た甘酒を「ス」と呼んだらしいことは、文政十三（一八三〇）年の『萬事覚《よろずことおぼえ》』（高崎市阿久津町、川鍋家所蔵）から推測される。同書には、「一まんぢうはすでこねてハできづ、べつニ酒ヲつくりこね搉ル」とある⒁。つまり、当時、調味料の酢も、饅頭の甘酒も同じように「ス」と呼ばれていたので、両者の混同を避けるために、このような記述がなされたものと考えられるのである。そして、おそらく「ス饅頭」という呼称もこの頃に成立したと想像される。

隣県においては、酒饅頭に使う甘酒を「ス」と呼ぶ例が知られている。例えば、埼玉県大里郡岡部町普済寺では、大麦を蒸して種コウジをまぶし、できたコウジを「ス」と呼び、饅頭作りに使う甘酒の素のようなものだという⒂。

以上のことから、「ス饅頭」の呼称は、発酵が進んで酸味の出た甘酒、すなわち「ス」を使って作られたことによるものであり、「サケ饅頭」「アマザケ饅頭」と同義であることがわかる。

ところで、ここまで考察を進めてきて想起されるのは、上州名物の焼き饅頭の、味噌だれを塗って焼く前の状態（白いままの餡なしの酒饅頭）が、やはり「すまんじゅう」と呼ばれていることである。このことについて、焼き饅頭の老舗原嶋屋総本家三代目の原嶋熊蔵は、著書の中で三つの解釈を挙げている。それは、①「香りに酸味があって食べると酢っぱいからすまんじゅう」、②「割ると中にスが入ってるからすまんじゅう」、③「餡も何も入らず味噌付饅頭として未完成のもの、即ち素まんじゅう」である⒃。

このうち一般に最も支持されているのは、③の「素まんじゅう」説である。そして、これ以後に書かれた焼き饅頭関連の文章のほとんどでは、焼かれる前の状態の饅頭が「素まんじゅう」と表記されている⒄。しかし、焼き饅頭の「素まんじゅう」も本来は「ス饅頭」であり、酸味の出た甘酒を使用したためにそう呼ばれたものであったことは、これまでに見てきたことから明らかである。

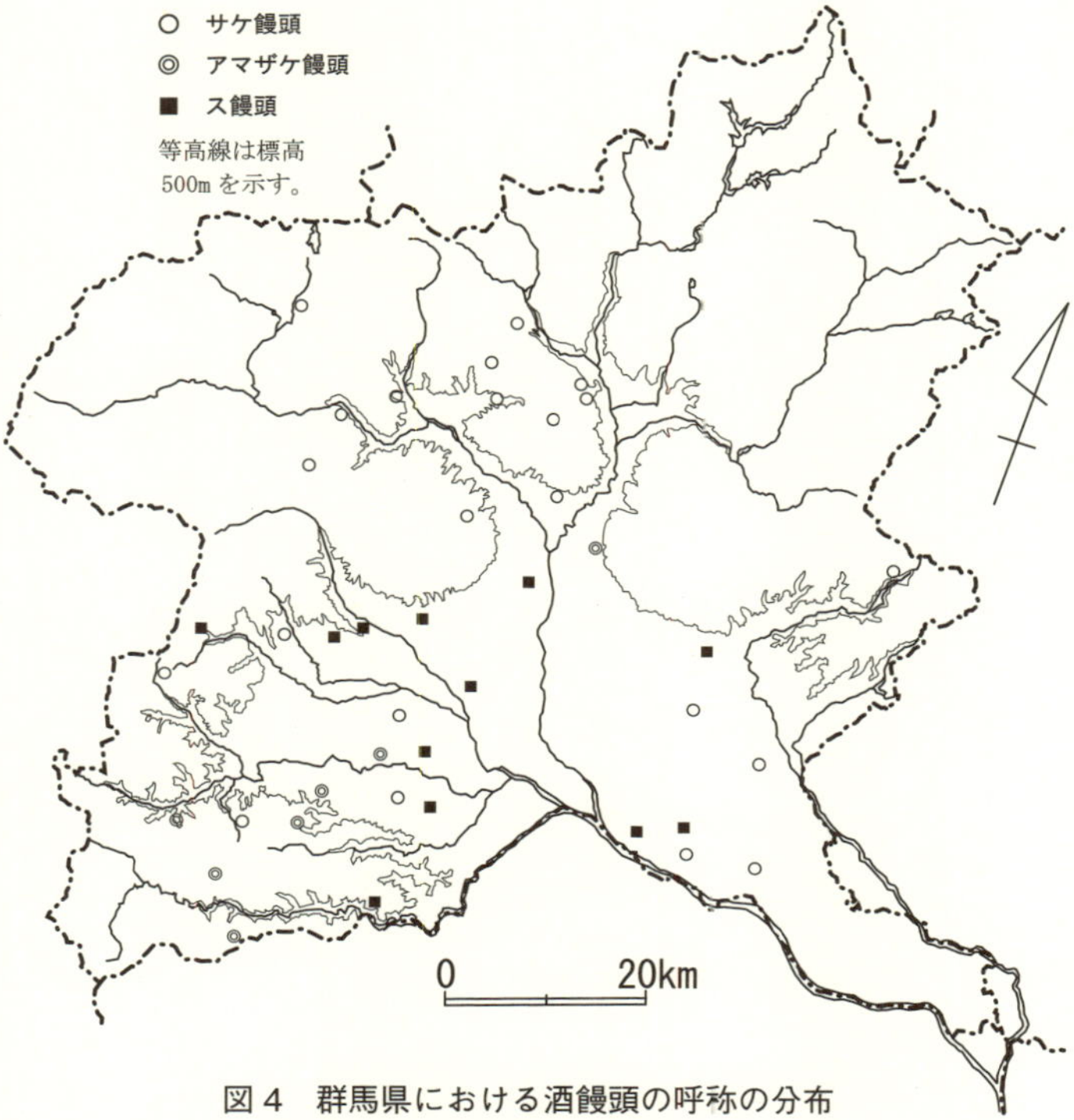

図４　群馬県における酒饅頭の呼称の分布
（聞き取り調査により作成）

(三) 呼称の分布

酒饅頭を指す三つの呼称、「サケ饅頭」「アマザケ饅頭」「ス饅頭」の分布を図４から見てみよう。まず、県の中央部には「ス饅頭」と呼ぶ地域が広がっている（以下、「ス饅頭」地域と呼ぶ）。そして、その周辺には「サケ饅頭」や「アマザケ饅頭」と呼ぶ地域が見られ、北部と東部には「サケ饅頭」の呼称が、南西部には「アマザケ饅頭」の呼称が多く分布している（以下、「サケ饅頭」地域、「アマザケ饅頭」地域と呼ぶ）。

三つの呼称のうち、古い民俗語彙と考えられるのは、近世に成立したと思われる「ス饅頭」である。そして、図4に見られるように、中央部に「ス饅頭」地域があり、その周辺に「サケ饅頭」地域や「アマザケ饅頭」地域が位置するのは、それぞれの地域に酒饅頭の製法が伝わった時期に差があったためではないかと思われる。それは、酒饅頭の製法が難しいためであり、おそらくは、まず交通の便の良い中央部に江戸方面から酒饅頭の製法が伝わり、それからかなり遅れ、「ス」という言葉の意味が忘れられた頃になって、ようやく周辺部に酒饅頭の製法が広まったのではないだろうか。つまり、その頃には酸味の出た甘酒を指す「ス」という言葉はほぼ消滅し、代わって「アマザケ」もしくは単に「サケ」という言葉が使われていたと推測されるのである。そして、そうなっても「ス饅頭」という言葉のみは県中央部に残ったのであろう。

ところで、図3と図4を比較すると、餡なしの酒饅頭が見られる地点は、ほぼ「ス饅頭」地域にあることがわかる。つまり、餡なしの酒饅頭は、主に「ス饅頭」地域で作られていたのである。筆者は、このことから、上州名物の焼き饅頭の発祥地は「ス饅頭」地域、すなわち県中央部のいずれかであろうと考えている。餡なしの酒饅頭を作る食習慣のあった「ス饅頭」地域から、商品としての焼き饅頭が生まれたと推測するのである。酒饅頭を指す古い民俗語彙「ス饅頭」が、焼き饅頭の焼かれる前の状態を指す「素まんじゅう」となって残っていることが、そのことを示していると言えないだろうか。

五　焼き饅頭の商品化

ここで、商品としての焼き饅頭について若干触れておきたい。焼き饅頭の老舗としてよく知られているのは、前橋市の原嶋屋総本家で、安政四（一八五七）年の創業である(18)。同店では、焼き饅頭は創業者の原嶋類蔵によって考案されたと伝えられている。この他の老舗としては、沼田市の東見屋《とうみや》饅頭店が文政八（一八二五）年の創業(19)、伊勢崎市の田中屋本店も江戸末期の創業と伝えられる(20)。このように、現在まで続く焼き饅頭の老舗には、江戸末期の創業といわれる店がいくつかあり、商品としての焼き饅頭の歴史はこの頃まで遡ることができる。県外の数少ない例としては、埼玉県飯能市の新島田屋《しんしまだや》が明治八（一八七五）年の創業である。ただし、飯能市の焼き饅頭は、文化文政の頃に紺屋甚兵衛によって考案されたと伝えられ、その始まりはやはり江戸末期にまで遡ることができる(21)。

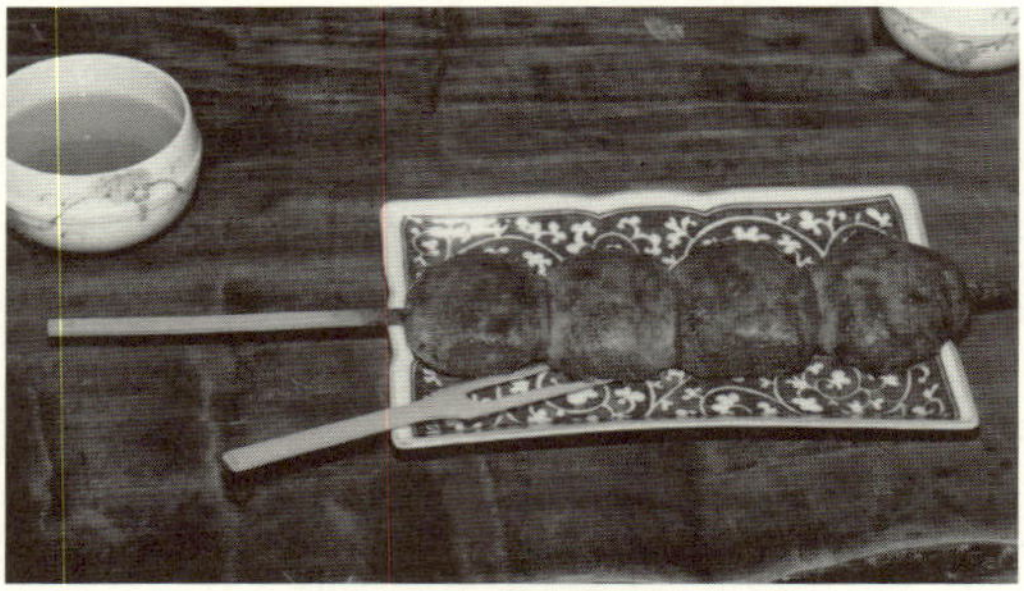

焼き饅頭（前橋市）

焼き饅頭を商品化したのはこうした老舗と考えられるが、焼き饅頭を生み出した民俗的背景として、これまでに見てきたような農村家庭の酒饅頭の食べ方があった。すなわち、硬くなった餡なしの酒饅頭を食べる際に、囲炉裏の火で焼き、味噌だれや醤油だれを付ける方法である。ただし、囲炉裏の火で焼く場合、ワタシと呼ばれる金具や焙烙《ほうろく》などの上に酒饅頭をそのまま並べて焼くのが普通であり、串に刺して焼く例は確認されていない。したがって、現在のような竹串に数個を刺した焼き饅頭のスタイルは、商品化の過程で工夫されてきたものと考えられる。

群馬県内には、串に刺して味噌だれを塗って焼く食品として、豆腐の田楽、芋串（ゆでた里芋やジャガイモを串に刺して焼いたもの）、五平餅などがあり、おそらく、こうしたものを参考に焼き饅頭のスタイルが確立されたものと思われる。原嶋屋総本家には、創始者の原嶋類蔵が屋台の芋串をヒントに焼き饅頭を考案したという伝承がある(22)。確かに、いくつもの饅頭に味噌だれを塗りながら焼くには、串に刺した方が扱いやすく、合理的であるといえる。

こうして商品化された焼き饅頭は、最初から「焼き饅頭」と呼ばれていたわけではなく、また、現在もすべての地域でそう呼ばれるわけではない。原嶋熊蔵によれば、初め「味噌付け饅頭」と呼ばれていたが、明治三十三（一九〇〇）年頃から「味噌饅頭」と呼ばれるようになり、さらに昭和初年から「焼き饅頭」と呼ばれるようになったという(23)。そして、現在も沼田市を中心とした北毛では「味噌饅頭」と呼ばれ(24)、埼玉県飯能市では「味噌付け饅頭」と呼ばれている(25)。おそらく、焼き饅頭が商品化された当初、農村では普通であった味噌と酒饅頭の取り合わせが都市部では珍しかったため、味噌を意識した名称で呼ばれたものと思われる。それが後に多くの地域で、焼くことを意識した名称へと変化したのである。

ところで、焼き饅頭は、初めに述べたように、基本的には餡なしの酒饅頭を竹串に刺し、砂糖を混ぜた味噌だれを塗って焼いたものである。ただし、現在では餡入りの焼き饅頭も沼田市や伊勢崎市などを中心に販売されており、その分布域は拡大する傾向にある。この餡入りの焼き饅頭は、餡なしの焼き饅頭と比較すると新しいものと考えられる。なぜなら、農村の家庭では、餡入りの酒饅頭に味噌だれを塗る事例は知られていないからである。高度経済成長期以前、砂糖を使用した小豆餡は贅沢品であり、もともと味噌だれや味噌餡は、その代用として焼餅や饅頭に味を付けるためのものであった。だから、甘い餡入りの饅頭にあえて味噌だれを付ける習慣は、農村にはなかったのである。したがって、餡入りの焼き饅頭は当初からあったものではなく、後になって焼き饅頭店の商品の一つとして工夫されたものと考えられる。伊勢崎市の田中屋本店では、二代目店主が餡入り焼き饅頭を始めたと伝えられている(26)。

六 酒饅頭の伝播と定着

製法と食べ方、年中行事における用いられ方、県内の分布状況、呼称などの観点から、酒饅頭について述べてきた。

酒饅頭は、製法的に見れば、ゆで饅頭とは系統の異なる饅頭である。しかし、酒饅頭の農村の年中行事における用いられ方は、ゆで饅頭とほぼ同じであり、焼餅の用いられ方にも通じるものがあった。また、酒饅頭の食べ方には、焼餅の食べ方に影響を受けたと思われるものがあり、その最も顕著な例として、餡なしの酒饅頭に味噌だれを付けるものがあった。そして、この食べ方は上州名物の焼き饅頭につながるものであった。

酒饅頭の県内における分布は、ゆで饅頭や炭酸饅頭に比べると地域的な偏りがあり、製法を伝える伝承者も多くなかった。これは、酒饅頭の製法が難しいためと考えられ、呼称の分布からも、地域によって製法が伝わった時期に差があることが推測された。

以上のことを踏まえ、もともと中国起源の外来の食品であった酒饅頭が、時代の変遷を経て都市から農村へと伝わり、群馬県の農村の生活の中に定着していった過程について考えてみたい。

都市から農村に饅頭が伝わる以前、農村の食生活の中で小麦粉食品として重要だったのは焼餅であった。筆者はかつて、甘楽郡下仁田町青倉を例に、饅頭が普及する以前には、半夏《はんげ》・釜の口開けなどの夏季の行事に焼餅が用いられていたことについて述べたことがある(27)。そして、この頃の焼餅は、おそらく、まだ餡の入らないものであったと思われる。

文献から見る限り、農村に饅頭が入ってきた時期は、江戸後期以降のことである。そして、最初に入ったものは、おそらく餡入りの酒饅頭であった（当時の店売りの饅頭としては、他に薬饅頭や薯蕷《じょうよ》饅頭があったが、それらの製法は農村に伝わらなかったらしく、家庭に一般的なものとなっていない）。農村に入った酒饅頭は、小麦粉食品であること、夏に甘酒の発酵が容易であることから、焼餅と同様に夏の年中行事に取り入れられていった。しかし、酒饅頭の製法は難しかったため、急速には普及せず、県内に広まっていくのには長い年月を要した。

年中行事に占める位置が焼餅に近いものであったため、食べ方において酒饅頭は焼餅の影響を受けた。その結果、餡なしの酒饅頭が登場し、それに味噌だれを付ける食べ方も行われるようになった。そして、この食習慣が、後に上州名物の焼き饅頭を生み出す民俗的背景となった。

農村に入った酒饅頭は、一方で焼餅に影響を与え、それまで餡を入れることのなかった焼餅に、餡入りを登場させた。そして、この餡入り焼餅が、より簡便な加熱法としてゆでられるようになり、江戸末期頃

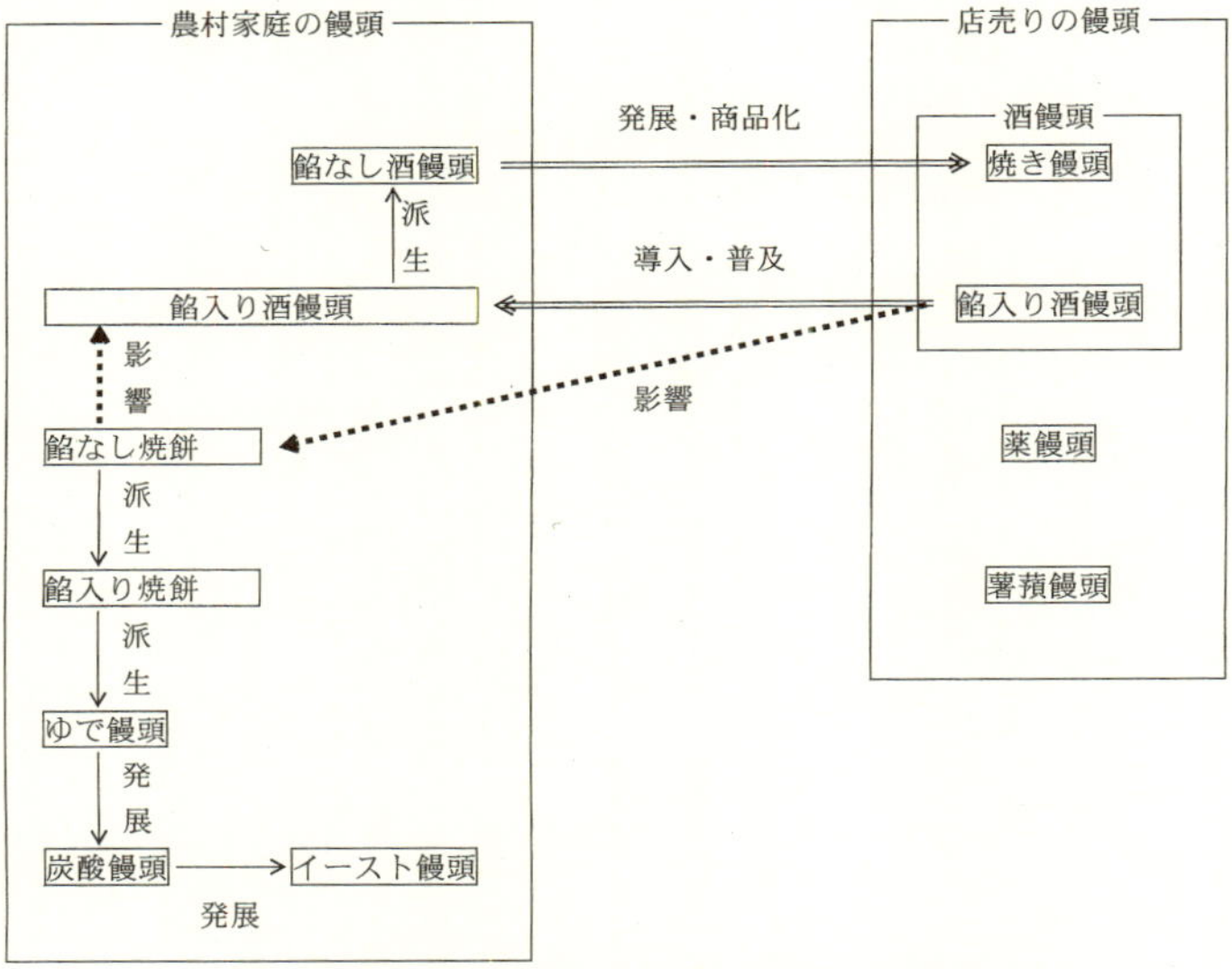

図５　農村家庭の饅頭と都市の店売りの饅頭

には餡入り焼餅から派生する形でゆで饅頭が登場した。ゆで饅頭は簡単に作れる饅頭として急速に普及し、農村に広まりかけていた酒饅頭を普及度において凌駕してしまった。群馬県の農村家庭においては、酒饅頭よりもゆで饅頭の方が一般的なのはこのためと思われる。そして、昭和初期には重曹の普及により、ゆで饅頭から発展する形で炭酸饅頭が登場し、さらに第二次世界大戦後にはイースト饅頭が登場するのである。

以上のことを図示したものが図５である。都市から農村へ酒饅頭が広まっていく過程では、町の店で売られていた酒饅頭が農村の焼餅に影響を与えたり、逆に農家で作られていた餡なし酒饅頭が商品化されて店売りの焼き饅頭になったりした。すなわち、都市から農村へ一方的に文化的な影響力が働いたのではなく、相互に影響を与え合っていたことがわかる。このように、全国各地の名物と呼ばれる食品には、焼き饅頭のように、都市と農村との文化的な交流の中から生まれてきたものが、少なくなかったと思われるのである。

本稿は、平成十六年度群馬歴史民俗研究会第七三回例会において発表した「饅頭と民俗文化―群馬の酒饅頭と焼き饅頭を中心にして―」の発表原稿を骨子として、大幅に書き改めたものである。加筆修正にあたっては、平成十八年度に群馬大学大学院教育学研究科に提出した修士論文「群馬県におけるマルメモノ食慣行とその地域差」の調査資料の一部を使用した。

注

（１）横田雅博（一九九八）「ゆで饅頭考」『群馬文化』第二五五号、四五頁
（２）注（１）に同じ、四五頁
（３）注（１）に同じ、四六頁
（４）守安正（一九六五）『増補新版　お菓子の歴史』白水社、一六七頁
（５）注（４）に同じ、一六八頁
（６）鈴木晋一・松本仲子編訳注（二〇〇三）『近世菓子製法書集成１』東洋文庫七一〇、平凡社、三五一頁
（７）奥山益朗編（一九八三）『和菓子の辞典』東京堂出版、八六頁

（8）阪本英一（一九九〇）「主食」『着る・食べる・住む　群馬の民俗3』みやま文庫一一四、一〇〇頁

（9）横田雅博（一九九七）「餡入り焼餅と饅頭」『武尊通信』第七二号

（10）横田雅博（二〇〇三）「高崎に見られる焼餅」『高崎市史編さん事務局ニュース』第一七七号

（11）高崎市（二〇〇一）高崎市史民俗調査報告書第五集『貝沢町の民俗』三〇頁

（12）関口正己（一九九〇）「モノビの食べもの」『着る・食べる・住む　群馬の民俗3』みやま文庫一一四、一四五頁

（13）注（1）に同じ、四三頁

（14）高崎市（二〇〇二）『新編高崎市史』資料編8、近世Ⅳ、五三二頁

（15）古田久子（一九九二）「大里・児玉の食」『日本の食生活全集11　聞き書　埼玉の食事』農山漁村文化協会、九一頁

（16）原島熊蔵（一九七〇）『焼まんじゅうあれこれ』原島屋総本店、三頁

（17）例えば、都丸十九一・志田俊子・関口正己（一九九〇）上毛文庫二一『群馬の食文化』上毛新聞社、一三九頁など

（18）注（16）に同じ、二頁

（19）塩崎道子（一九九〇）「上州の焼きまんじゅう」『日本の食生活全集10　聞き書　群馬の食事』農山漁村文化協会、三二〇頁

（20）鈴木健輔（二〇〇八年一月七日付）「焼きまんじゅうのなぞ　愛される理由　第6話タナカヤ」朝日新聞、群馬版

(21) 注（７）に同じ、三三三頁
(22) 原嶋健一談（二〇〇〇年八月一〇日付）「ふるさとの民話二一〇　焼きまんじゅう」上毛新聞
(23) 注（16）に同じ、五頁、八頁
(24) 注（19）に同じ、三二〇頁
(25) 注（７）に同じ、三三三頁
(26) 注（20）に同じ
(27) 注（１）に同じ、四三頁

おきりこみと水団《すいとん》

一　郷土食としてのおきりこみと水団

おきりこみは群馬県を代表する郷土食である。小麦粉に水を加えてこね、麺棒《めんぼう》と麺板《めんばん》でのばし、包丁で切って麺状にしたものを、野菜などの具を入れた汁で煮込んだ料理である。このような食品は、山梨県のホウトウをはじめとして、関東・中部地方を中心に各地に分布している(1)。その分布地域は、いずれも台地や丘陵、山間部などの麦作の盛んな地域であり、水田稲作の盛んな地域や、山間部であっても積雪などで麦作の難しい地域にはあまり見られない。群馬県は、伝統的に水田裏作や畑作による麦類生産の盛んな地域であり、現在も日本有数の小麦生産県である(2)。こうした地理的条件を背景に、おきりこみは日常食として伝統的に親しまれてきた。水団もおきりこみと同じく小麦粉を材料とする食品であり、伝統的・日常的に食べられてきた。

ところで、おきりこみは通常、その形状からうどんの一種と捉えられており、これまでに刊行された民俗調査報告書や市町村史、群馬県の食文化を解説する本などにもそのような記述がなされてきた（3）。ところが、その製法や食べ方を詳細に検討していくと、一般的なうどんとは異なる点がいくつか見られる上に、うどんよりもむしろ水団との類似点が多く見られることがわかってきた。また、おきりこみの実態は群馬県内でも一様ではなく、材料・製法・食べ方・呼称など、地域によってさまざまである（4）。そして、同じことは水団についてもいうことができる。しかし、これまでにそれらを整理し、群馬県に見られるおきりこみと水団の特徴、および両者の関係を明らかにする研究はほとんど行われてこなかった。

そこで、本稿では、材料・製法・食べ方・食制上の位置付け・呼称などの観点から、群馬県に見られるおきりこみと水団について述べる。そして、それらの比較を行い、類似点・相違点を明確にすることで両者の食品としての性格を明らかにし、その関連性について考えることを目的とするものである。

なお、本稿に掲載する図6～12の分布図も、筆者が平成十七年九月から同十八年一月にかけて群馬県内で行った聞き取りによる分布調査の結果から作成したものである。調査内容は、昭和初期から昭和三十年頃までの伝統的な食生活についてである。調査地は一〇九か所であるが、そのうち調査項目について聞き取ることができた地点のみが、各分布図に記されている。

おきりこみ（高崎市中室田町）

二　群馬県に見られるおきりこみ

(一) おきりこみの製法と食べ方

①基本的な製法と食べ方

はじめに、おきりこみの基本的な製法について述べる。ここで紹介するのは、平成二十一年十一月二十四日に行われた富岡生活研究グループ連絡協議会の協力による調理実演の例である。材料は、麺の材料の小麦粉（打ち粉を含む）・水、汁の材料の味噌《みそ》・醤油《しょうゆ》・水、出汁用の煮干し・かつお節・こんぶ、汁の具の大根・人参・里芋・白菜・下仁田ねぎ・椎茸・エノキ茸・油揚げ・豚こま切れ肉である。なお、具材として使用される野菜はここに挙げられたものに限られるわけではなく、季節により変化する。この事例の野菜は主に秋冬季に用いられるものであり、夏季にはインゲン・ナス・ジャガイモなどが用いられている。県内各地で行った聞き取り調査の結果では、用いられる野菜に地域的な違いはほとんどない。また、具材にカボチャがあまり用いられない点は県下にほぼ共通しており(5)、山梨県のホウトウとの違いとなっている。調理の手順は以下の通りである。

a：まず、ボールに小麦粉を入れ、水を入れながら静かに混ぜ合わせ、やや固めにこねる。こねた生地をポリ袋に入れて踏む。踏んだ後で玉状にまとめ、濡らした布巾《ふきん》で包んで二〇分くらいねかせる。

ｂ：生地をねかせている間に汁を準備する。大きめの鍋《なべ》に水を入れ、煮干しとこんぶを入れて火にかける。煮立つ寸前にこんぶを引き上げ、煮立ったらかつお節を入れる。再び煮立ったら煮干しとかつお節を漉《こ》す。

ｃ：根菜類などを先に煮る。里芋は皮をむき、二つくらいに切る。大根・人参・白菜の茎の部分・油揚げは短冊切りにし、鍋に入れて煮る。

ｄ：残りの具の材料も切っておく。椎茸は削ぎ切り、エノキ茸は五センチメートルくらいに切り、下仁田ねぎは斜め切り、白菜の葉の部分や豚肉は一口大の大きさに切る。

ｅ：麺板と麺棒を使用し、ねかせておいた生地に打ち粉をしながら二〜三ミリメートルくらいの厚さにのばす。これを七センチメートルくらいの幅で折りたたみ、包丁でうどんよりやや幅広く切り、広げて麺にする。

ｆ：先に鍋に入れたｃの根菜類が煮えてきたらｅの麺を入れる。再び煮立ってきたら残りのｄの具材を入れてさらに煮る。

ｇ：ｆで入れた材料がよく煮えてきたら味噌を入れ、最後に醤油を入れて仕上げる。

以上が、現在の富岡市とその周辺に一般的に見られるおきりこみの調理法の例である。これを第二次世界大戦前まで同地域に見られたものと比較すると、材料などの点で変化が見られる。例えば、具材の豚こま切れ肉は戦前には使われていなかったものであり、エノキ茸も比較的近年になって使われるようになったものである。出汁の材料も戦前には煮干しが使われる程度であった。この事例では味付けに味噌と醤油を併用しているが、戦前の富岡市周辺で一般的だったのは味噌味のおきりこみであった。味付けの地域的な違いについては、後ほど詳しく述べたい。また、小麦粉をできるだけ節約するため、戦前のおきりこみは麺の量が少なく、それを補うために具材の野菜の量が多かった。その様子は「芋の鉢巻き」「いたかなうどん」などと表現されるほどだったという(6)。すなわち、具材の里芋の鉢巻きになるくらいしか麺が入っていない、あるいは「居たかな?」と探すほどしか麺が入っていないという意味である。現在のおきりこみと比べると、大変質素なものであったことがわかる。

このようにして作られるおきりこみは、打ち粉がついたままの生麺を煮込むため、汁が濁ってとろみがつき、これを食べると体が温まった。そのため、高度経済成長期以前の群馬県の農村では、日常の夕食として秋から冬を中心に食べられることが多かった。一般に、熱い煮込み料理は夏向きではないといえる。このため「夏のおきりこみは犬も食わない」(7)と言われていた地域もある。しかし一方で、おきりこみを一年中食べた、夏でも食べたという例も少なからずあり、「夏のおきりこみは薬になる」(8)などと言われていた。これは、自給食糧を小麦粉と野菜に頼らざるを得なかった、高度経済成長期以前の農村の経済状況を反映したものといえよう。

ところで、おきりこみの製法を一般的なうどんの製法と比較すると、次のような相違点が挙げられる。一つは、麺の生地をこねる際にうどんには塩が加えられるが、おきりこみには塩が加えられないということである。もう一つは、うどんは麺をいったんゆで上げてから、つけ汁で食べたり煮込んで食べたりするものであるのに対し、おきりこみは麺をゆでずに生のまま汁に入れ、煮込んで食べるものであるということである。

うどんの生地に塩が加えられるのは麺にこしを出すためであるが、そのために麺自体が塩辛くなる。しかし、ゆでる過程で塩分が湯の中に溶け出してある程度除かれるため、うどんはつけ汁でも煮込んでもちょうどよい塩加減で食べることができる。その代わり、うどんのゆで汁は塩辛くなり、そばをゆでた後のそば湯のように飲むことはできない。群馬県の農村部では、うどんは行事食あるいは来客用の食事であり、つけ汁で食べたり熱い汁をかけるトウジウドン（一般にかけうどんと呼ばれるもの）にしたりするために作られる。そして、ゆでたうどんが残った場合に、残り物の活用法として煮込んで食べることが多い。

これに対しておきりこみは日常食であり、できるだけ作る手間を省くため、はじめから煮込んで食べることを目的にしている。つまり、おきりこみはもともと汁と一体化した料理であり、汁物としての性格を強くもっているのである。したがって、ゆでる必要も、麺自体に塩気のある必要もなく、麺の塩分はむしろ汁の味付けの際に支障とさえなる。おきりこみの生地に塩が加えられないのはそのためであると考えられる。

②材料、味付けの違いと分布

おきりこみの麺の主な材料は小麦粉であるが、高度経済成長期以前には地域によってその他の穀物の粉が混ぜられることがあった。最も多く見られた例は大麦の粉である。大麦は、昭和初期頃までひき割り麦に加工されて、米に混ぜて麦飯として食べられてきた。群馬県の農村部では、大麦を石臼でひき割り麦に加工する際に、細かくなり過ぎた粒をコワリ、さらに粉状になったものをムギッパナなどと呼んでいた。

このコワリやムギッパナに小麦粉を混ぜ、おきりこみの麺を作った例が県内各地に見られる。例えば、太田市の各地ではこのような麺をホウトウと呼んでおり(9)、同様なものは邑楽郡千代田町萱野《かやの》(10)など県東部に多く見られた。

山間部ではソバ粉に小麦粉を混ぜておきりこみの麺を作る例があり、吾妻郡高山村中山(11)・同郡嬬恋村今井(12)・多野郡神流町平原《へばら》の持倉《もちくら》集落(13)などに見られた。また、藤岡市高山にはトウモロコシ粉に小麦粉を混ぜておきりこみの麺を作る例があった(14)。これらの例は、いずれも小麦粉を節約するために工夫されたものであり、同様なことは同じ小麦粉食品である焼餅《やきもち》(小麦粉をこねて饅頭《まんじゅう》状に丸め、囲炉裏《いろり》などで焼いたもの)などを作る際にも行われていた。このように、おきりこみの材料は小麦粉だけとは限らなかったわけであるが、これも一般的なうどんの製法とは異なる点といえる。

おきりこみの汁の味付けについては、味噌を用いるもの、醤油を用いるもの、味噌と醤油のどちらも用いるものがある。それらの分布を図6に示した。この図によれば、県北部から西部にかけての山間部では味噌を用いる例が多く見られる。これに対して、東部の平坦部では醤油を用いる例が多く見られる。そして、その中間地域では味噌と醤油のそれぞれをどちらも用いるという例が多く見られ、中には味噌と醤油を混ぜて用いるという家庭もあった。このような分布状況は、古くは群馬県全域で味噌が使われていたが、ある時期に県東部から醤油が導入され、それが次第に広がっていったことを推測させるものである。

聞き取り調査によれば、おきりこみの味付けに味噌と醤油の両方を使う中間地域では、「昔は味噌を使っていた」あるいは「醤油は戦後になって使うようになった」という話が多く聞かれた。そして、その逆、

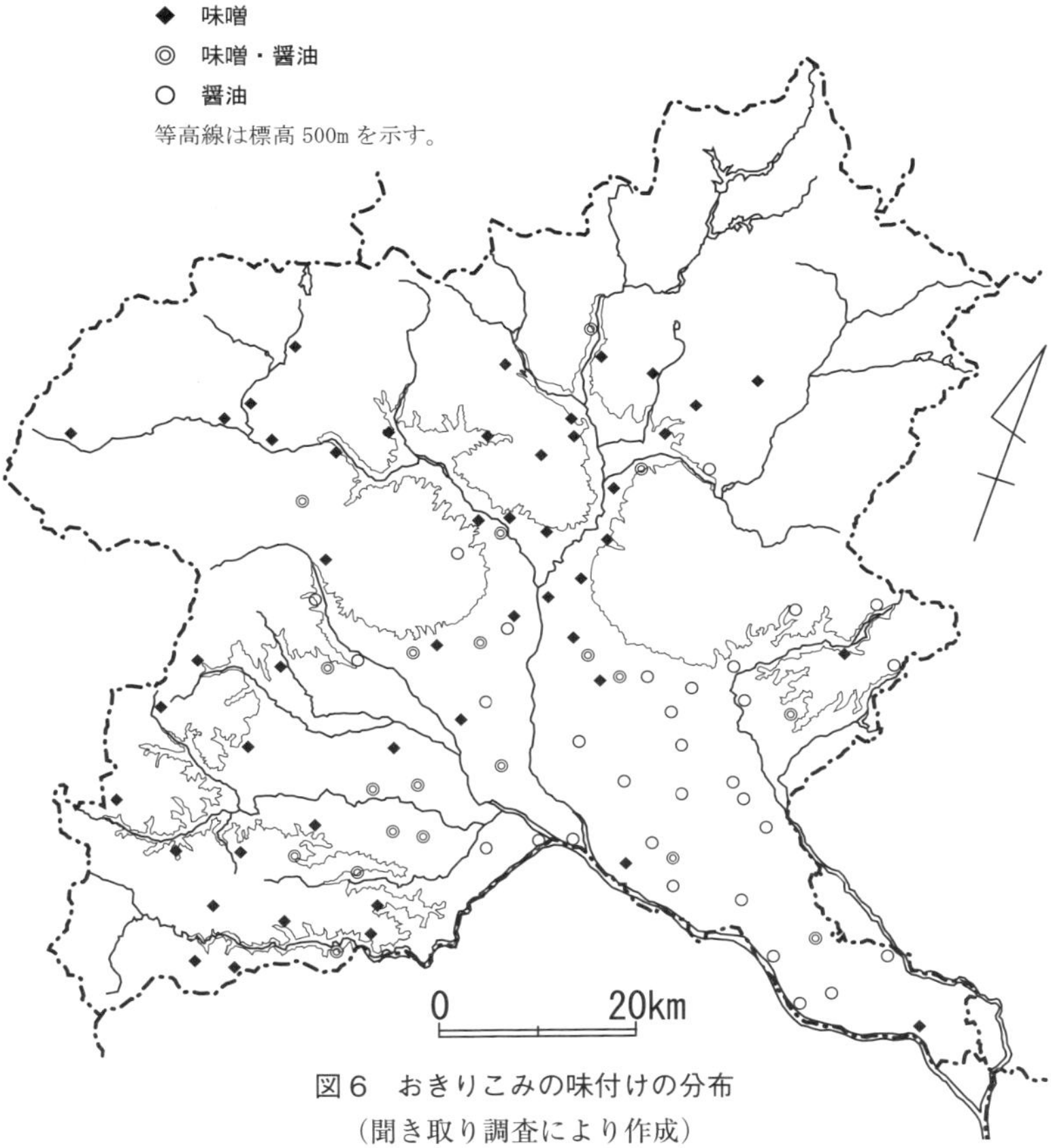

図６　おきりこみの味付けの分布
（聞き取り調査により作成）

すなわち醤油から味噌に変わったという話は聞かれなかった。つまり、中間地域におけるおきりこみの味付けの変化は味噌から醤油への移行であり、その逆はなかったということである。

もともと味噌は、群馬県の農村家庭で伝統的に造られてきたものである。しかし、醤油は古くは家庭で造るものではなく、店から買うものであった。普段は使わない贅沢品であり、年中行事や来客があったときなどに使うのが普通であった。群馬県では大正期から昭和初期にかけて、醤油の普及のために市町村の営農指導員、または麹製造業者や醤油醸造業者などが指導者となって農村を回り、各地で自家用の醤油が醸造されるようになっていった(15)。ただし、醤油造りには大型のジャッキの付いた醤油搾り機が必要だったため、味噌の場合のように個々の家庭で行うことは難しく、隣保班《りんぽはん》などを中心に自家用醤油醸造組合が組織され、道具一式が購入されて共同で行われることが多かった(16)。こうして、普段の食事の味付けにも次第に醤油が使用されるようになっていった。第二次世界大戦後、生活物資が豊かになってくると醤油の自家醸造はまもなく中止されてしまったが、日常の食事に醤油を使うことは家庭に定着したのである。

醤油の普及が最も早かったのは館林市を中心とする県東部である。この地域では明治維新後に正田文右衛門によって醤油醸造が開始され(17)、明治三十(一八九七)年には館林醤油醸造組合が設立されるなど(18)、県内の醤油醸造業の先進地となった。その影響で他の地域よりも早くから一般家庭に醤油が普及したと考えられ、普段の食事の味付けにも醤油が使われていた。また、この地域は低湿地が多いために水田裏作の小麦栽培がそれほど盛んではなく、聞き取り調査でもおきりこみを食べる機会は他地域より少なかった。そのためもあって、時折おきりこみを食べるような場合にも、醤油が使われていたのである。

このように、群馬県ではおきりこみの味付けにはもともと味噌が使われていたのが、県東部から次第に醤油の使用が広まっていったと考えられる。図6の分布状況は、そのことを端的に示しているといえよう。

③汁粉タイプのおきりこみ

おきりこみの麺の食べ方の一つとして、小豆と砂糖を使用して作った小豆汁の中に入れて煮込むものがある。これは小豆ボウトウと呼ばれる。小豆ボウトウは古い食品と考えられており、石毛直道によれば、古代の索餅《さくべい》の食べ方に小豆汁を用いるものがあり、小豆ボウトウはその流れを汲む食品と考えられるという(19)。

小豆ボウトウの基本的な製法は次の通りである。ここで紹介するのは、高崎市吉井町上奥平で聞き取った製法である。材料は、小麦粉、小豆、砂糖、塩、水である。

a：まず、小豆汁を作る。鍋に小豆と水を入れ、軟らかくなるまで煮てから砂糖と塩を加え、さらに煮る。

b：こね鉢に小麦粉と水を入れ、耳たぶくらいの固さにこねる。こねた生地を玉状に丸め、濡らした布巾で包んで一時間ほどねかせる。

c：生地を二ミリメートルくらいの厚さにのばして一〇センチメートルくらいの長さに切り、それを端から一センチメートルくらいの幅に切る。

d：aで煮た小豆汁の中にcの生地を入れ、煮込めばでき上がり。

小豆ボウトウは主に間食として作られる食品である。小豆ボウトウの作られる機会を表3にまとめた。これによると、小豆ボウトウは小豆や砂糖を使うことから、普段よりもやや贅沢な間食品とされていることがわかる。正月の餅や盆のボタモチのような、特定の年中行事に作られる改まった行事食ではないが、ちょっとした機会に作られる食べ物である。「愛染様《あいぜん》」は染色業者が毎月愛染明王を祀《まつ》るもの、「菜まきの祝い」や「大根蒔きの終わった日」は農作業の一段落した際の簡単な祝いである。また、「雨っぷり祝

表3　小豆ボウトウの作られる機会

No.	調査地	呼称	作られる機会	備考
1	前橋市上大島町	小豆ボウトウ	雨っぷり祝い、冬季の間食としてたまに	筆者調査による
2	前橋市総社町	あずきぼうとう		参考文献①
3	前橋市総社町阿弥陀寺	あずきぼうと	ふだん食べたいとき	参考文献①
4	高崎市吉井町上奥平	小豆ボウトウ	ちょっとしたかわりものとして	筆者調査による
5	藤岡市下日野	ニボウトウ		参考文献②
6	藤岡市金井	小豆ボウトウ		参考文献③
7	藤岡市高山字椚山	小豆ボウトウ		参考文献③
8	藤岡市藤岡宮本町	小豆ボウトウ		参考文献③
9	富岡市妙義町諸戸字日向	小豆ボウトウ		参考文献④
10	渋川市	アズキボウトウ		参考文献⑤
11	北群馬郡榛東村長岡	あずきぼうと	普段のちょっとしたかわりものとして	参考文献⑥
12	利根郡みなかみ町山口	アズキボウトウ	あまり食べなかった	参考文献⑦
13	伊勢崎市八斗島町		菜まきの祝い（8月末）	参考文献⑧
14	伊勢崎市上之宮町	あずきぼうとう	菜蒔き祝い（8月末ころ）	参考文献⑨
15	伊勢崎市北千木町・南千木町	小豆ボウトウ	愛染様（毎月26日）、大根蒔きの終わった日	参考文献⑩
16	みどり市大間々町桐原	アンコメンコ		参考文献⑪
17	太田市大久保町	あずきぼうと	菜まきの祝い（9月上旬）	参考文献⑫

空欄は記載なし

い」は行事ではなく、雨が降って農作業ができないので、普段とはちょっと変わったものでも作って食べようということである。

小豆ボウトウは山梨県などではよく知られた食品であるが(20)、群馬県では一般にあまり知られていない。筆者の分布調査でも二地点で確認できたのみである。これまでに刊行された民俗調査報告書や市町村史でも、小豆ボウトウに関する記述

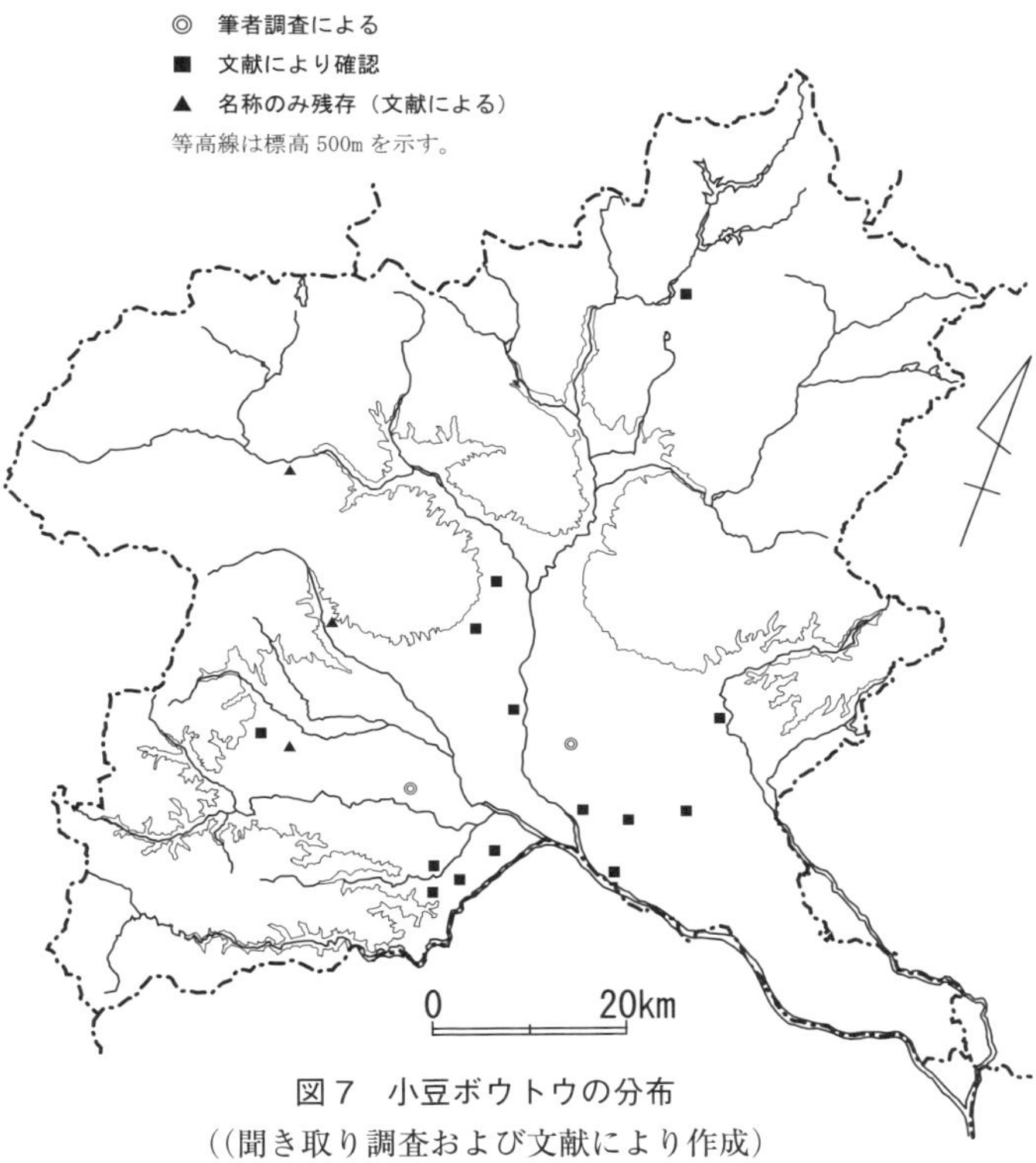

図７　小豆ボウトウの分布
((聞き取り調査および文献により作成)

のあるものはごく少数である。図７に示した小豆ボウトウの分布は、これまでに刊行された文献の記述に、筆者の分布調査の結果を加えて作成したものである（表３および図７の作成に使用した文献は本稿の最後にまとめて示す）。この図から小豆ボウトウの分布状況を見ると、地点数は少ないものの、かなり広範囲に分散しており、はじめから少なかったとは考えにくい。群馬県では小豆ボウトウの伝承者が急速に減少していることが推測される。その理由は明らかではないが、後に述べるように汁粉タイプの水団と関連のある可能性が考えられる。

図8　おきりこみの呼称の分布
（聞き取り調査により作成）

（二）おきりこみの呼称と分布

おきりこみの呼称は、群馬県下すべてが一様なのではない。各地にいくつかの呼称があり、それらを大きく分類すると、三つの系統に分けることができる。すなわち、オキリコミ系・ホウトウ系・ニコミウドン系である。三つの系統の群馬県における分布を図8に示した。

全体的にはオキリコミ系の呼称が多く、県西部から中部、北部にかけて広がっている。この系統の呼称には、オキリコミ・オッキリコミ・キリコミなどがある。この呼称は、もともと「切り込む」という動詞、すなわち切った麺をそのまま直ちに鍋の汁に入れることに由来するものと考えられる。聞き取り調査でもそうした説明をされることが多い。ただし、これには別な説もあり、のばした生地を切る際に、麺棒に巻きつけた生地に初めに包丁で「切り込み」を入れるからだとも言われている。オキリコミ系の呼称は、隣接する埼玉県にもあり、秩父郡吉田町（現秩父市）でもオキリコミと呼ばれている(21)。

ホウトウ系の呼称は、県北部の一部と東部に多く見られる。この系統の呼称には、ホウトウ・オホウトウ・ニボウトウ・ニボウトなどがある。このうち、北部に見られるものはホウトウ・オホウトウである。これに対して、東部にはホウトウも見られるが、ニボウトウ・ニボウトが顕著である。ホウトウ系の呼称は、周知のとおり山梨県(22)に広く分布するほか、長野県(23)・埼玉県(24)でも用いられている。

県東部に顕著なニボウトウ・ニボウトの呼称については、次のことが推測される。昭和初期頃まで、太田市など東部には大麦粉に小麦粉を混ぜて作った幅の広いホウトウと呼ばれる麺があった(25)。このホウトウは、おきりこみと同じように生麺を煮込んで食べる場合と、うどんのようにゆで上げてつけ汁で食べる場合とがあったという。つまり、煮込まないホウトウの食べ方があったのである。ホウトウは本来煮込んで食べるものなので、このような食べ方はうどんの食べ方の影響を受けて変化したものと考えられる。この新しいうどんタイプのホウトウと旧来の煮込むホウトウとを区別するため、ニボウトウの呼称が生じたのではないか。すなわち、ニボウトウは「煮ボウトウ」であり、煮込まないで食べるホウトウに対して、煮込んで食べるホウトウを改めて指した言葉と思われる。この呼称は隣接する埼玉県にもあり、大里郡岡部町（現深谷市）でもニボウトと呼ばれている(26)。

ニコミウドン系の呼称は、県北部と東部に分散する形で分布している。この系統の呼称には、ニコミ・ニゴミ・ニコミウドン・ニゴミウドンなどがある。煮込みうどんは、一般にゆで上げたうどんを煮込んで食べるものを指すが、この呼称が生麺を煮込むおきりこみに対しても用いられているのである。つまり、生麺を煮込むものも、ゆで麺を煮込むものも、呼称の上では区別されていないということである。ただし、これが単なる用語の誤用・混同から生じたものであるかどうかは明らかではない。また、聞き取り調査では、年輩者ほどニコミ・ニゴミの呼称を用い、若年になるほどニコミウドン・ニゴミウドンの呼称を用いる傾向があった。

以上に見られたおきりこみの呼称について、筆者は次のように推測する。奥村彪生によれば、日本各地に見られるホウトウの起源は、平安時代に中国から伝来した餺飩（ハウトン）であるという(27)。この餺飩がホウトウの呼称の元になっているとすれば、群馬県に分布する呼称のうち最も古いものはホウトウであり、かつてはこの呼称が全県的に使用されていたものと考えられる。ところが、うどんの食べ方の影響を受けて、ゆで上げてつけ汁で食べるうどんタイプのホウトウが現れると、旧来の生麺を煮込むホウトウをこれと区別して呼ぶ必要が生じた。ニボウトウの呼称は、生麺を「煮る」ことを強調した結果生まれたものである。オキリコミの呼称も同様に考えれば、「切ったものを直ちに（汁に）入れる」こと、すなわち、ゆでないで煮込むことを強調した結果生まれたものということができる。そして、ニコミ・ニゴミという呼称もまた同様であり、元々はうどんタイプのホウトウと区別するために、「煮込む」ことを強調した結果生まれた呼称ではなかったか。それが、後に一般的な煮込みうどんと混同されて使用されるようになったと思われる。年輩者ほど語尾に「ウドン」を付けずニコミ・ニゴミと呼ぶことが、そのことを示しているると考えられる。このように、群馬県に見られるオキリコミ・ニボウトウ・ニコミなどの呼称は、新しいうどんタイプのホウトウと区別するために、旧来の生麺を煮込むホウトウに対して改めて付けられた呼称と推測されるのである。

三　群馬県に見られる水団

水団（沼田市）
この地域では団子汁と呼ばれる

(一) 水団の製法と食べ方

①基本的な製法と食べ方

次に、水団の基本的な製法について述べる。ここで紹介するのは、平成二十一年五月二十三日に行われた沼田市生活研究グループ連絡協議会の協力による調理実演の例である。材料は、団子の材料の小麦粉・水、汁の材料の醤油・水、出汁用のだしの素、汁の具の大根・人参・きぬさや・油揚げである。なお、具材として使用される野菜はここに挙げられたものに限られるわけではなく、ネギ・ゴボウ・里芋など季節に応じたものでよい。調理の手順は以下の通りである。

a：まず、材料の下ごしらえをする。大根・人参はいちょう切り。きぬさやはヘタと筋を取り、半分に斜め切り。油揚げは千切りにする。

b：次に、団子を作る。ボールに小麦粉を入れ、そこに水を加えてよく混ぜ、団子の生地とする。生地をスプーンで一口大にすくって、鍋の熱湯に入れ、ゆで上げておく。

c：汁を作る。鍋に水を入れ、だしの素、野菜、油揚げを入れて煮る。

d：野菜が煮えたら、醤油で味付けをする。

e：dの汁の中にbの団子を入れ、煮込めばでき上がり。

以上が、現在の沼田市とその周辺に一般的に見られる水団の調理法の例である。沼田市生活研究グループ連絡協議会によれば、別な方法として、団子の生地をゆで上げずに煮立てた汁の中に直接入れて煮込んで作る方法があり、その方が家庭では一般的であるという。団子をいったんゆで上げる方法は、汁が濁らず上品に仕上がるので、比較的近年になって行われるようになったものだという。また、この事例では汁の味付けに醤油が用いられているが、味噌を使った味付けも伝統的に行われてきた。

筆者が県内の分布調査で行った聞き取りによれば、水団の団子の作り方には大きく分けて二種類の方法が見られた。一つは、やや固めにこねた小麦粉の生地を手でちぎって直接汁に入れて煮込む方法である。耳たぶほどの固さにこねた小麦粉の生地のかたまりを、両手で棒状に引きのばしながら端から片手でちぎり、軽く握って小さな餃子のような形にして、煮立てた汁の中に入れて煮込むのである。このように、のばしながらちぎって形を整える方法は、手延べ麺を思わせる作り方である。この方法は古くから行われたものであるらしく、年配者ほどこの方法で作った経験者が多かった。

もう一つは、ゆるくこねた小麦粉の生地を匙《さじ》や玉杓子《たまじゃくし》ですくって直接汁に入れて煮込む方法である。べたつくほどに生地が軟らかいので手でちぎることはできず、匙などで少量ずつすくい取って、煮立てた汁の中に入れて煮込むのである。でき上がった水団も、手でちぎる方法に比べて軟らかい食感になる。この方法は、生地をちぎるものよりもずっと手間のかからない簡便な方法である。また、ちぎる方法に比べて、生地に水分が多い分、使用する小麦粉が少なくて済む。聞き取り調査によれば、生地を匙などですくう方法は、第二次世界大戦中から終戦直後に代用食として水団が奨励された際、盛んに行われたものであるという。

このようにして作られる水団は、生地を打ったり切ったりするおきりこみよりも、ずっと手軽に作ることができる。そのため、水団は夕食としても作られたが、昼食として作られることが多かった。高度経済成長期以前の群馬県の農村における日常生活では、朝食に麦飯を多めに炊いておき、昼食にもその残りを食べるのが普通であった。こうして昼食の準備にかける手間を省いたのである。しかし、しばしば昼食用の飯が足りなくなることがあり、そのような場合に飯の補いとして水団が作られた。したがって、水団は単品で主食の役割を果たすことは少なく、麦飯などと組み合わせ、ボリュームのある汁物として食べられることが多かったのである。煮込み料理であるため季節的には秋から冬が適していたが、おきりこみと同様に一年中食べられていた。

水団が夕食に用いられるのは、朝の残り飯が夕食時まで残っているような場合か、またはおきりこみを作る余裕もないほど忙しい場合であり、夕食に作られる機会はおきりこみほど頻繁ではなかった。その理由の一つとして、水団の方がおきりこみよりも材料の小麦粉を多く使いがちであることが挙げられる。麺状のおきりこみは煮込んだときに水分を多く吸収するため、でき上がりの量がかなり増えて見えるのに対して、団子状の水団はあまり水分を吸収しないために、でき上がりの量はそれほど増えて見えない。したがって、おきりこみと比べて見劣りしないほどの量の水団を作ろうとすると、どうしても小麦粉を多めに使ってしまうのである。そのため、地域によっては「毎晩ツミッコ（水団のこと）を作る嫁は、身上もちが悪い」などと言われることもあったという(28)。

②材料、味付けの違いと分布

水団の主な材料は小麦粉であるが、高度経済成長期以前には地域によって米粉や雑穀粉が用いられることもあった。水団の材料の分布を図9に示した。この図によれば、県中央部を中心に、水団の材料として粳米《うるちまい》粉を用いる例があることがわかる。例えば、高崎市南大類町では、粳米の屑米《くずまい》（割れ米・くずれ米）やシイナ（育ちの悪いしなびた米）を石臼で製粉して水団の材料にした。同町では粳米粉の水団をオシンコと呼び、野菜を多く入れた味噌または醤油の汁で食べたという。

また、山間部を中心に雑穀粉を用いる例も見られる。例えば、渋川市祖母島《うばしま》ではシコクビエの粉で水団を作ることがあり、ネジッコと呼んで味噌または醤油の汁で食べた。シコクビエ粉の水団は、渋川市伊香保町湯中子《ゆなかご》・吾妻郡中之条町入山などでも作られていた。トウモロコシ粉も水団にされることがあり、吾

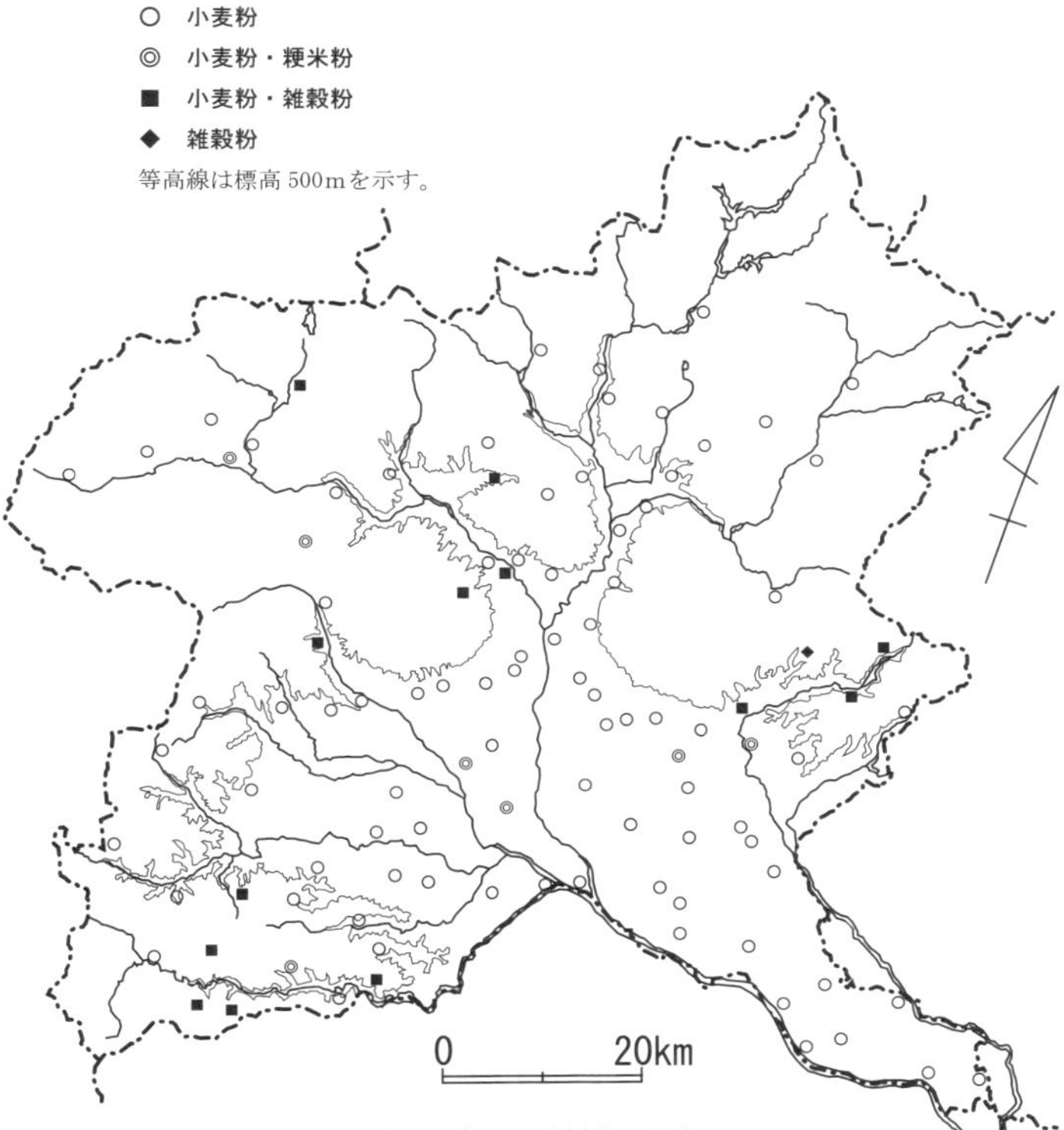

図９　水団の材料の分布
（聞き取り調査により作成）

妻郡中之条町入山ではオツケ団子と呼んで味噌の汁で食べた。また、モロコシ粉も水団の材料にされ、桐生市黒保根《くろほね》町上田沢ではススリ団子と呼んで醤油の汁で食べた。モロコシ粉の水団は、高崎市倉渕町水沼、多野郡神流町神ケ《かが》原《はら》、吾妻郡高山村尻高《しったか》などでも作られていた。この他、分布調査では確認できなかったが、これまでの報告では吾妻郡嬬恋村今井のヒエ粉で作る水団(29)、同村田代のソバ粉で作る水団などが知られている(30)。粳米粉が水団の材料とされる場合は単独で用いられるのが普通であったが、雑穀粉は小麦粉と混ぜて用いられる場合と、単独で水団の材料にされる場合とがあった。

小麦粉の場合と異なり、雑穀粉や粳米粉を単独で用いて水団を作る場合は、こねる際に水ではなく熱湯を用いる必要がある。小麦粉の場合は、こねているうちにグルテンが形成されてくるので、粘りが出て団子状にまとめやすい。しかし、雑穀粉や粳米粉ではグルテンが形成されないので、熱湯でこねないと粘りが出ず、団子状にまとめにくいためである。

筆者の分布調査では確認できなかったが、これまでの報告の中には水団の材料に大麦粉を用いる例も見られる。大麦粉は、大麦をひき割り麦に加工する際に出るものであり、その活用法として工夫されたものである。例えば、北群馬郡榛東村南新井には、大麦粉に小麦粉を混ぜて水団を作る例があり、コワリネジと呼ばれていた(31)。同様のものは吾妻郡嬬恋村鎌原《かんばら》でも作られ、オツケ団子と呼ばれていた(32)。このような大麦粉と小麦粉を併せて用いる方法は、先に述べたようにおきりこみの作り方にも見られるものである。

水団の汁の味付けについては、味噌を用いるもの、醤油を用いるもの、味噌と醤油のどちらも用いるものがある。それらの分布を図10に示した。この図によると、県北部から西部にかけての山間部では味噌を用いる例が多く、東部の平坦部では醤油を用いる例が多く見られる。そして、その中間地域には味噌と醤油のどちらも用いるという例が多い。図10をおきりこみの汁の味付けの分布を示した図6と比較すると、ほぼ同じ傾向を示していることがわかる。つまり、水団とおきりこみの味付けにはほとんど違いがないの

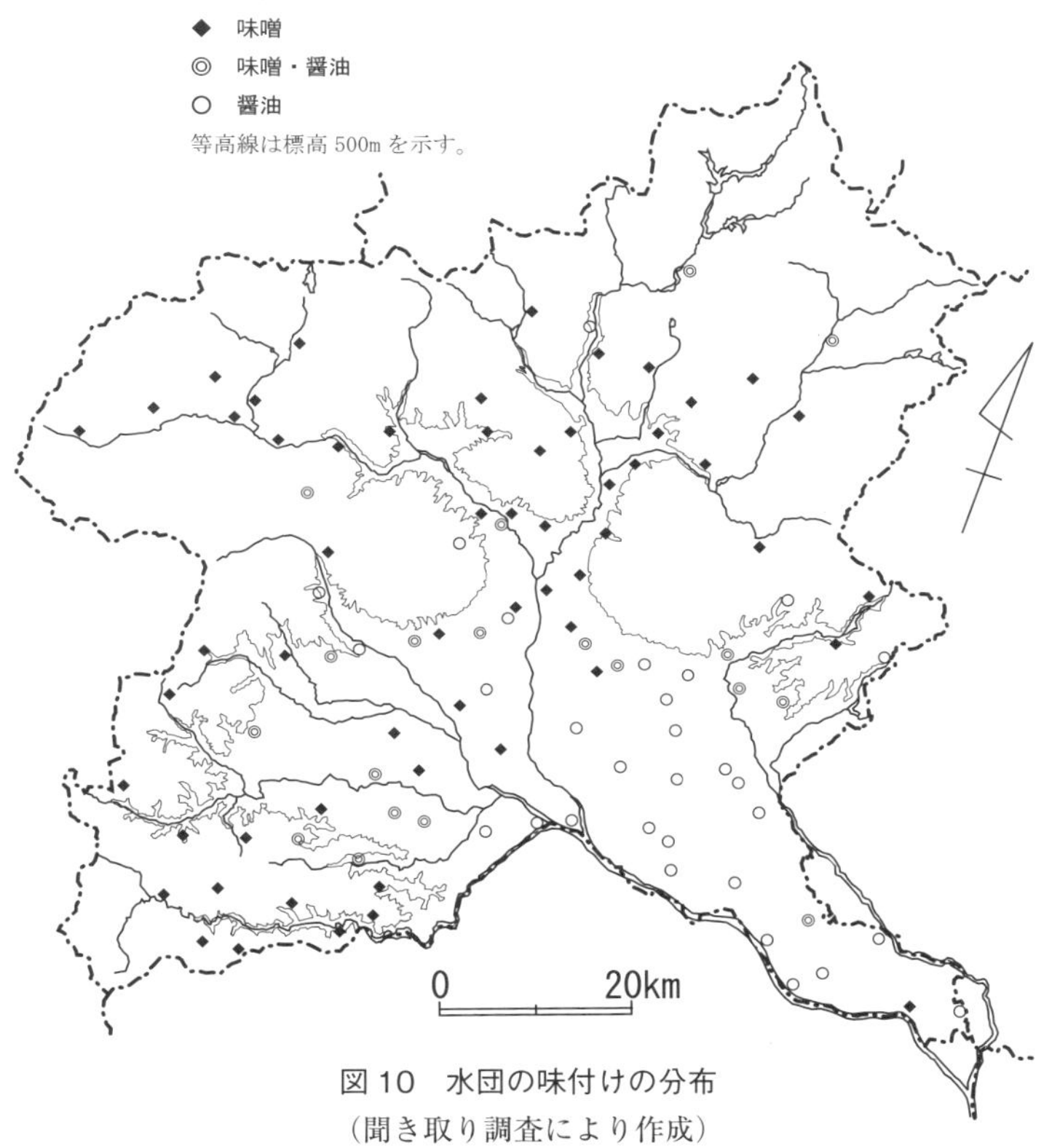

図 10　水団の味付けの分布
（聞き取り調査により作成）

である。聞き取り調査によれば、水団とおきりこみでは汁の具材に用いられる野菜にも違いのないことがわかった。

このように、水団は団子状、おきりこみは麺状という形状的な違いはあるが、両者は非常に似通った食品であることがわかる。

③汁粉タイプの水団

水団の食べ方の一つとして、小豆と砂糖を使用して作った小豆汁の中に入れて煮込むものがある。これは甘い水団という意味で甘ネジ、小豆を使った水団という意味で小豆ネジ、砂糖を使った水団という意味で砂糖ヅメッコなどと呼ばれる。餅《もち》を入れたものと同様に、汁粉と呼ばれる地域もある（表4参照）。

汁粉タイプの水団の基本的な製法は次の通りである。ここで紹介するのは、前橋市富士見町小暮で聞き取った甘ネジの製法である。材料は、小麦粉、小豆、砂糖、塩、水である。

a：まず、小豆汁を作る。鍋に小豆と水を入れ、軟らかくなるまで煮る。軟らかくなったら小豆の粒を軽くつぶし、砂糖と塩を加えてさらに煮る。

b：次に、団子を作る。こね鉢に小麦粉を入れ、そこに水を加えてよく混ぜ、団子の生地とする。生地を匙で一口大にすくって、鍋の熱湯に入れ、ゆで上げておく。

c：aで煮た小豆汁の中にbの団子を入れ、煮込めばでき上がり。

この事例では、水団を入れる小豆汁をややゆるめの汁粉状にしているが、家庭によってもっと固めの餡《あん》状にする例もある。また、この事例では、いったんゆで上げた団子を小豆汁に入れて煮込んでいるが、軟らかくこねた生地を匙ですくって直接に小豆汁に入れて煮る方法もあり、例えば利根郡川場村萩室《はぎむろ》の「あまだんご」はそのようにして作られるものである(33)。汁粉タイプの水団は県下に広く見られる食品であり、その材料別の分布を図11に示した。

汁粉タイプの水団は小麦粉で作られるだけではなく、粳米粉や雑穀粉で作られる場合もあった。例えば、前橋市粕川町稲里・吾妻郡東吾妻町本宿・みどり市大間々町塩原などでは、汁粉タイプの水団が粳米粉で作られていた。また、高崎市上小塙町では小麦粉や粳米粉で作られ、いずれの場合もショクシンと呼ばれ

表4　汁粉タイプの水団の作られる機会

№.	調査地	呼称	材料	作られる機会
1	前橋市上大島町	モロコシモチ	モロコシ粉	秋季の間食としてたまに
2	前橋市富士見町小暮	甘ネジ	小麦粉	たまに間食として
3	前橋市富士見町漆窪	甘ネジ	小麦粉	蚕休み、たまに間食として
4	前橋市柏倉町	モロコシ団子	モロコシ粉	秋季の間食としてたまに
5	前橋市粕川町稲里	汁粉	粳米粉	たまに間食として
6	高崎市上小塙町	芋ジョクシン	小麦粉・粳米粉・里芋	秋の彼岸
7	高崎市南大類町	ショクシン	小麦粉・粳米粉	春蚕の1眠、たまに間食として
8	高崎市箕郷町善地	ツミッコ	小麦粉	彼岸の走り口
9	藤岡市三波川	汁粉	小麦粉	たまに間食として
10	藤岡市坂原	ススリ団子	モロコシ粉	秋季の間食としてたまに
11	多野郡神流町船子	汁粉	小麦粉・粳米粉	たまに間食として
12	多野郡神流町平原	汁粉	小麦粉・モロコシ粉	たまに間食として
13	多野郡上野村野栗沢	汁粉	モロコシ粉	秋季の間食としてたまに
14	富岡市妙義町菅原	ススリ団子	小麦粉・モロコシ粉	たまに間食として
15	甘楽郡下仁田町青倉	汁粉	トウモロコシ粉	たまに間食として
16	甘楽郡南牧村星尾	汁粉	小麦粉	冬季の間食としてたまに
17	甘楽郡南牧村檜沢	汁粉	小麦粉	薪背負いのとき
18	甘楽郡甘楽町天引	ツミッコ	小麦粉	たまに間食として
19	甘楽郡甘楽町秋畑	ツミッコ	小麦粉	たまに間食として
20	安中市松井田町北野牧	汁粉	小麦粉	たまに間食として
21	安中市松井田町土塩	汁粉	小麦粉	たまに間食として
22	渋川市祖母島	甘ネジ	小麦粉	アナップサギ
23	渋川市有馬	小豆ボウトウ	小麦粉	正月16日
24	渋川市北橘町八崎	ネジッコ	小麦粉	ツジュウネジ（11月30日）
25	渋川市赤城町溝呂木	砂糖ネジ	小麦粉	冬季の間食としてたまに
26	渋川市中郷	オツマミネジッコ	小麦粉	冬季の間食としてたまに
27	渋川市小野子	ネジッコ	小麦粉	たまに間食として
28	渋川市伊香保町湯中子	汁粉	小麦粉・シコクビエ粉	たまに間食として
29	北群馬郡榛東村広馬場	ススリネジ	小麦粉	たまに間食として
30	北群馬郡吉岡町上野田	汁粉	小麦粉	たまに間食として
31	吾妻郡東吾妻町本宿	汁粉	粳米粉	たまに間食として
32	吾妻郡長野原町大津	汁粉	粳米粉	正月
33	吾妻郡長野原町林	ススリ団子	モロコシ粉	秋季の間食としてたまに
34	吾妻郡高山村尻高	汁粉	モロコシ粉	秋季の間食としてたまに
35	吾妻郡高山村中山	汁粉／モロコシ団子	シコクビエ粉・モロコシ粉	たまに間食として
36	沼田市上川田町	団子汁	小麦粉	蚕の上蔟
37	沼田市白沢町尾合	水団	モロコシ粉	秋季の間食としてたまに

（次頁につづく）

（表４のつづき）

38	沼田市利根町根利	汁粉	小麦粉	たまに間食として
39	利根郡片品村土出	砂糖ヅメッコ	小麦粉	蚕休み、蚕の上蔟
40	利根郡川場村生品	団子汁	小麦粉	たまに間食として
41	利根郡昭和村糸井	ススリ団子	小麦粉	たまに間食として
42	みどり市東町沢入	モロコシ団子	モロコシ粉	秋季の間食としてたまに
43	みどり市東町座間	ススリ団子	モロコシ粉	秋季の間食としてたまに
44	みどり市大間々町塩原	汁粉	粳米粉	たまに間食として
45	桐生市黒保根町宿廻	汁粉	小麦粉・モロコシ粉	たまに間食として
46	太田市藪塚町	スベリ団子	モロコシ粉	秋季の間食としてたまに
47	館林市上早川田町	ボッコヌキ団子	モロコシ粉	秋季の間食としてたまに
48	邑楽郡明和町斗合田	ブッコヌキ団子	モロコシ粉	秋季の間食としてたまに
49	邑楽郡千代田町瀬戸井	ブッコヌキ団子	モロコシ粉	秋季の間食としてたまに
50	邑楽郡大泉町古海	いなか汁粉	小麦粉	たまに間食として

（聞き取り調査により作成）

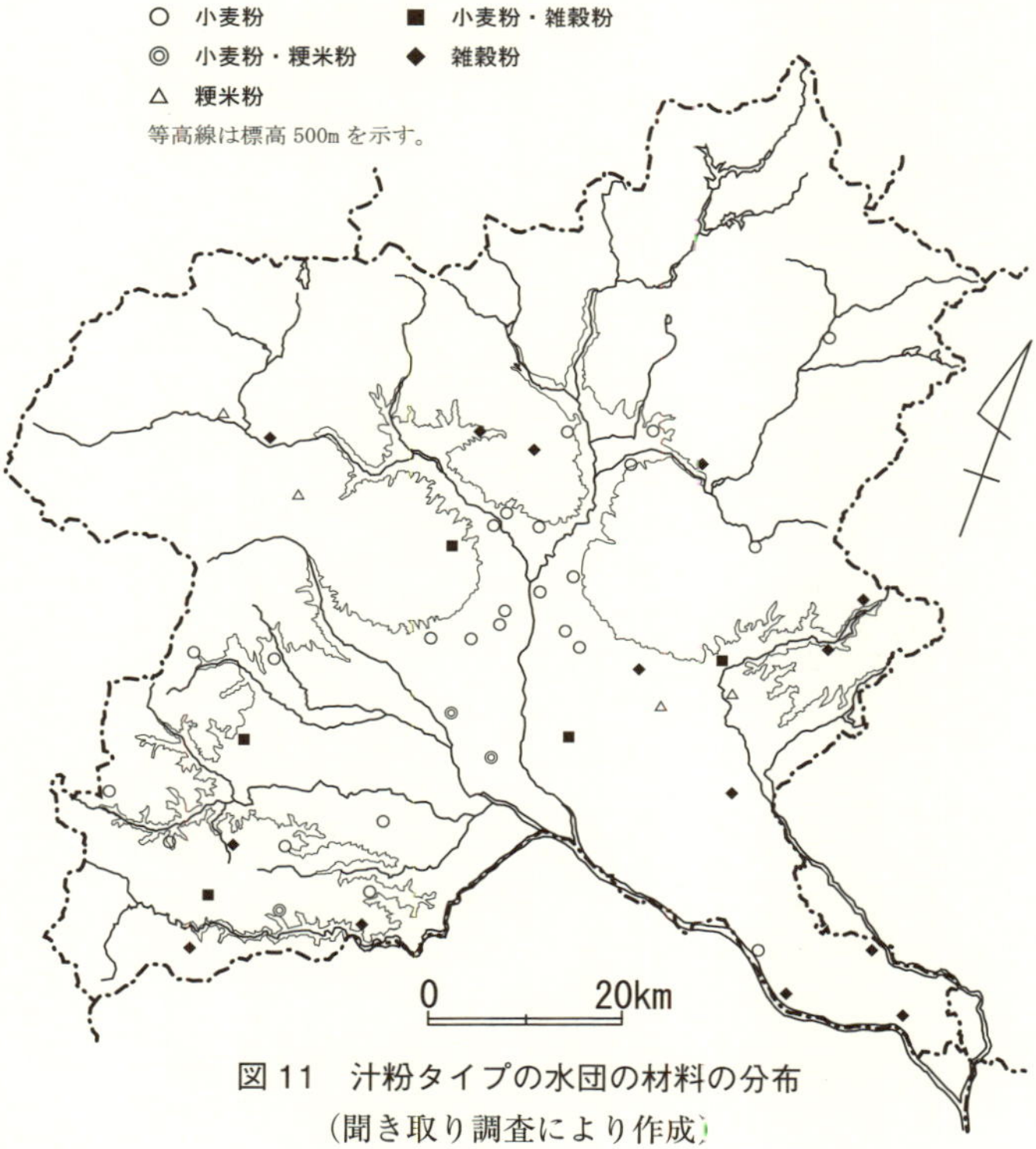

図11　汁粉タイプの水団の材料の分布
（聞き取り調査により作成）

ていた。そして、秋の彼岸にはこれにゆでた里芋が加えられ、その場合は芋ジョクシンと呼ばれていた。

山間部を中心に、汁粉タイプの水団が雑穀粉で作られた例も見られる。例えば、渋川市伊香保町湯中子ではシコクビエの粉で、甘楽郡下仁田町青倉ではトウモロコシの粉で作られていた。しかし、汁粉タイプの水団の材料として、雑穀の中で最も多く用いられたのはモロコシの粉である（表4参照）。モロコシ粉を使った汁粉タイプの水団は、山間部だけではなく平坦部でも作られていた。モロコシ粉は、わずかではあるが独特のエグ味をもつ。そのため、これで作った汁粉タイプの水団の味は、「一杯目はうまいが、二杯目は嫌になり、三杯目はとても食えない」、あるいはこれを食べると「三年前の古傷がおこる」などと表現された(34)。小豆汁で食べられることが多かったのは、そうすることで多少エグ味が緩和されたためと思われる。モロコシ粉の汁粉タイプの水団は、ススリ団子あるいはブッコヌキ団子などと呼ばれていた。

甘ネジなどの汁粉タイプの水団は、間食としてたまに作られるという例が最も多い。また、蚕の令眠や上蔟の祝い、彼岸、ツジュウネジ、アナップサギ、正月十六日などの機会に作られていることがわかる。ツジュウネジはツジュウ団子とも呼ばれ、稲の収穫後に拾った落ち穂で団子を作って串に刺し、魔除けとして玄関や窓などに刺す行事である。アナップサギは、麦播き後にモグラやネズミを封じるまじないをする行事である。正月十六日は小正月後の藪入りといわれる日であり、仕事を休む休み日である。このように、汁粉タイプの水団は小豆ボウトウと同様に、正月や盆ほど改まった年中行事ではないが、ちょっとした機会に作られる普段よりもやや贅沢な間食品とされていることがわかる。

ところで、実態は汁粉タイプの水団であるのに、小豆ボウトウと呼ばれているものがある。分布調査では渋川市有馬（表4のNo.23）で確認することができた。同様な例はこれまでにも報告されており、富岡市妙義町上高田(35)、高崎市倉渕町第一区(36)、吾妻郡長野原町川原湯(37)などで確認されている。筆者は、これらを単なる用語の誤用・混同ではなく、汁粉タイプの水団と小豆ボウトウとのごく近い関係を示すものとして注目したい。図11の汁粉タイプの水団の材料の分布を図7の小豆ボウトウの分布と比較すると、水団は小豆ボウトウよりも広い範囲で作られ、より一般的な食品であったことがわかる。それは、団子状の水団の方が、麺状の小豆ボウトウよりも手軽に作れるためと推測される。そして、互いによく似た食品である上に、年中行事での用いられ方など食制上の位置付けが似ていることから、小豆ボウトウが次第に作られなくなり、より手間のかからない汁粉タイプの水団へと移行していった可能性が考えられるのである。そして、そうした地域の中には、汁粉タイプの水団に移行した後も、小豆ボウトウの呼称のみが残ったところがあったのではないか。実態は水団であるのに小豆ボウトウと呼ばれるものがあるのは、そのためではないかと思われるのである。

④その他の食べ方

水団の中には、汁で煮込まない食べ方をするものがある。例えば、前橋市北代田町では、小麦粉の水団をゆで上げたものをネジッコと呼び、砂糖醤油を付けて食べた(38)。また、同市元総社町では同様にゆで上げた水団をオシンコと呼び、小豆餡を付けたり、きな粉をまぶしたり、ゴマ和えにしたりして食べた(39)。多野郡上野村楢原《ならはら》では、ゆで上げた水団をツミッコと呼び、これに砂糖を付ける食べ方があった。このような汁で煮込まない小麦粉の水団の食べ方は県内各地に見られる。雑穀粉の水団を煮込まないで食べた例としては、北群馬郡榛東村南新井の砂糖ネジがあった(40)。これは、シコクビエ粉やモロコシ粉の水団をゆで上げ、砂糖を入れた甘いつゆをかけて食べるものである。これらの食べ方は、汁粉タイプの水団と同様に、改まった年中行事ではなく、ちょっとした機会に行われるものであった。

すでに消滅してしまった例としては、ゆで上げた小麦粉の水団に、ケシの実をすり鉢ですりつぶして塩や砂糖などで味付けしたものをまぶして食べるものがあり、利根郡みなかみ町上牧《かみもく》に見られた。これはケシネジと呼ばれ、昭和二十五年頃まで作られていたが、現在はケシ栽培が法的に禁止されているので作られていない。ケシネジは盆の供え物として作られていた。同様なものは、かつて沼田市池田地区などにもみられ、ケシ団子と呼ばれていた(41)。吾妻郡高山村中山のケシネジは、小麦粉をこねてちぎってゆで上げ、砂糖・ゴマ・醤油を混ぜたもので和えて食べるものである(42)。しかし、その呼称から元はケシが使われていたことが推測されるものであり、実態は変化したが呼称のみが残った例と考えられる。

水団の団子が重要な供え物とされる年中行事に、群馬県各地でツジュウ団子と呼ばれるものがあった。ツジュウとは「土穂」すなわち落ち穂のこととされる(43)。稲の脱穀の際に落ちた穂や土混じりの籾《もみ》を材料とし、製粉して作った団子がツジュウ団子である。この団子は魔除けの団子とされ、夜、天から降りてくる鬼や魔物をこの団子で追い払うという伝承がある。例えば、渋川市北橘町八崎《はっさき》では十一月三十日に行われ、手で握った形の団子を作ってカヤの棒に二個ずつ刺し、屋敷内外の神々に供える他、玄関などの入口や家中の窓などにも飾った。行事が終わると子どもたちがこの団子を下げて歩き、餡を付けたりして食べたという。ツジュウ団子は粳米粉を使ったものが一般的であるが、雑穀粉などを使った例もあり、例えば吾妻郡長野原町では小麦・ソバ・ヒエ・シコクビエ・キビ・トウモロコシなどの粉でツジュウ団子が作られていた(44)。

このように、水団は煮込んで食べる汁物としての側面の他に、ゆで上げてタレなどで食べる団子としての側面を併せもっていることがわかる。そして、ここに挙げた例は団子としての側面を示すものといえよう。

(二) 水団の呼称と分布

水団の呼称にはさまざまなものが見られる。主なものにネジッコ・ツミッコ・ツメッコ・ツメリッコ・オツケ団子・団子汁・オツケモチ・水団などがある。それらの群馬県における分布を図12に示した。

ネジッコの呼称は、前橋市や旧勢多郡を中心に県中央部に見られる。この言葉は、こねて引きのばした小麦粉の生地を、手で「ねじって切る」ことに由来するものと考えられ、より単純にネジと呼ばれる場合もある。ネジッコの呼称にはいくつかのバリエーションがあり、接頭語の「オ」を付けて丁寧にオネジッコと呼ぶ例や、味噌汁で食べるものをオツケネジ、汁粉タイプのものを甘ネジ・オツマミネジッコなどと呼ぶ例がある。

ツミッコの呼称は、多野郡・甘楽郡・旧群馬郡など県西部に多く見られる。接頭語の「オ」を付けて丁寧にオツミッコと呼ばれることもある。この言葉は、小麦粉をこねた生地を「つむ」、すなわち手でちぎ

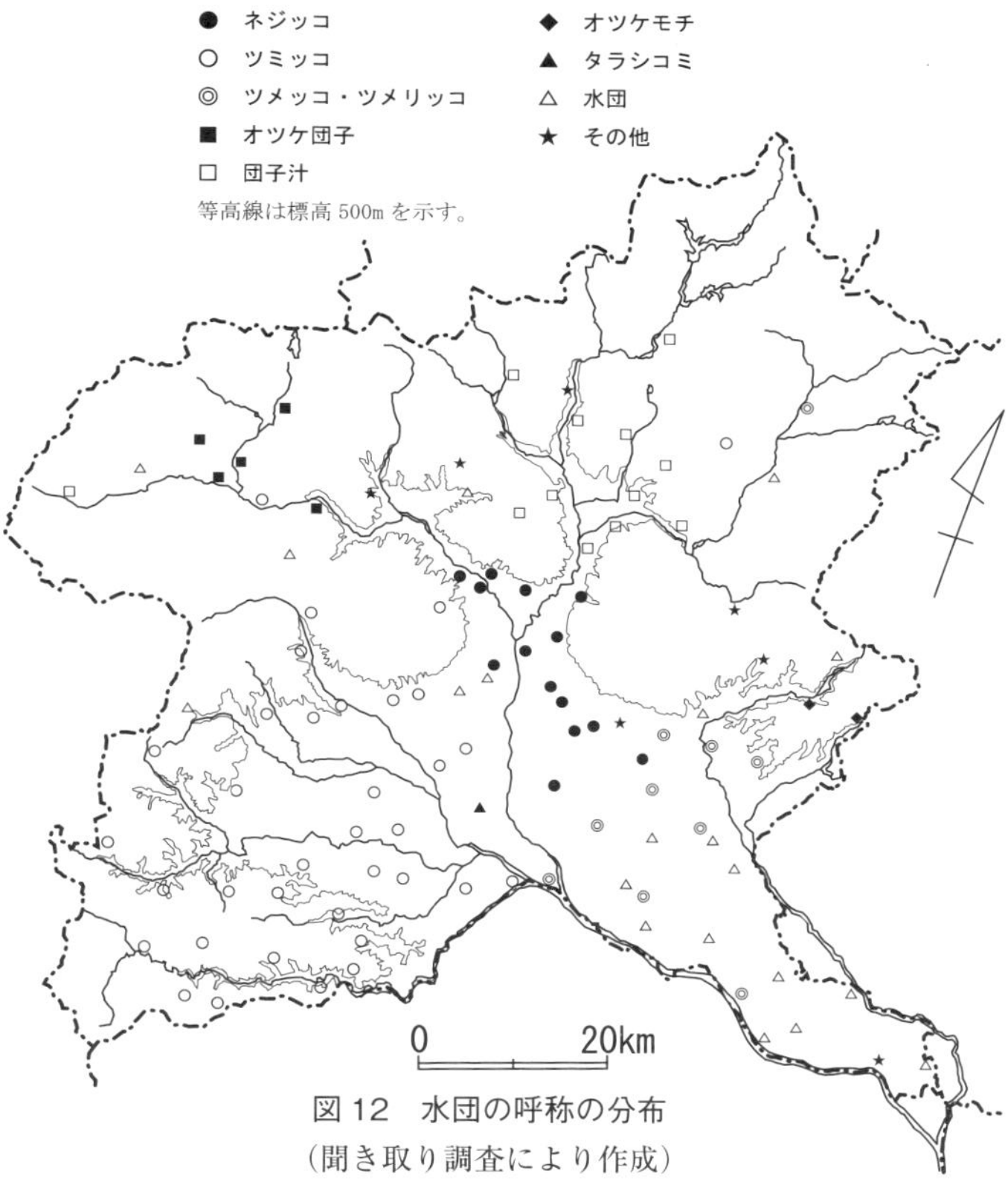

図12　水団の呼称の分布
（聞き取り調査により作成）

り取ることに由来するものと考えられ、より単純にオツミなどと呼ばれることもある。また、語尾に生地を鍋に入れる動作を示す「イレ」を付け、「つみ入れる」という意味でツミイレなどと呼ぶ場合もあり、安中市松井田町土塩《ひじしお》のツミイレ、前橋市柏倉町のツミレはその例といえる。

　ツメッコ・ツメリッコの呼称は、佐波郡・旧新田郡・邑楽郡などの県東部に多く、利根郡片品村土出《つちいで》など県北部の一部にも見られる。この言葉も、小麦粉をこねた生地を「つむ」あるいは「つみ入れる」ことに由来するものであり、前述のツミッコとほぼ同義と考えられる。また、ネジッコの場合と同様に、汁粉タイプのものを砂糖ヅメッコと呼ぶ例がある（表4 No.39参照）。

水団を「団子」と呼ぶ地域は県北部に広がっており、オツケ団子・団子汁などの呼称がある。このうち、オツケ団子の呼称は、吾妻郡を中心とした県北西部に多く見られる。「オツケ」とは味噌汁を指す語であり、オツケ団子は「味噌汁に入れた団子」という意味である。これに対して、団子汁の呼称は利根郡や沼田市を中心とした地域に多く見られる。団子汁は、文字通り「団子を入れた汁」という意味である。オツケ団子も団子汁もほぼ同義といえるが、前者は団子の調理法の呼称、後者は汁物の呼称となっている。

オツケモチの呼称は、栃木県との県境に近い県東部の足尾山地周辺に見られる。「オツケ」は味噌汁のことであるが、この場合の「モチ」は一般的な糯米《もちごめ》の餅ではなく、水団の団子を指している。この地域では、残り飯に小麦粉とニラを混ぜて焼いたものをニラモチ、ゆでて作る饅頭（県内で一般に「ゆで饅頭」と呼ばれるもの）をウドンゴナモチと呼ぶなど、小麦粉食品を「モチ」と呼ぶ例がいくつか見られ、オツケモチの呼称もそうした例の一つといえる。

水団というごく一般的な呼称は、県東部に比較的まとまって見られる。しかし、この呼称は県内各地に散見され、他に呼称のある地域でも「水団」という呼び方は認識されている場合がほとんどである。この呼称は、第二次世界大戦中から戦後にかけて、水団が代用食として奨励された際に広まったものと推測される。

その他の呼称としては、タラシコミ（高崎市南大類町）・コナカキ（甘楽郡下仁田町青倉）・オツケセジ

（吾妻郡中之条町山田）・ニエッコ（同町栃窪）・ニギリ団子（沼田市利根町根利《ねり》）・チギリ（利根郡みなかみ町小仁田《こにた》）・汁団子（邑楽郡明和町斗合田《とごうた》）などが確認された。また、分布調査では確認できなかったが、都丸十九一《とまるとくいち》によれば、トッチャアナゲ（利根郡片品村など）・ダンス（安中市松井田町）・ハサミコミ（同町）などの呼称もあったという(45)。

このように、水団の呼称は地域によってまちまちである。図12の水団の呼称の分布を図8のおきりこみのそれと比較しても、水団の方が呼称の種類が多く、それぞれがより狭い範囲で使用されていることがわかる。それはおそらく、水団が来客に振る舞われるような食品ではなく、家庭の中で家族のみで食べられてきたこと。加えて、主に補食として扱われ、日常食の中でも比較的地位の低い扱いを受けてきたことと関連していると思われる。つまり、ハレの日や公の場で扱われることのない日常食であり、その日常食の中でも麦飯やおきりこみよりもさらに扱いの軽い補食であったために、家庭の外で話題とされる機会が少なく、呼称が広がりにくかったのではないかと考えられるのである。

四　おきりこみと水団の比較

(一) 類似点

ここで、おきりこみと水団の類似点について整理しておきたい。

材料について見ると、おきりこみも水団も主な材料は小麦粉である。また、大麦粉・ソバ粉・トウモロコシ粉など、地域によって小麦粉以外の材料が用いられる場合のある点も共通している。ただ、水団では雑穀粉が単独で材料とされることがあるのに対し、おきりこみでは雑穀粉は小麦粉と混ぜて用いられるのが普通である。それは、雑穀粉は小麦粉と異なりグルテンが形成されず、粘りが少ないためである。おきりこみでは、こねた雑穀粉を麺状にした際に切れやすくなるため、これを単独で材料とすることは難しく、小麦粉を混ぜることが必要となる。しかし、塊状の水団では、熱湯の使用によって得られる雑穀粉の粘りで成形することが可能であり、必ずしも小麦粉を混ぜることを必要としない。したがって、小麦粉を混合するかしないかの違いは両者の形状によるものであり、おきりこみも水団も材料的には近い関係にあるといえる。

製法について見ると、おきりこみも水団も、生地をこねる際に塩を加えない点で共通している。これは、両者ともうどんのように生地にこしを出すことを重視しておらず、はじめから汁物として煮込んで食べることを目的に作られているためである。また、成形したものをゆで上げず、生のまま汁に入れて煮込む点も両者に共通している。水団には、団子をゆで上げてから汁に入れる方法もあるが、これはでき上がりを上品に仕上げるための工夫であり、比較的新しいものである。また、おきりこみの中にも、県東部のホウトウのように麺をゆで上げてつけ汁で食べる例があるが、これは大麦粉を使用することからくる煮崩れを防ぐための工夫であり、うどんの影響を受けたものと推測される。したがって、おきりこみも水団も、製法の基本は生地に塩を加えない点、ゆで上げずに生のまま煮込むという点で共通しており、互いに近い関係にあるといえる。

食べ方について見ると、おきりこみも水団も、味噌または醤油の汁で煮込んで食べるものである。その味付けの分布の様子は、図６（73頁）および図10（87頁）に見たとおり、おきりこみも水団もほぼ同じ傾向を示し、ほとんど変わらない。すなわち、県北部から西部にかけては味噌が、東部には醤油が分布し、その中間地域には味噌も醤油も用いる地点が多く見られる。汁の具材の野菜も両者に共通している。つまり、おきりこみと水団は、麺と団子というように小麦粉製品の形状が異なるだけで、煮込んで食べる汁物料理としての形態は全く同じである。さらに、小豆汁で食べる汁粉タイプのものが存在することも両者に共通している。このように、おきりこみと水団は互いによく似た食べ方をされているということができる。

食制上の位置付けについて見ると、おきりこみも水団も日常食であるという点で共通している。いずれも小麦粉を少しでも節約するために、野菜を多く入れた汁で煮込んで食べられた食品である。熱い煮込み料理であるため、季節的には秋から冬が適しているが、米を節約するという経済的な理由から、いずれも一年中食べられていた。また、両者とも汁粉タイプのものが存在し、それらがやや贅沢な間食品として、農作業の一段落した祝いなどの機会に用いられていたことも共通している。両者の近い関係から、小豆ボウトウから手のかからない汁粉タイプの水団へと移行したらしい例のあることも、すでに見てきたとおりである。このように、おきりこみと水団は、食制の上でもよく似た位置にあったといえる。

(二)　相違点

次に、おきりこみと水団の相違点についても整理しておきたい。

材料について見ると、おきりこみでは粳米粉を用いる例は見られないが、水団では屑米を製粉した粳米粉が用いられる例がしばしば見られる。粳米粉は、雑穀粉と同様にグルテンを形成しないため、粘りが少なく麺状のおきりこみの材料としては向いていない。しかし、熱湯でこねればある程度の粘りが出るため、塊状の水団の材料としては十分である。水団に粳米粉のものが見られるのは、そのためであろうと思われる。また、水団が団子としての側面を併せもっていることも、粳米粉が用いられた理由ではないかと考えられる。団子は小麦粉や雑穀粉で作られることもあるが、一般的には粳米粉で作られることが多い。そうしたことが影響して、粳米粉の水団もしばしば作られたのではないかと思われるのである。

製法について見ると、おきりこみと水団では成形の方法が異なっている。おきりこみは、麺棒と麺板でのばした生地を包丁で切るという工程が、うどんやそばの製法と共通している。これに対して、水団は生地を手で引きのばしてちぎるという方法であり、さらには、ゆるくこねた生地を匙などですくうという方法もある。つまり、おきりこみはうどんやそばと似通ったやや手のかかる製法で作られ、水団はより手のかからない簡便な方法で作られるのである。このため、おきりこみは麺類、とくにうどんの一種と捉えられているのに対し、水団は団子を入れた汁物と認識されている。

食べ方について見ると、水団には、ゆで上げて小豆餡を付けたり、きな粉をまぶしたり、ゴマ和えにしたりする食べ方がある。しかし、おきりこみにはそのような食べ方は見られない。この違いは、水団が団子の一種と捉えられているのに対し、おきりこみがうどんの一種と捉えられているためと考えられる。

食制上の位置付けについて見ると、次のような違いがある。おきりこみが主に夕食として作られたのに対し、水団は夕食としても作られたが、むしろ昼食として作られることが多かった。また、おきりこみは単品で主食として用いられたのに対し、水団は朝食に炊いた麦飯の残りなどと組み合わせ、補食として用いられることが多かった。このような違いは、おきりこみがやや手間のかかる食事であったのに対し、水団が手間のかからない手軽な食事であったことによる。また、材料の小麦粉の使用量について、おきりこみよりも水団の方が小麦粉を多く使いがちだったことも影響していると考えられる。

このように、おきりこみと水団とでは、材料・製法・食べ方・食制上の位置付けについてそれぞれに相違点があるが、その主な要因は麺状と塊状という両者の形状の違いに由来するものであることがわかる。

(三) 餅の食べ方との関連

ところで、おきりこみや水団の食べ方を見ていくと、餅の食べ方とよく似たものがあることに気づく。例えば、餅の代表的な食べ方に汁で煮込んだ雑煮があるが、おきりこみや水団も汁で煮込むものである。また、餅は小豆汁で煮込んで汁粉にされることがあるが、おきりこみや水団にも汁粉タイプのものがある。このように、おきりこみや水団の食べ方には、餅の食べ方・調理の仕方に通じるものがある。

おきりこみや水団は粉をこねて作る粉食である。そこで、おきりこみや水団を粉食の一形態として位置付けた上で、餅の調理法・食べ方との比較を試みたものが表5である。この表の①~⑥の項目は、調理法や食べ方を分類したものである。この項目に従って見ていくと、例えば、①「中に餡を入れる」食べ方として、粉食には焼餅(餡入り)や饅頭があり、餅にはアンピン(大福餅)があるというように、粉食と餅

表5　調理法・食べ方から見た粉食と餅

調理法・食べ方	粉食	餅
①中に餡を入れる	焼餅（餡入り） 饅頭	アンピン（大福餅）
②醤油・味噌の汁を用いる	うどん・そば おきりこみ 水団	雑煮
③小豆の汁で煮る	小豆ボウトウ 甘ネジ	汁粉
④餡・きな粉を付ける／和え物にする	餡をからめた水団・団子	餡をからめた餅 餡のボタモチ
	きな粉を付けた水団・団子	きな粉餅 きな粉ボタモチ
	水団のゴマ和え、ゴマ団子 ジリヤキのゴマ和え	ゴマボタモチ
	砂糖醤油を付けた水団・団子	砂糖醤油を付けた餅
⑤焼いて食べる	焼餅（餡なし） ジリヤキ	のし餅を焼いたもの
⑥油で揚げる	かりんとう	かき餅／あられ

のそれぞれに該当する食品のあることがわかる。おきりこみや水団は、粉食の調理法・食べ方の中で、②「味噌・醤油の汁を用いる」、③「小豆の汁で煮る」に該当し、水団は④「餡・きな粉を付ける／和え物にする」にも該当する。そして、餅の調理法・食べ方の中でそれぞれに相当するものは、②雑煮、③汁粉、④餡やきな粉をからめた餅・ボタモチなどである。このように、粉食と餅にはどちらにもよく似た調理法や食べ方があり、それぞれの調理体系は、全体として互いに類似したものであることがわかる。

餅は、周知のとおり、蒸した糯米や糯種の雑穀を臼と杵で搗《つ》いて作るものである。おきりこみや水団は粉をこねて作る粉食であり、小麦粉や粳米粉・粳種の雑穀粉などで作られる。糯米や糯種の雑穀は粘りが強く、蒸して搗けば餅になり、丸めたりのばしたりしてさまざまな形にすることができる。しかし、小麦や粳米や粳種の雑穀は、そのまま蒸して搗いても餅にはならない。いろいろな形にするためには、いったん製粉してから、こねて形を作り、ゆでたり蒸したり焼いたりする必要がある。こうしたことから考えたとき、粉食は小麦をはじめ、粳種の米・雑穀、大麦などを餅のように食べる方法として工夫され、発展してきたものではなかったか。言い換えれば、粳種の穀物で餅を作る方法ではなかったかと思われるのである。そして、粉食の調理法や食べ方が餅のそれとよく似ているのも、そのためではないかと考えられるのである。足尾山地周辺で水団がオツケモチと呼ばれるなど、いくつかの小麦粉食品が「モチ」と呼ばれているのは象徴的である。

このように、粉食と餅は調理体系の上では似通っているが、食制上の位置付けは異なっている。餅は基本的に儀礼食・行事食である。しかし、年間を通して餅ばかりが神仏に供えられてきたわけではない。群馬県における一年間の年中行事を見ると、米の収穫以降、秋から春までは餅が供え物の中心となる。そして、小麦の収穫以降、夏から秋までは焼餅・饅頭やうどんなどの小麦の粉食が中心となる。このように、年中行事の供え物は、米と麦のそれぞれの収穫に感謝を表し、季節によって使い分けられてきた。関口正己によれば、夏季の饅頭は冬季の餅に代わる性格をもっており、夏季に傷みやすい餅を季節的に補完する役割をも果たしていたという[46]。これは饅頭のみにとどまらず、年中行事に供される粉食全体についていえることと思われる。

粉食は行事食として用いられることもあるが、日常食として用いられることが多い。日本人を含めて照葉樹林文化圏に生活する人々は、餅のような粘りのある食品を好む傾向があるといわれる(47)。しかし、餅は儀礼食であり、非日常的な行事の際に作られるものであって、いつでも食べられるものではない。粉食は、日常においてそうした面を補う役割も担っていたのではないか。つまり、おきりこみや水団などの粉食は、日常食における粘りのある食品、すなわち餅の役割を果たしてきたといえないだろうか。汁粉タイプのおきりこみや水団が、餅を搗くほどの改まった行事ではないが、農作業の区切りや雨天による休み日のようなちょっとした機会に作られたのも、そのためと思われる。

以上のように、おきりこみや水団は、粉食だけでなく餅を含めた穀物の調理体系全体の中で改めて捉え直す必要がある。そのためには、群馬県の事例のみならず、他県の事例との比較も必要になると思われる。

五　おきりこみと水団の起源

材料・製法・食べ方・食制上の位置付け・呼称などの観点から、群馬県に見られるおきりこみと水団について述べてきた。おきりこみと水団は、それぞれ麺状・塊状というように形状的には異なっている。しかし、材料・製法・食べ方・食制上の位置付けのいずれにも類似点が多く認められ、両者は互いに近い関係にあることがわかった。これは、実際に調理して食べている人々も意識していることであり、平成二十一年十月二十七日に行われた邑楽・館林地区生活研究グループ連絡協議会の調理実習に参加した人たちに質問したところ、「ニゴミ（おきりこみのこと）と水団の違いは、のばすかちぎるかだ」という。つまり、形が異なる以外はほとんど同じだということである。

奥村彪生によれば、ホウトウの起源は平安時代に中国から伝来した餺飩（ハウトン）であり、小麦粉をこね、親指くらいの太さにして長さ二寸に切り、水を張った盆の中で薄く押し広げながらのばし、ゆでたもので、熱いスープに浮かせて食べたものであったという。したがって、ホウトウの古い形は手でのばして作る手延べ麺であった。それが、後に麺棒と麺板でのばして包丁で切る形となり、山梨県など各地に見られるホウトウになったという(48)。いわば餺飩の形状的にうどん化されたものが、現在のホウトウである。群馬県のおきりこみも、山梨県のホウトウなどと同様のものと考えられる。そして、県東部に見られたゆで上げてつけ汁で食べる大麦粉のホウトウは、さらにうどん化の進んだ形といえよう。

一方、水団は、手延べ麺のホウトウの製法が簡略化され、より手のかからない方法で作られるようになったものと考えられる。手延べ麺の場合は、手で引きのばしてちぎった生地を麺状にまでのばすのであるが、水団の場合は、ちぎった生地を軽く握る程度で煮込んでしまうところから、より簡略化されたものということができる。そして、匙などで水団の生地をすくって汁に入れて煮込む製法は、さらに省力化を進めた方法といえる。つまり、手延べ麺のホウトウが、手をかけた切り麺スタイルになったものがおきりこみであり、より手軽に作れる団子状になったものが水団であると考えられる。したがって、おきりこみは一般的なうどんとは異なる食品であり、うどんよりも水団に近い食品であるといえる。

おきりこみや水団の調理法や食べ方には、餅のそれに類似したものが見られ、餅との関連から改めて捉え直す必要があると思われる。ただし、粉食と餅とでは年中行事における扱いなど食制上の位置付けが異なることから、おきりこみや水団のみにとどまらず、粉食全体と餅とを詳細に比較していく必要があると考える。

おきりこみや水団の味付けについては、その分布状況から、もとは味噌が使用されていたが、県東部から醤油の使用が普及していった様子が見て取れた。群馬県の農家で醤油が自家醸造された時期は、大正期から第二次世界大戦後まもなくまでのことであり、県東部もそれ以外の地域も時期的な違いはほとんどない。したがって、県東部に早くから醤油が普及したことについては、明治期に館林市を中心に発展した醤油醸造業が影響していると推測される。しかし、それ以前から県東部に醤油が入っていた可能性も考えられ、例えば江戸期における利根川舟運による醤油の普及を考える必要があるが、このことについては今後の課題としたい。

本稿は、群馬県立歴史博物館の第八八回企画展「粉もの上州風土記 ―ヒルバテイから焼きまんじゅうまで―」のための調査成果の一部をまとめたものである。調査にあたり、群馬県生活研究グループ連絡協議会の方々には、調理実演等で多大なご協力をいただいた。ここに記して厚く御礼申し上げます。なお、分布図の作成にあたっては、筆者が平成十八年度に群馬大学大学院教育学研究科に提出した修士論文「群馬県におけるマルメモノ食慣行とその地域差」の調査資料の一部を使用した。

注

(1) 大塚力『「食」の近代史』教育社、一九七九年、一七〇―一七一頁
(2) 農林水産省「作物統計」によると、群馬県の平成28年度産の小麦の収穫量は二万三七〇〇トンで、北海道・福岡県・佐賀県に次いで全国第四位である。
(3) 例えば、群馬県史編さん委員会『群馬県史　資料編二五　民俗1』群馬県、一九八四年、二二三頁
(4) おきりこみが伝統食としてどのように継承されてきたかという視点から研究したものに、志田俊子・山形みさ江・田中明子「群馬県の郷土食『オキリコミ』について」『明和学園短期大学紀要第一五集』、明和学園短期大学、二〇〇三年、八一―一〇九頁　がある。
(5) 筆者の分布調査では、おきりこみの具材としてカボチャが挙げられた例は、渋川市有馬で確認されたのみであった。
(6) 富岡市教育委員会『富岡市民俗調査報告書第一集　額部の民俗』一九七四年、一一頁
(7) 都丸十九一、志田俊子、関口正己『群馬の食文化』上毛新聞社、一九九〇年、二三―二四頁
(8) 前橋市教育委員会『前橋市民俗文化財調査報告書第二集　利根西の民俗』一九九一年、六三頁
(9) 太田市『太田市史　通史編　民俗　上巻』一九八四年、四七五―四七六頁
(10) 群馬県教育委員会『群馬県民俗調査報告書第十四集　千代田村の民俗』一九七二年、一七頁
(11) 群馬県教育委員会『群馬県民俗調査報告書第二十一集　高山村の民俗』一九七九年、二二頁
(12) 群馬県教育委員会『群馬県民俗調査報告書第十五集　嬬恋村の民俗』一九七三年、一七頁

(13)「日本の食生活全集　群馬」編集委員会編『日本の食生活全集10　聞き書　群馬の食事』農山漁村文化協会、一九九〇年、一八四頁
(14)藤岡市史編さん委員会『藤岡市史　民俗編　上巻』藤岡市、一九九一年、一六三頁
(15)館林市教育委員会『文化財総合調査　館林市の民俗第七集　さとやの民俗』一九九二年、一四頁
(16)群馬県教育委員会『群馬県民俗調査報告書第十七集　前橋市城南地区の民俗』一九七五年、一八頁
(17)『群馬県人名大事典』上毛新聞社、一九八二年、二六九頁
(18)群馬県史編さん委員会『群馬県史　通史編八　近代現代二』群馬県、一九八九年、二八八頁
(19)石毛直道『麵の文化史』講談社学術文庫、二〇〇六年、一四八頁
(20)「日本の食生活全集　山梨」編集委員会編『日本の食生活全集19　聞き書　山梨の食事』農山漁村文化協会、一九九〇年、二一〇―二一一頁
(21)「日本の食生活全集　埼玉」編集委員会編『日本の食生活全集11　聞き書　埼玉の食事』農山漁村文化協会、一九九二年、三七頁
(22)(20)に同じ、四三頁
(23)「日本の食生活全集　長野」編集委員会編『日本の食生活全集20　聞き書　長野の食事』農山漁村文化協会、一九八六年、三四七頁
(24)(21)に同じ、八九―九〇頁
(25)(9)に同じ、四七五―四七六頁

(26)(21)に同じ、六七―六八頁
(27)奥村彪生『日本めん食文化の一三〇〇年』農山漁村文化協会、二〇〇九年、四二―四三頁
(28)長野原町『八ッ場ダム水没地区民俗文化財調査報告書　長野原町の民俗』一九八八年、四三頁
(29)(12)に同じ、一七頁
(30)(12)に同じ、一七頁
(31)群馬県教育委員会『群馬県民俗調査報告書第六集　榛東村の民俗』一九六四年、二七頁
(32)(12)に同じ、一七頁
(33)上毛出版社メディア局『群馬の伝統食』上毛新聞社、二〇〇八年、五四―五五頁
(34)群馬県教育委員会『群馬県民俗調査報告書第二十三集　宮城村の民俗』一九八一年、二六―二七頁
(35)群馬県教育委員会『群馬県民俗調査報告書第二十五集　妙義町の民俗』一九八三年、二九頁
(36)群馬県教育委員会『群馬県民俗調査報告書第十八集　倉渕村の民俗』一九七六年、二一頁
(37)(28)に同じ、四三頁
(38)前橋市教育委員会『前橋市民俗文化財調査報告書第一集　赤城南麓の民俗』一九八九年、六三頁
(39)前橋市教育委員会『前橋市民俗文化財調査報告書第二集　利根西の民俗』一九九一年、六三頁
(40)(31)に同じ、二七頁
(41)沼田市史編さん委員会『沼田市史民俗調査報告書第四集　池田の民俗』一九九五年、沼田市、二二頁
(42)(11)に同じ、二三頁

(43) 群馬県史編さん委員会『群馬県史　資料編二七　民俗三』群馬県、一九八〇年、五七五―五七八頁

(44) (28) に同じ、三三九―三四〇頁

(45) 都丸十九一『上州の風土と方言』上毛新聞社、一九七七年、一九七―二〇〇頁

(46) 関口正己「モノビの食べもの」『着る・食べる・住む　群馬の民俗三』みやま文庫一一四、一九九〇年、一四五頁

(47) 上山春平・佐々木高明・中尾佐助『続・照葉樹林文化―東アジア文化の源流』中公新書、一九七六年、六三―八八頁

(48) (27) に同じ、四二―四三頁、九五―一二七頁

参考文献

※以下は、表3および図7作成の資料としたもの。表3は①～⑫、図7は①～⑭を資料に作成した。

①前橋市教育委員会『前橋市民俗文化財調査報告書第二集　利根西の民俗』一九九一年

②群馬県史編さん委員会『群馬県史　資料編二五　民俗一』群馬県、一九八四年

③藤岡市史編さん委員会『藤岡市史　民俗編　上巻』藤岡市、一九九一年

④群馬県教育委員会『群馬県民俗調査報告書第二十五集　妙義町の民俗』一九八三年

⑤渋川市市誌編さん委員会『渋川市誌　第四巻　民俗編』渋川市、一九八四年

⑥群馬県教育委員会『群馬県民俗調査報告書第六集　榛東村の民俗』一九六四年

⑦群馬県教育委員会『群馬県民俗調査報告書第十三集　水上町の民俗』一九七一年
⑧伊勢崎市『伊勢崎市史民俗調査報告書第二集　八斗島町の民俗』一九八二年
⑨伊勢崎市『伊勢崎市史民俗調査報告書第四集　上之宮町の民俗』一九八五年
⑩伊勢崎市『伊勢崎市史民俗調査報告書第八集　北千木町・南千木町の民俗』一九八七年
⑪群馬県教育委員会『群馬県民俗調査報告書第十九集　大間々町の民俗』一九七七年
⑫群馬県教育委員会『群馬県民俗調査報告書第十六集　藪塚本町の民俗』一九七四年
⑬群馬県教育委員会『群馬県民俗調査報告書第十八集　倉渕村の民俗』一九七六年
⑭長野原町『八ツ場ダム水没地区民俗文化財調査報告書　長野原町の民俗』一九八八年

粉ものをめぐる歴史と民俗

一　高崎に見られる焼餅《やきもち》

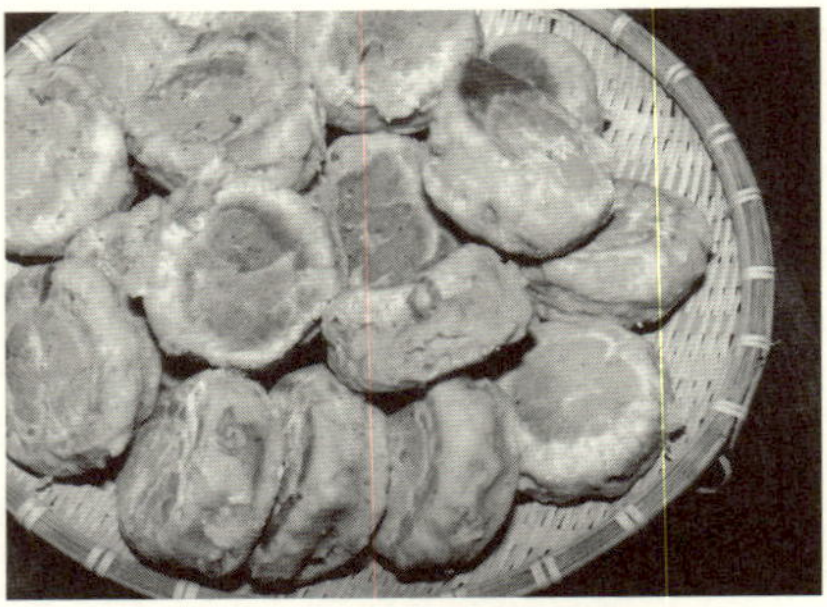

餡なしの焼餅（高崎市棟高町）

焼餅という食品がある。焼いた餅のことではない。小麦粉をこね、丸めて焼いたものである。群馬県内の山間部ではソバやヒエなどの雑穀を使った焼餅が知られているが、高崎の農村部では専ら小麦粉が使われていた。焼餅は、主にコジュハン（小昼飯）と呼ばれる農家の間食に用いられた。

これまでに刊行された全八集の『高崎市史民俗調査報告書』から引用すれば、焼餅の作り方はだいたい次の通りである。まず、小麦粉に水を加えてやや固めにこねる。多くの場合、このときに重曹《じゅうそう》を加える。次に、好みによって刻んだネギ・シソ・フキノトウ、細かく切ったサツマイモなどを入れて混ぜる。また、味噌《みそ》を加えて味付けをする例が多い。これを適量手に取り、丸く扁平に形を整えてから、熱した焙烙《ほうろく》の上で焼く。外側が焼けたら、ヘッツイ（カマド）の縁に立てて並べ、芯まで焼き上げる。ヘッツイの熱灰をかけて焼き上げる場合もあり、この過程をホドムシ（火処蒸し）という。寺尾町館《たて》では、桑の葉に包んで焼くという例があった。また、貝沢町では、小麦粉に水と重曹を入れただけで他には何も入れず、こねて丸めて焼いたという。

高崎に見られる焼餅の特徴の一つは、餡《あん》が入っていないということである。野菜を使った餡入りの焼餅でよく知られているのは長野県であるが、餡入り焼餅は群馬県内にも山間部を中心に所々に分布している。長野県にそれが多い理由の一つは、穀物粉の使用量を抑えるためだったといわれる。餡は焼餅の増量材だったのである。高崎では小麦粉が豊富であったため、野菜などの餡は必要とされなかったと考えられる。

餡がないということは、生地の味付けに工夫を必要とすることになる。高崎の焼餅にネギなどの刻んだ野菜や味噌が加えられたのは、そのためであろう。桑の葉に包んで焼くのも一種の風味付けと考えられる。先の貝沢町の例では、生地に何の味付けもされていないため、砂糖や醤油《しょうゆ》を付けて食べたという。

焼餅というと、山間部などでは囲炉裏《いろり》の熱灰で焼いたという例が多い。しかし、明治以降に建てられた高崎の農家には、囲炉裏をもつものがほとんど見られなかった。したがって、ヘッツイを使って焼餅を焼き上げるという調理方法は、囲炉裏のない高崎の農家の特徴といってよい。

以上に見てきたように、高崎の焼餅は、小麦栽培の盛んな平坦部の農村の生活を反映した食品ということができよう。

二　饅頭《まんじゅう》に見る高崎のムラとマチ

食生活の調査をしていると時々見られることであるが、食品の中にはムラ（農村部）とマチ（都市部）の生活の違いを象徴するようなものがある。例えば、饅頭などはその一つであろう。

ムラで饅頭といえば、ゆで饅頭やふかし饅頭のことであり、それらはモノビ（行事などの日）の食べ物として家庭で作るものであった。ゆで饅頭は鍋釜《なべかま》でゆでて作る饅頭、ふかし饅頭は重曹の使用によって昭和初期頃から普及した、蒸籠《せいろう》で蒸して作る饅頭である。いずれも高崎の農村部では、農休み・釜の口開け・七夕など主に夏の行事の際に作られていた。材料はもちろん地粉と小豆であり、その年にとれた新しい小麦粉で作るところに神仏への供物としての意味があった。ゆで饅頭やふかし饅頭はマチの生活にはないものであって、子どもの頃、マチからムラの親類宅へお客として訪れた時に食べたゆで饅頭がとてもおいしかったと語ってくれた人がある。

一方、マチで饅頭といえば、和菓子屋で作る薬饅頭や酒饅頭のことであり、専ら買って食べるものであった。かつて高崎のマチでよく知られた饅頭に、連雀町のきんた（近田）という店の「いまさか」という饅頭があり、「きんた饅頭」の通称で親しまれていた。この饅頭は白色の楕円形をした饅頭で、中の餡には二粒くらいの白インゲン豆が入れてあった。マチの人々の三時のおやつや、来客用の菓子としてよく用いられたという。また、店が旧高崎城の大手前にあったことから、高崎第十五連隊の兵士やその家族がみやげとして買い求め、きんた饅頭は農村部にもその名を知られていた。つまり、ムラの人々にとって、和菓子屋の饅頭はマチのみやげ・マチの味だったのである。

このように、一口に饅頭といっても、ムラとマチとでは品物も異なれば食生活の中での位置付けも違ったのである。このような違いは、それぞれの生活の背景の違いを反映している。こうした事柄を丹念に比較することで、ムラとマチの生活様式の違いや、ムラとマチの人々の交流の様子を描くことができるのではないかと考えている。

三　饅頭《まんじゅう》をめぐる高崎の歴史と民俗

古典落語の演目に『饅頭こわい』という噺《はなし》があるのをご存じのことと思います。この噺の中には、腰高《こしだか》饅頭・唐《とう》饅頭・酒《さか》饅頭・蕎麦《そば》饅頭・栗饅頭・葛《くず》饅頭・中華饅頭など、たくさんの饅頭が登場します。饅頭は、鎌倉時代に禅宗の伝来に伴って、点心の一つとして中国から日本に伝えられました。江戸中期頃には菓子として普及し、手土産にもされていました。『饅頭こわい』が高座に取り上げられたのは文化年間（一八〇四～一八）といわれていますので、この頃の江戸には既に様々な種類の饅頭があったことがわかります。

饅頭は、江戸時代後期には高崎にも伝わっており、文政十年（一八二七）の『商家高名籠』には、高崎市本町一丁目で「九重御《ここのえ》まんぢう」を売っていた増田屋忠右衛門の店や、倉賀野宿中町で「中華饅頭」を売っていた伊藤家が掲載されています。「九重御まんぢう」がどんなものであったかは明らかではありません。

「中華饅頭」は現在の「肉まん・餡まん」とは全く別のもので、カステラ生地で餡を包んだ焼き菓子だったようです。しかし、当時、こうした市販の饅頭はまだまだ高級品であり、農村の人々が日常的に購入できるものではありませんでした。菓子屋の暖簾《のれん》に記された「京御菓子」という文字が都会的で高級な印象を与えました。

明治以後、饅頭は次第に一般的なものになっていきました。近在から町に来た人たちが帰りにみやげとして買ったことから、高崎の旧城下のはずれには饅頭屋が店を出していました。大正期頃に大橋町に本店、下和田町に支店をもっていた酒饅頭の竹田屋などは、そうした例の一つです。もちろん、街中《まちなか》にも饅頭を扱う菓子屋はありました。例えば、昭和三十三年頃まで連雀町大手前にあったきんた（近田・きん田とも書く）の饅頭（通称きんた饅頭）は、高崎第十五連隊の兵士やその家族がみやげとしたので、周辺町村にもその名を知られていました。

饅頭はみやげ物にされるだけでなく、祝い事や葬式などの引き物にもされました。よく知られたものに、葬式の際に参列者に配られる葬式饅頭があります。菓子屋によって異なり、いろいろなものがありますが、新田町《しんでんまち》の風間堂《かざまどう》では、白と碾茶《ひきちゃ》入りの二種類の大きな饅頭を組み合わせたもの（一般に青白饅頭と呼ばれるもの）を出していました。ところが、昭和五十年頃から核家族化で「大きな饅頭をもらっても困る」という家庭が増え、従来の葬式饅頭の注文は減り始めました。代わって、この店の主力商品の「だんべえ」（白と薄茶色の饅頭を組み合わせたもの）が葬式饅頭としても注文されるようになっていきました。そして、昭和六十年頃には、風間堂では白と碾茶の葬式饅頭は作られなくなりました。

このように、饅頭のような菓子にも、時代や生活の移り変わりによって変化のあったことがわかります。

四　倉賀野《くらがの》町の農休みと饅頭《まんじゅう》

群馬県では、養蚕（春蚕《はるご》）・麦刈り・田植えと続く、忙しい夏の農作業が一段落すると「農休み」となる。農休みは文字通り農作業を休む日であるが、期日は地域によってまちまちであり、一定していない。町内の田植えがすべて終わると、区長などの役員から触れが出され、地区で一斉に仕事を休むのが普通である。そのため、高崎市ではだいたい七月中旬頃に農休みとなるのが一般的だった。

同市の倉賀野町では、七月十四日に天王祭りが行われ、十三日・十四日あるいは十五日・十六日が農休みとなる町内が多かった。また、天王祭りや農休みの際には、字《あざ》（町内）の境に八丁注連《はっちょうじめ》が立てられた。天王祭り・農休み・八丁注連の三つの行事は、本来的には別々のものであるが、倉賀野町では期日が近かったり重なったりしていたために、これらが一連の農休み行事として行われてきた。

天王祭りは祇園祭りとも呼ばれ、京都市の八坂神社（祇園社）の祭礼に由来する、疫病除けの夏祭りである。天王祭りと呼ばれるのは、八坂神社の祭神が牛頭天王であることによる。宿場町であった倉賀野には八坂神社を祀《まつ》る町内が多い。倉賀野町の天王祭りは子どもたちを中心とした祭りで、「わっしょい」とも呼ばれる。第二次世界大戦前まで、夜になると子どもたちが町内ごとに提灯を持ったり万灯を担いだりして行列になり、倉賀野の町中を練り歩いた。提灯は「倉上（上町《かみちょう》）」「倉中（仲町《なかちょう》）」などの町名が入ったもの、万灯は子どもたちが新田義貞や楠木正成などの武者絵を描いたものである。「わっしょい、わっしょい」の掛け声とともにそれらが各町内をめぐる様子は、実に壮観であったという。

八丁注連は、神社や寺院などの御札を竹に挟んだり結び付けたりして字の境に立てるもので、町内に疫病神が入って来るのを防ぐためのものである。倉賀野町では、上町の安楽寺（天台宗）から御札が出され、八丁注連として立てられた。八丁注連を立てるのは各町内の年番(毎年各戸が順番に務める祭礼の世話人)の役目であり、町内の田植えがすべて終了してから立てることになっていた。天王祭りも八丁注連も夏に流行する伝染病を防ぐためのものであり、行事の性格は似通ったものといえる。倉賀野町でそれらが農休みに行われたのは、単に期日が接近していたからというだけではなく、健康な体で農休みを迎えるために必要なことだったからかもしれない。

こうして迎えた農休みは、農家にとって単なる休日ではなく、夏の農作業の大切な節目であった。農休みは全く仕事をしなくてよい日とされ、もし仕事をしているところを見つかると、「怠け者の節句働き」などと揶揄《やゆ》されたものだという。農家の嫁も、農休みには実家に里帰りすることができた。

農休みには、田植えの手伝いをしてくれた人に謝礼をしたり、スートメ（早乙女。苗の植え手）に賃金を支払ったりした。これらは、春蚕の繭《まゆ》を販売して得た現金収入から支払ったものであり、「農休み勘定」と呼ばれた。また、「農休みの買い物」といって、家族の浴衣や着物、下駄などを新調したものであった。そのため、倉賀野町では周辺地域から多くの買い物客が集まり、呉服屋・下駄屋・荒物屋などの店が賑わった。また、映画館では「農休み興行」として入館料を安くし、客を呼び込んだという。

さて、農休みに付きものとされた食べ物は、饅頭である。ちょうど小麦が収穫されて間もない頃であり、農休みの饅頭はその年にとれた新しい小麦粉で作り、神仏に供えるものとされていた。本来、小麦は収穫してすぐよりも、ある程度の期間をおいてからのほうが製粉しやすく、また味も良い。しかし、あえて新しい小麦を使ったのは、農休みに麦類の収穫を神仏に感謝する意味があったためと考えられる。県内の農村で、農休みに作られた饅頭には、ゆで饅頭・酒饅頭・炭酸饅頭などがある。倉賀野町で作られた饅頭は、古くはゆで饅頭、昭和初期頃からは炭酸饅頭が主なものであった。

ゆで饅頭は、文字通りゆでて作られる饅頭で、皮の生地に膨張剤が用いられないのが特徴である。この饅頭が歴史的にいつごろから作られるようになったかは明らかではないが、『天保三壬辰家内年中行事嘉例』（高崎市東国分町、住谷修家文書）などに登場することから、江戸末期には作られていたことが分かっている。ゆで饅頭のごく一般的な製法を紹介すれば、次の通りである。

まず、餡を作る。最も普通な小豆餡の場合は、水洗いした小豆を鍋に入れて一晩水に浸しておく。翌日これを火にかけ、軟らかくなったところで砂糖を加え、さらに少量の塩を加える。これを煮詰めてつぶし餡にし、冷ましてから作ろうとする饅頭の個数に分けて丸めておく。中に入れる餡は家庭によって異なり、砂糖を使った小豆餡のほかに、塩味の小豆餡、インゲン豆の餡、ミトリブドウ（エンドウ豆）の餡、味噌に砂糖を加えた味噌餡などがあった。

次に、皮の生地を作る。小麦粉にぬるま湯を加えて耳たぶくらいの固さにこね、餡と同じ数にちぎって分ける。これを薄く伸ばして皮とし、餡を中に入れて包み、形を整える。餡の包み方が悪いと、ゆでている最中に皮が破れたり、湯が内部に入り込んで、食べたときに熱い湯が流れ出たりするので注意を要する。

形を整えたものを釜の熱湯に入れてゆでる。饅頭は初め沈んでいるが、ゆで上がると浮いてくるので、水嚢《すいのう》ですくって水気を切る。これをショウギ（竹製の揚笊《あげざる》）の上に並べて冷ませば、でき上がりである。このように、ゆで饅頭には基本的に膨張剤が用いられないため、蒸して作る饅頭のように皮が膨らんでいない。また、皮にはシコシコとした歯応えがあり、食感からいえば饅頭というよりもむしろ団子に近い感じであった。

昭和初期頃になると、倉賀野町でも一般家庭に重曹が普及し、これを膨張剤として皮の生地に加えた炭酸饅頭が作られるようになる。炭酸饅頭は重曹の作用により、皮の生地が黄色っぽい色になるのが特徴である。蒸籠で蒸して作られるため、皮が膨らんで饅頭らしい形状となる。餡は砂糖入りの小豆餡が一般的であるが、ゆで饅頭と同様、家庭によってさまざまな餡が用いられていた。

倉賀野町では、饅頭は農休みだけでなく、その後に続く行事、釜の口開け（八月一日）、七夕（八月七日）、十五夜（旧八月十五日）、十三夜（旧八月十三日）などにも多くの家庭で作られてきた。このように饅頭は、冬季の餅に代わる、夏季の代表的な行事食だったのである。

五　酒饅頭の形

饅頭は大変に種類の多い菓子である。その多彩なことに惹かれて、数年前から各地の饅頭を食べ歩いたり、調べたりしている。入手方法の基本は、もちろん旅先で出会った饅頭を買うことである。しかし、最近は注文に応じて地方発送をしてくれる店が増えたし、デパートなどを会場に地方名産品の特別販売が催されることも多くなった。居ながらにして、地方色豊かな饅頭を手に入れることが容易になり、嬉しい限りである。

数ある饅頭の一つに酒饅頭がある。酒饅頭は、生地の膨剤に甘酒やどぶろくを用い、その発酵によって生地を膨らませて作る饅頭である。その製法は、仁治二（一二四一）年に宋から帰朝した聖一《しょういち》国師によってまず博多に伝えられ、後に京都、大坂、江戸を経て全国に広まったといわれている。「所変われば品変わる」という言葉があるが、地方に残る酒饅頭の形や味は実に様々であって、これが同じ酒饅頭かと思われるほどである。それでも、日本の東西で分布に大まかな傾向は認められる。

西日本には、一口サイズもしくはそれに近い小型の酒饅頭が多く分布している。皮が非常に薄く、中には餡が透けて見えるものもある。形は円形もしくは楕円形で、腰高なものが多い。例を挙げれば、金蝶《きんちょう》園《えん》饅頭（本家金蝶園・岐阜県大垣市）、納屋橋《なやばし》まんじゅう（納屋橋饅頭本店・愛知県名古屋市）、うすかわ饅頭（岩嶋屋・三重県四日市市）、大手饅頭（伊部《いんべ》屋・岡山県岡山市）、野根《のね》饅頭（福田屋本舗・高知県東洋町）、川田まんじゅう（長久堂・徳島県山川町）など、枚挙に暇がない。これらの饅頭には小豆の漉《こ》し餡《あん》が用いられており、上品な風味の酒饅頭である。茶席の菓子として発達してきたものが多く、例えば、岡山市の大手饅頭は岡山城主の茶菓として用いられた歴史をもつ。

これに対して、東日本には皮の厚い大振りな酒饅頭が広く分布している。形は円形のものが多く、西日本に比べて扁平なものが多い。例を挙げれば、酒饅頭（鳴海屋与次平・福島県喜多方市）、氷室《ひむろ》饅頭（常和屋・石川県金沢市）、酒饅頭（竹林堂・富山県富山市）、酒饅頭（つるや・長野県長野市）、甘酒饅頭（大里屋・埼玉県飯能市）などがある。これらの饅頭には小豆の漉し餡が用いられるものと、粒餡が用いられるものとがある。茶席の菓子としてではなく、家庭でおやつとして用いられた大衆的な酒饅頭が多い。農村の年中行事に作られていた、ゆで饅頭やふかし饅頭の影響を受けたと思われるような、素朴な形のものである。平成八（一九九六）年に惜しまれながら閉店した志満屋《しまや》本店（前橋市）の片原饅頭も、こうした酒饅頭の一つであった。

ところで、全国的に見たときに、群馬県の酒饅頭にはどんな特徴があるだろうか。筆者は、その一つとして、味噌《みそ》餡の入ったものがあることを挙げたい。岩井洞製菓（北群馬郡小野上村）の酒まんじゅうや、扇屋（甘楽郡甘楽町）の二万石まんじゅうには、餡として砂糖を加えた味噌が入れられている。また、みよし乃製菓舗（佐波郡玉村町）の田植まんじゅうには、白いんげんの餡に味噌を加えた味噌餡が用いられている。

しかし、群馬県にある最も特徴的な酒饅頭は、何といっても焼き饅頭（県北部では味噌饅頭と呼ばれる）であろう。餡の入らない酒饅頭を串に刺し、味噌だれを塗って焼いたものである。沼田市や伊勢崎市などには餡入りもある。前橋市の原嶋屋総本家と沼田市の東見屋《とうみや》饅頭店がよく知られているが、県内に焼き饅頭屋は広く分布している。しかし、県外にはほとんど見当たらず、埼玉県飯能市の新島田屋《しんしまだや》が餡入りの焼き饅頭（飯能味噌付け饅頭）を作っているくらいである。

このように、酒饅頭の形態が地方によって様々であることには、何らかの理由があったはずである。地域の歴史、茶道の影響、年中行事や神事などの民俗との関わり、伝統的な郷土食との関連など、考えられることは沢山ある。それらを、これから少しずつ調べてみたいと思っている。

六　田植えとあんパン

私は、かつて群馬県立歴史博物館に勤務していた時に、『粉もの上州風土記』という企画展を担当した。平成二十二（二〇一〇）年のことである。この企画展は、群馬県の伝統的な粉ものから現代の粉もの事情までを扱ったものであった。具体的には、おきりこみや焼餅・饅頭といった家庭料理から、麦落雁《らくがん》や乾麺《かんめん》などの名産品、温泉饅頭や鉱泉煎餅《せんべい》のような観光みやげ、ラーメン・焼きそば・パスタなどといった地域おこしとの関わりで注目される新しい名物まで、さまざまな粉ものを取り上げて紹介するものだった。

そんな中で、どうしても考えなければならなかったのが、伝統的な粉ものと新しい粉ものとの関連性だった。確かに、パン・ラーメン・焼きそば・パスタのような外国起源の粉ものは、系譜的には農村の家庭で昔から作られてきた粉ものに直接連なるものではない。しかし、新しい粉ものがスムーズに受け入れられて生活の中に定着し、今日のように盛んになっていったのは、その下地として、饅頭・うどん・そばのような粉ものを好む食習慣が伝統的に上州人にあったためと考えられるのだ。その具体例として、ここでは焼餅・饅頭と菓子パンとの関連性を取り上げてみたい。

群馬県で最も古いパン店は、明治十三（一八八〇）年に創業した高崎市連雀町の日英堂であるといわれ、前橋市や桐生市などにも大正期から続く老舗パン店がある。また、『開化高崎控帳』（一九七三年、高崎市）によれば、大正末期には旧制高崎中学校の門前に矢島屋という文房具店があり、生徒を主な客としてパン類を販売していた。そこにはコッペパン・あんパン・ジャムパン・うぐいすパンなどがあったが、最も人気が高かったのが長パンを縦割りにして羊羹《ようかん》をはさんだ羊羹パンだったという。このように、都市部には早くからパンを扱う店が見られ、若者を中心にパンが食べられていたことがわかる。そして、それは菓子パンを中心としたものであり、間食としての位置付けであった。

農村部では都市部よりも普及が遅れ、パン食が一般に広まるのは第二次世界大戦後になってからである。県内各地で聞き取り調査をしてみると、それはだいたい昭和三十（一九五五）年頃のことであった。群馬県の農村には、田植えなどのときに、近隣あるいは親戚などの数戸で互いに手伝い合うエエ（結い）という労働慣行がある。その際、手伝ってもらった家では食事を出すのが通例で、朝食や昼食のほかに間食（コジハン・コジョハンなどと呼ぶ地域が多い）も出していた。そして、ちょうどこの頃から、間食として購入した菓子パンが登場してくるようになるのである。例をいくつか挙げてみよう。

【事例１】前橋市富士見町漆窪では、田植えのコジョハンに餡入りの焼餅を出していたが、昭和初期頃から炭酸饅頭を出す家が多くなった。昭和三十年頃にはあんパンを買って出す家が現れた。

【事例２】前橋市富士見町小暮では、田植えのコジョハンにオヤキ（焼餅）やジリヤキを出していたが、戦後しばらくして、あんパンなどを出すようになった。

【事例３】前橋市小坂子町《こざかしまち》では、田植えのコジョハンに塩むすびやゆでたジャガイモなどを出していたが、昭和三十年代になって牛乳とあんパンやクリームパンなどを出すようになった。

【事例４】前橋市粕川町稲里では、田植えのコジョハンに白米のむすびを出していたが、昭和三十年頃からあんパンを買って出すようになった。

【事例５】北群馬郡吉岡町上野田では、田植えのコジョハンに握り飯やゆでたジャガイモ、焼餅などを出していたが、戦後になってあんパンに変わった。

【事例６】邑楽郡大泉町古海《こかい》では、田植えのコジョハンに炭酸饅頭を出していたが、昭和三十年頃からあんパンなどを買って出す家が出てきた。

【事例７】太田市世良田町では、田植えのコジハンにゆでたジャガイモなどを出していたが、戦後になってあんパンやジャムパンなどを出すようになった。菓子店に小麦粉を持って行くと、パンと交換してもらえた。

【事例８】太田市北金井では、蚕の上蔟《じょうぞく》が済むと、手伝ってくれた人たちを招いてオコアゲ祝い（上蔟祝い）をした。その際には赤飯を出していたが、昭和三十年前後に、パンを焼いて出したことがあった。パンは、小麦粉をこねて中に味噌《みそ》や小豆餡を入れ、練炭火鉢で焼いたものだった。

これらの事例を見ると、田植えの際の間食として、餡入りの焼餅や重曹を使った炭酸饅頭、握り飯や芋類などが出されていたが、戦後あるいは昭和三十年頃になって、あんパンをはじめとする菓子パンが出されるようになってきたことがわかる。とくに【事例１】では、焼餅から炭酸饅頭、さらにあんパンへと変化している様子がうかがえる。

【事例7】では、菓子店で小麦粉とパンとの交換が行われている。ただし、当時の農家が栽培していた小麦は、そのほとんどが中力粉用の農林61号であり、通常パンに用いられる強力粉用の品種とは異なる。したがって、菓子店は農家と交換した小麦粉でパンを焼いたのではないと考えられるが、それでなぜ交換が成立したのかについては未詳である。

また、【事例8】は農家が自家製のパンを焼いた例である。しかし、その内容を見ると、中に味噌や小豆餡を入れていること、オーブンやパン焼き器ではなく練炭火鉢で焼いていることなどから、実態は伝統的な焼餅とあまり変わらないものであったと考えられ、それを「パン」と呼んでいたものと推測される。

群馬県の農村では、各地に「田植え饅頭」の言葉が残っているように、田植えの間食に餡入りの焼餅や饅頭を用いることが、一般的に行われてきた。それは、これらが小豆餡を用いた非日常的な御馳走であり、労働を手伝ってくれた人に振る舞うものとしてふさわしかったからである。この点で、戦後になって都市部から農村部に普及し始めていたあんパンは、受け入れられやすかったと考えられる。つまり、餡が入っていること、粉ものであることなどから、焼餅や饅頭の延長線上にある食品と認識されたのであろう。そして、ジャムパンやクリームパンもそのバリエーションとして捉えられたと推測されるのである。

周知のように、第二次世界大戦後のパン食の急速な普及は、アメリカ合衆国から日本向けに大量輸出された余剰小麦と、これによって戦後の食糧不足を解消しようとした当時の政策の影響が大きい。その後に長く続いたパン食を中心とする学校給食のあり方などに、それははっきり現れているといえる。

しかし、農村におけるパン食の普及の仕方を見ていくと、決してそれだけではなかったことがわかる。つまり、旧来の焼餅や饅頭に代わってあんパンが用いられていったように、農村の方にも受け入れる下地があったということなのだ。あんパンをはじめとする菓子パンが、田植え作業で忙しい農家に重宝されたであろうことは、想像に難くない。

食生活におけるこれと類似した変化は、ほかにもある。例えば、ラーメンの普及である。群馬県の農村では、夕食におきりこみやうどんを打って食べるのが一般的であったが、戦後しばらくすると、市販の乾麺（うどん・素麺など）がしばしば用いられるようになってくる。そして、昭和三十年代にインスタントラーメンが発売されると、これが急速に広まって、家庭におけるうどん打ちが衰退していく。つまり、インスタントラーメンは、手打ちうどんやその後に用いられた乾麺の延長線上に位置付けられるのである。

このように、ある一つの新しい食品が普及していった背景には、それを受け入れる側にも何らかの下地的な要素があったと考えられる。今日における群馬県の粉もの事情を理解するためには、そうした視点から、伝統的なものと外来のものとの関係を捉え直していくことが必要ではないだろうか。

七　重曹が変えた群馬の粉もの

民俗調査をやっていると、意外なことに気付かされることが多い。もっとも、意外といっても、それは単に自分が知らなかった、というだけのことなのだが……。

例えば、木製の洗濯板。家庭に電気洗濯機が普及する以前、たらいと洗濯板を使って衣服を洗濯していたということは、誰でも知っているだろう。私自身、子どもの頃に母親が井戸端で洗濯板を使っていた姿を覚えている。しかし、その洗濯板が使われ始めたのが、群馬では大正時代になってからだということは、学生時代に県内のあちこちで民俗調査をやるようになるまで知らなかった。では、それ以前の洗濯はといえば、汚れ物を川へ持って行き、手で揉んだり、石の上に置いて足で踏んだりして洗っていたのだ。さらに、もともと洗濯板は明治時代にアメリカから入ってきたもので、当初はガラス製だったということも、四十代の後半になって歴史博物館に勤務するまで知らなかった。江戸時代を舞台にしたあるマンガで、女性がたらいと洗濯板で洗濯する姿が描かれているのを見たことがあるが、それはあり得ない光景だったのである。

白菜もそうだ。最近は作る家庭が少なくなったが、桶や樽で白菜を塩漬けにし、白菜漬けを作る作業は、かつては晩秋から冬の風物詩であった。しかし、群馬でその白菜が食べられるようになったのは、やはり大正時代のことだったのである。それ以前はというと、大根やカブを多く食べていた。とくに、カブは今と違って種類が豊富で、県内各地にさまざまな在来種があった。それを漬物にするだけでなく、煮たり焼いたりして食べていたのである。カブの葉を干して、保存食の干葉《ひば》を作ることもあった。白菜は、明治時代に中国から導入された野菜である。栽培のために種子が盛んに入ってきたのは日清・日露戦争後であり、群馬に広まったのは大正時代になってからであった。今では、鍋《なべ》物やおきりこみの具に欠かせない野菜の一つだが、実は第二次世界大戦前までは、おきりこみには入れなかったというところも少なくない。

どうも人間は、自分が子どもの頃に体験したことや、親から話として聞いたことが頭に残っていると、ずっと昔からそうだったようなイメージをもってしまうものらしい。だが、実際はそうではないことがしばしばあるのだ。

粉ものでいえば、炭酸饅頭がそうである。重曹を使って皮の生地を膨らませて作る、あの黄色っぽい饅頭だ。蒸籠で蒸して作ることから、ふかし饅頭と呼ばれることもある。群馬の農村家庭では、農休み・七夕・釜の口開け・十五夜などの年中行事に欠かせない食べ物だった。しかし、この炭酸饅頭も、作られるようになったのは昭和初期以降のことなのである。では、それ以前は何を食べていたかというと、ゆで饅頭であった。皮の生地に膨張剤を用いず、鍋釜《かま》の湯でゆでて作る饅頭である。皮が膨らんでいないから、まるで団子のような食感の饅頭であった。それが、昭和初期になって重曹が家庭に普及したことで、ゆで饅頭に代わって炭酸饅頭が作られるようになったのだ。

重曹というのは重炭酸曹達《ソーダ》の略で、炭酸水素ナトリウムのことである。化学式は$NaHCO_3$。今でも膨し粉や汚れ落としとして市販されている薬品だ。ベーキングパウダーにも含まれている。饅頭の皮の生地を作る際に、小麦粉にほんの少し重曹を加え、これで餡を包んで蒸すと、手軽にふっくらとした饅頭を作ることができる。ただし、小麦粉が重曹と反応することで、黄色っぽいでき上がりになること、独特の匂いが付くことなどの特徴がある。また、入れすぎると苦みが出てしまうという欠点もある。

農村の一般家庭で重曹が使われ始めた当初は、重曹を入れたのに饅頭をゆでてしまい、皮がうまく膨らまずに失敗したという話がよく聞かれた。また、初めのうちは重曹が贅沢品とされたため、来客用には重曹を使って炭酸饅頭を作り、自分や家族用には従来どおりのゆで饅頭を作ったこともあったという。これらは、前橋市の各地で聞き取り調査をやっていて、知ることができた事実である。

炭酸饅頭のバリエーションの一つとして、蒸しパンがある。パンという名が付いてはいるが、焼くのではなく蒸して作るから、実態は餡の入っていない炭酸饅頭である。皮の生地だけなので、生地に味噌や黒砂糖などを加えて味付けしてある。饅頭と同じくらいの大きさに作ることもあれば、もっと大きく作って、切り分けて食べることもある。この蒸しパンも、重曹の普及以後、農村で食べられるようになったおやつである。

重曹が使われるようになって変わったのは、饅頭だけではない。焼餅（オヤキとも呼ばれる）やジリヤキ、かりんとうなどの粉ものにも、それまでとは全く食感の異なるものが登場するようになっていった。

焼餅は、小麦粉に水を加えてこね、丸めて、焙烙の上で焼いたものである。中まで十分に火を通すため、さらにその後で囲炉裏の熱灰に埋めて焼くこともある。群馬の焼餅は、小麦粉に味噌などを混ぜ、生地自体に味付けしてあるものが多い。また、刻んだネギやシソの葉、フキノトウ、ミカンの皮、胡麻《ごま》などを生地に混ぜ、風味付けしてあるものも多い。焼餅は温かいうちはうまいが、膨張剤を使っていないので、冷めると固くなりやすかった。昭和初期以降、焼餅にも重曹が加えられるようになると、ふんわりと柔らかく食べやすくなったのである。現在、県内の農産物直売所などで販売される焼餅には、ほとんどの場合、重曹（またはベーキングパウダー）が使われている。

ジリヤキは、小麦粉をゆるく溶き、焙烙の上に垂らして焼いたものである。具のないお好み焼きのようなものと思えばよい。ジリヤキも、味噌や黒砂糖を混ぜて生地に味付けしたり、刻んだネギやフキノトウなどを加えて風味付けしたりする場合が多かった。また、何も加えず小麦粉だけで焼くこともあり、そういう場合は砂糖醤油などを付けて食べていた。このジリヤキにも、重曹が入れられる場合があり、そうするとふんわりとした食感になった。第二次世界大戦後には、生地に卵を加えたり、焼き上げたものに蜂蜜や白砂糖を付けて食べた話も聞かれるのである。これなどは、当時、都市部を中心に家庭でも作られるようになっていたホットケーキの影響を受けているのではないだろうか。

かりんとうは、小麦粉をこねて棒状にした生地を油で揚げたものである。甘味を付けるために、揚げた後に砂糖をまぶしたり、砂糖を溶かして糖蜜にしてからめたりする。生地そのものに砂糖を入れたり、胡麻などを加えて風味付けする場合もある。しっかりと揚げるものなので、食感はあられやおかきのように固いものが多かった。ところが、重曹の普及後は、ふんわりとした柔らかい食感のかりんとうが登場するようになる。とくに第二次世界大戦後は、生地をこねる際に卵や牛乳を加えたものが見られ

伝統的な固いかりんとう
（みどり市大間々町塩原）

ドーナツのような柔らかいかりんとう
（渋川市八木原）

るようになった。それは、その頃すでに知られていたドーナッとほとんど変わらないもので、その影響が推測される。実際、今も農産物直売所などで販売されている柔らかい「かりんとう」と「ドーナッ棒」とを食べ比べてみれば、両者に違いのないことがよくわかる。

以上のように、それまで膨らませることが容易でなかった粉ものが、昭和初期に普及した重曹のおかげで簡単に膨らむようになり、ふんわりとした食感を楽しめるようになった。伝統食というと、すぐに「昔ながらの」という枕言葉が思い浮かぶ。しかし、現在の私たちが昔ながらと思っているものも、実はその多くがさまざまな工夫や技術革新を経て、大きく変わってきているのである。

参考文献

①高崎市『高崎市史民俗調査報告書第七集　倉賀野町の民俗―街道筋の民俗とその変化―』（一九九九年三月）

②群馬町誌編纂委員会『群馬町誌　資料編四　民俗』（一九九五年十二月）

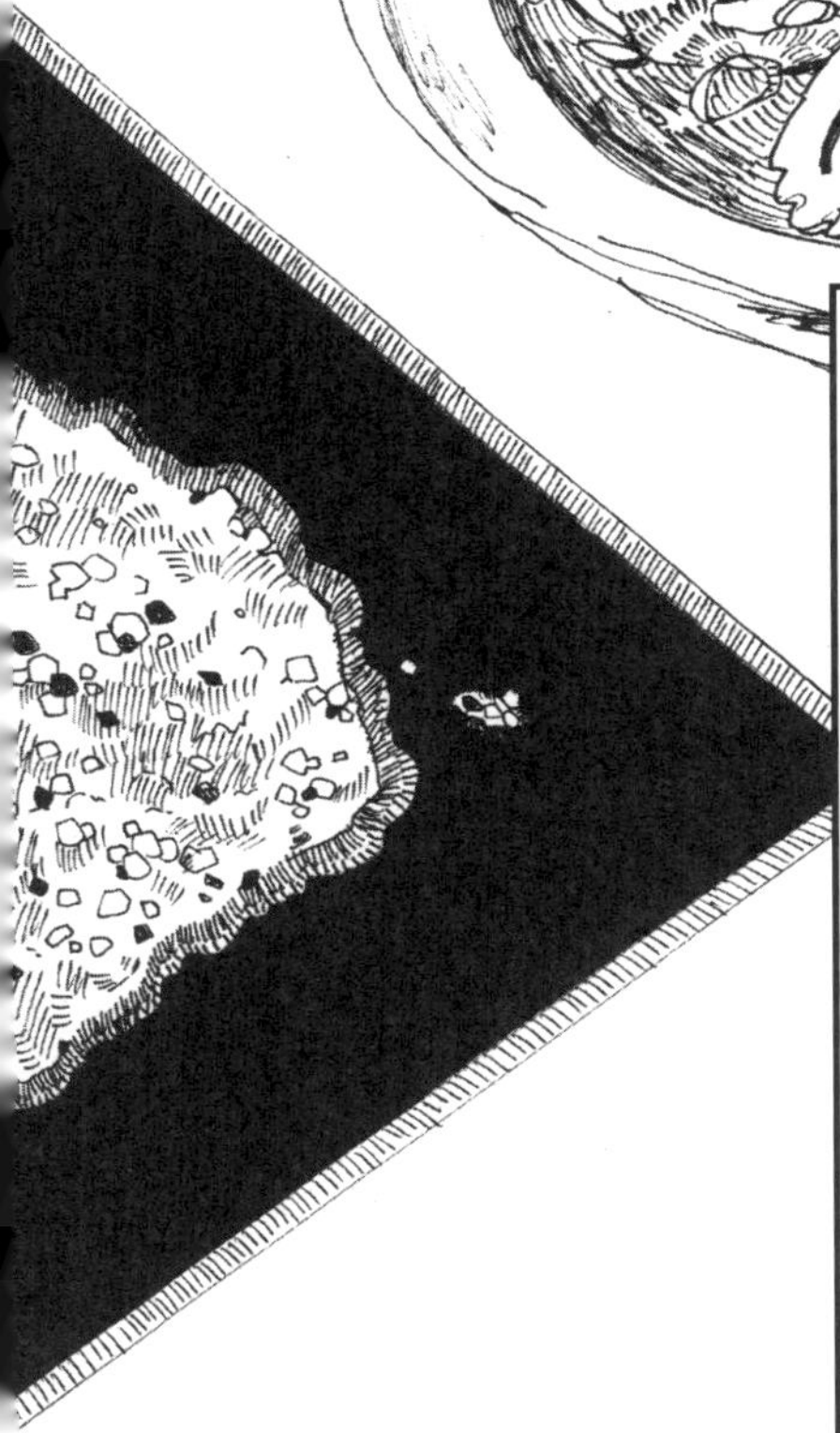

第二章　粉もの文化の現在

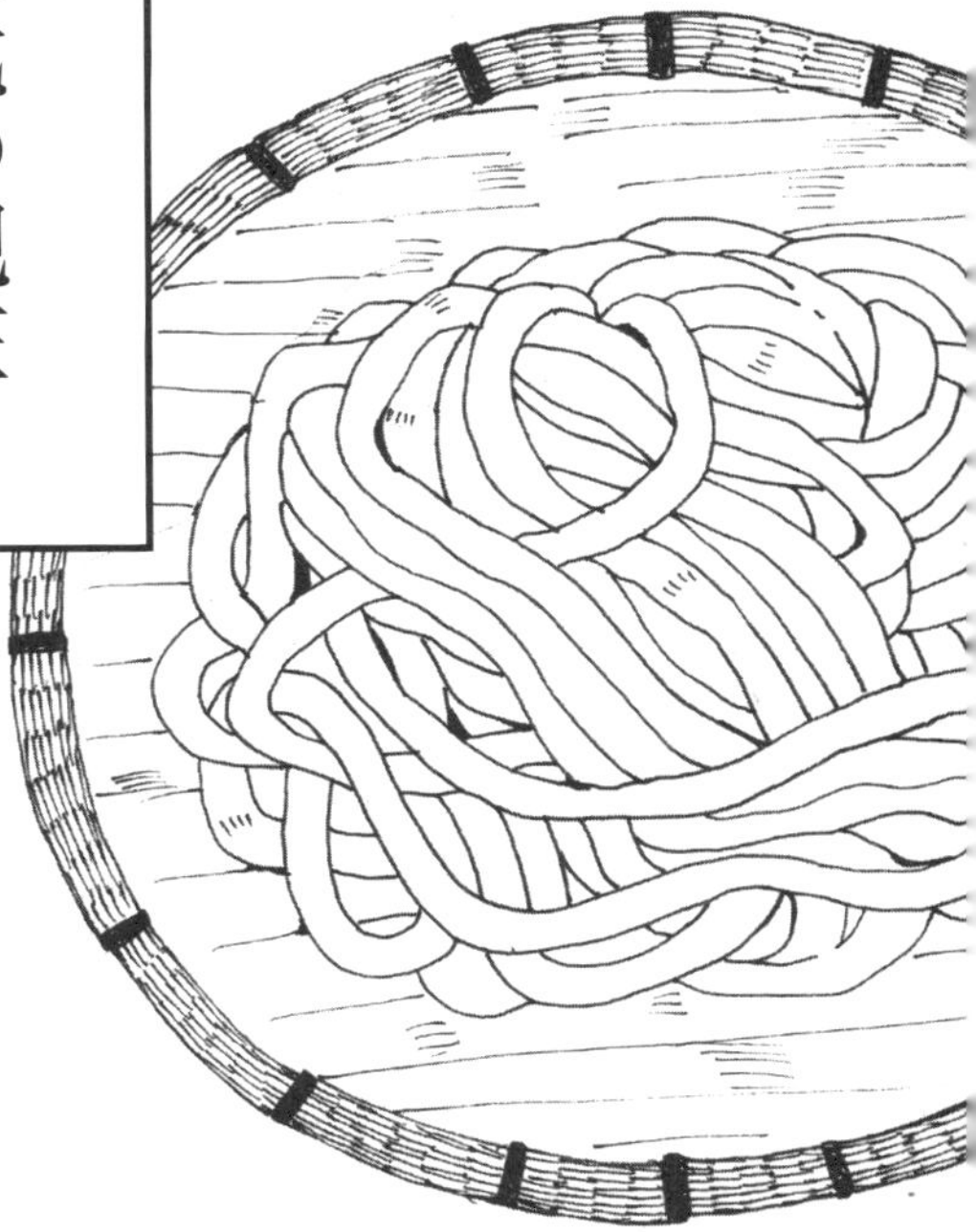

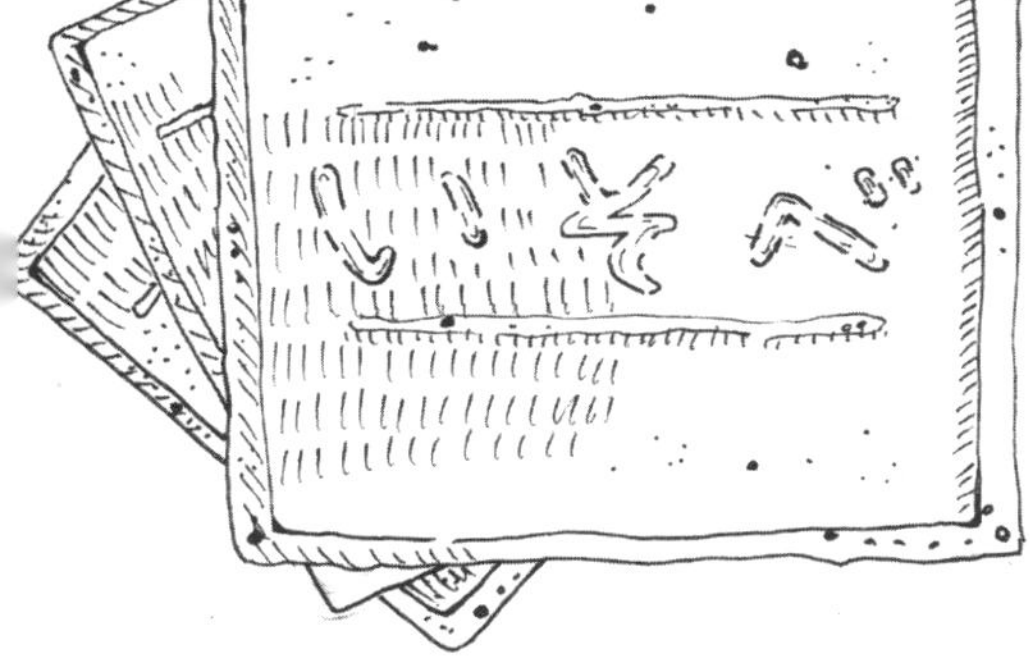

伊香保温泉の「湯の花饅頭《まんじゅう》」製造販売店

一　観光地と利久饅頭

全国の観光地で販売される代表的なみやげ物に饅頭がある。饅頭がみやげ物として用いられるようになったのは江戸中期頃からといわれ(1)、現在では各地にさまざまな名物饅頭が見られるようになった。その中の一つに、皮の生地に黒砂糖を加えて褐色に仕上げた饅頭がある。この饅頭は、かつては沖縄や奄美大島の黒砂糖が使用されたことから、製菓業界では一般に利久《りきゅう》饅頭（琉球饅頭）あるいは大島《おおしま》饅頭と呼ばれる。また、その色から茶饅頭と呼ばれることもある。利久饅頭を名物とする老舗は各地にあり、福島県郡山市の「薄皮饅頭」、鳥取県東伯郡琴浦町の「ふろしきまんじゅう」、山口県宇部市の「利久まんじゅう」などが有名である。また、神奈川県鎌倉市では利久饅頭と酒饅頭を組み合わせた「女夫《めおと》饅頭」が知られている(2)。

ところで、群馬県をはじめ栃木県・神奈川県・長野県などの温泉地には、観光みやげとして利久饅頭を販売する店舗が多く見られる。とくに、群馬県の温泉街では「湯の花饅頭」あるいは「温泉饅頭」などの商品名で販売されており、旅行ガイドブックなどでも盛んに紹介され、代表的な温泉みやげとして全国に知られている。しかし、なぜ群馬県の温泉地で利久饅頭が販売されるようになったかは明らかではなく、この饅頭の製造・販売形態に関する研究も行われていない。よく知られた地域産業の一つであるにもかかわらず、これまで地理学的な研究対象としてほとんど取り上げられてこなかったのである。一方、民俗学的な立場からは、群馬県の観光地のみやげ物に饅頭が多いことについて、その背景に農村の家庭で作られていたゆで饅頭やふかし饅頭があったことが指摘されている[3][4]。しかし、利久饅頭と温泉地との関係や、利久饅頭と農村家庭の饅頭との関係などについては、まだ十分に研究されていない。

そこで、本研究では群馬県渋川市伊香保町にある伊香保温泉を事例地域として、そこで販売される利久饅頭の歴史と製造販売の実態について検討し、その地域的な性格を明らかにすることを目的とした。研究にあたっては、調査対象地域として、伊香保町のうち利久饅頭製造販売店の立地する伊香保地区および水沢地区を選定し、一九九七（平成九）年九月に聞き取りによる製造販売店の悉皆《しっかい》調査を行った。なお、伊香保温泉の利久饅頭は「湯の花饅頭」の商品名で販売されており、この名称は一般に周知されている。そこで、以下ではとくに断らない限り、伊香保温泉のものについては「湯の花饅頭」の名称を用いることにする。

二　群馬県における利久饅頭の分布

(一) 利久饅頭の分布地域

利久饅頭を名物とする地域は、群馬県内には多く存在する。図13に示した①から⑪までの地域は、いずれも利久饅頭の専門店や、これを商品の中核とする菓子店の分布している地域である。もちろん、利久饅頭を販売する店はこれら以外にも見られるが、それはほとんどの場合、数ある和菓子の一品目として扱っているにすぎない。ここでは、利久饅頭の分布地域を、利根・沼田地域、吾妻地域、北群馬・渋川地域の三つに大きく分けて概観する。

利根・沼田地域には三か所の分布地がある。①の「尾瀬想い出まんじゅう」は、尾瀬名物として尾瀬戸倉温泉で一九七九（昭和五十四）年頃から販売されているものである(5)。②は水上温泉の名物となっており、「湯の花饅頭」や「湯どころ饅頭」の商品名で一九五三（昭和二十八）年頃から販売されている。③の「太助饅頭」は、利根郡みなかみ町下新田出身の塩原太助（江戸後期に江戸で活躍した薪炭商）にちなんで作られた饅頭である。この饅頭を製造販売する業者は一九〇三（明治三十六）年の創業で、沼田市とみなかみ町下新田（③）に店舗をもつ(6)。

吾妻地域には四か所の分布地がある。④は四万温泉の名物となっているもので、「温泉饅頭」の商品名

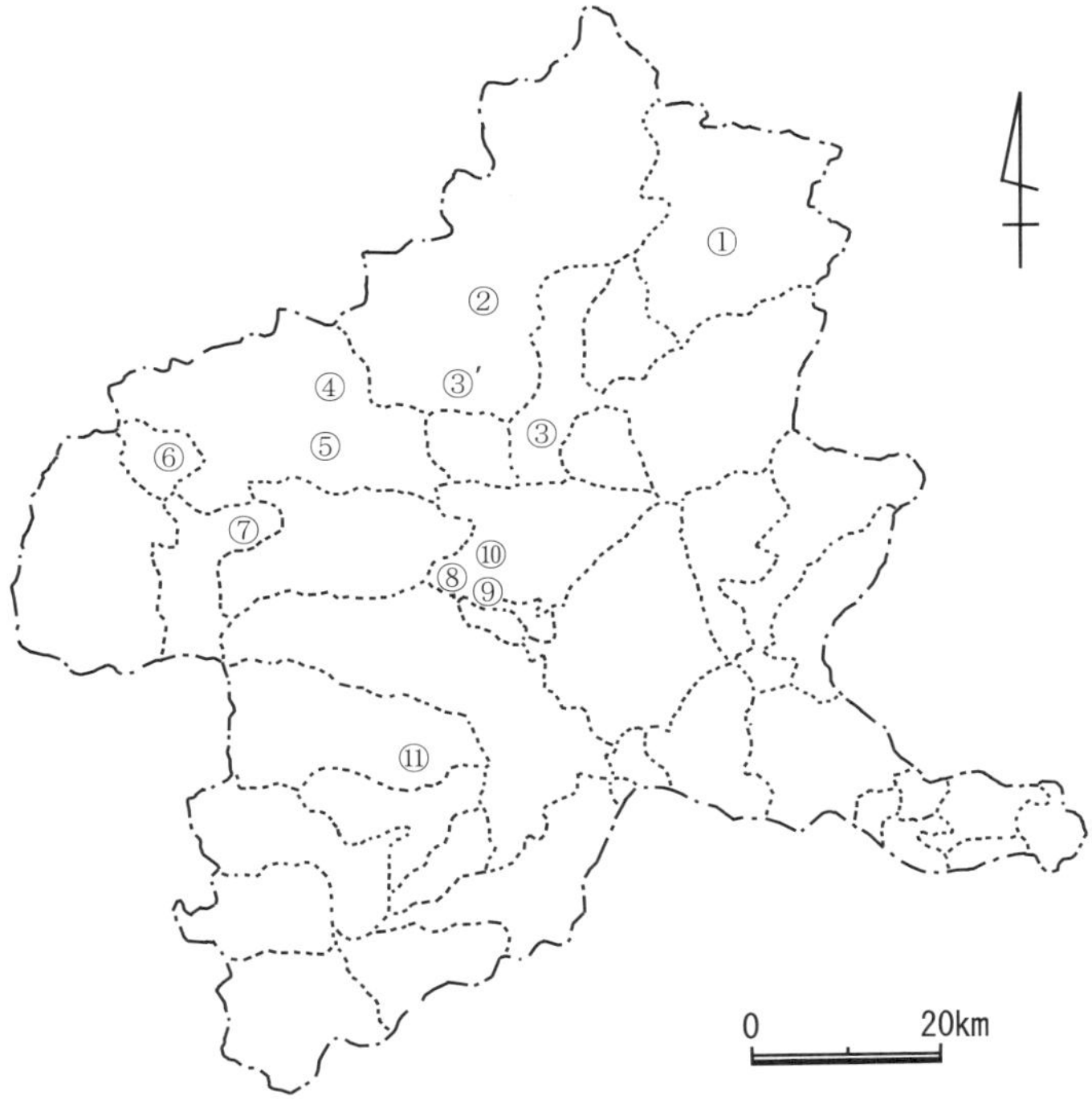

番号	地　域　名	商　品　名
①	尾瀬戸倉温泉（利根郡片品村）	尾瀬想い出まんじゅう
②	水上温泉（利根郡みなかみ町）	湯の花饅頭、湯どころ饅頭
③	沼田市	太助饅頭
④	四万温泉（吾妻郡中之条町）	温泉饅頭
⑤	沢渡温泉（吾妻郡中之条町）	温泉饅頭
⑥	草津温泉（吾妻郡草津町）	温泉饅頭
⑦	川原湯温泉（吾妻郡長野原町）	湯の花饅頭、ゆかけ饅頭
⑧	伊香保温泉（渋川市伊香保町）	湯の花饅頭
⑨	水沢（渋川市伊香保町）	湯の花饅頭
⑩	明保野（渋川市渋川）	恵比寿まんじゅう
⑪	磯部温泉（安中市）	温泉饅頭

図13　群馬県における利久饅頭の分布
（各市町村の観光案内パンフレットおよび現地調査により作成）

で一九三二（昭和七）年頃から販売されている。また、⑤の沢渡温泉の「温泉饅頭」は、四万温泉の業者から技術指導を受けて、一九六八(昭和四十三)年から製造販売されるようになったものである(7)。⑥の「温泉饅頭」は、草津温泉の名物になっているもので、この温泉街で最も古い業者は一九一四（大正三）年の創業である(8)。⑦は川原湯温泉の名物で、「湯の花饅頭」や湯かけ祭りにちなんだ「ゆかけ饅頭」の商品名で販売されている。

北群馬・渋川地域には三か所の分布地がある。三か所とも伊香保温泉名物として利久饅頭が扱われており、⑧の伊香保温泉街と⑨の水沢では「湯の花饅頭」の商品名で販売されている。一方、渋川市明保野では「恵比寿まんじゅう」という商品名が付けられ、「大黒ふくもち」と組み合わせて販売されている。北群馬・渋川地域で最も古いとされる業者は伊香保温泉街にあり、一九一〇(明治四十三)年の創業である(9)。

以上の三地域以外では、⑪の磯部温泉に利久饅頭が分布しており、「温泉饅頭」の名称で販売されている。しかし、この温泉のみやげ物としては、小麦粉と鉱泉水を使った磯部煎餅の方が一般的であり、「温泉饅頭」を扱う店はむしろ例外的といってよい。このように、利久饅頭を名物とする地域はほぼ県北部に集中しており、その大半は温泉地であることがわかる。

(二) 鉱泉饅頭の伝統と利久饅頭

利久饅頭が群馬県の温泉地のみやげ物として定着する以前に、これらの地域にはその原形ともいうべき饅頭が存在していた。これは、温泉地やその周辺地域の家庭で伝統的に作られてきたもので、温泉や鉱泉の水を使うために皮の生地の色が褐色もしくは黄色であることが特徴であった。文字通りの温泉饅頭であるが、これを商品名の「温泉饅頭」と区別するために、鉱泉饅頭と呼ぶことにする。

鉱泉饅頭は、皮の生地の膨剤に温泉や鉱泉の水を用いた饅頭である。このような饅頭が最も盛んに作られたのは、磯部温泉を中心とした地域であった。磯部温泉の水は重曹《じゅうそう》を含むために饅頭や焼餅《やきもち》の膨剤として広く利用され、地元の安中市はもちろん、第二次世界大戦中には高崎市吉井町や前橋市などからも鉱泉水を買いに来る例があった。「鉱泉まんじゅう」に関する大正期の群馬県立前橋高等女学校の報告によれば、材料は「磯部鉱泉水、小麦粉、小豆餡」であり、製法等については「鉱泉水を入れて小麦粉を捏ね、餡を入れて蒸し上げる。黄色くふっくりしたものが出来る。日常のお八つ、又七夕、お盆、農休みその他の場合に作られる」と記されている[10]。磯部温泉の鉱泉饅頭や焼餅はみやげ物にもされたといわれるが、明治初期頃には「磯部煎餅」が工夫されて[11]、その後に磯部温泉みやげの主流となり、現在に至っている。

草津温泉では、温泉の湯を用いて鉱泉饅頭が作られていた。明治期までは、草津温泉みやげの菓子としては、氷餅や筍糖などが作られていた程度であった[12]。みやげ物の「温泉饅頭」の販売が始まったのは大正初期からであり、一九一四（大正三）年創業の「満充軒さいふや」が最も古いといわれる。初期の頃の「温泉饅頭」は、温泉の湯で小麦粉と白砂糖をこね、薄茶色に仕上げたものであったといわれ[13]、鉱泉饅頭であったことがわかる。

伊香保温泉でも温泉の湯を用いて鉱泉饅頭が作られていた。森本春の『伊香保温泉独案内』によれば、一八七九（明治十二）年頃に伊香保で販売されていた食品の一つに饅頭が挙げられており[14]、これが鉱泉饅頭であったと考えられる。伊香保温泉の湯は、第二次世界大戦中には重曹の代用品として用いられ、家庭で作る饅頭や焼餅の膨剤として、周辺地域から湯を買いに来る例があったという。伊香保温泉みやげの「湯の花饅頭」の販売は明治末期からであり、一九一〇（明治四十三）年創業の「勝月堂」が最も古いといわれている(15)。

以上のように、群馬県の温泉地周辺では古くから鉱泉饅頭が作られていた。しかし、鉱泉饅頭は味や香りなどの点から、販売用には必ずしも適さなかったらしい。そこで、皮の生地が褐色であるという特徴を残して、味の改良が行われた。その結果、鉱泉水は使用されなくなり、現在のような黒砂糖を使った「温泉饅頭」や「湯の花饅頭」が作られるようになったのである。その過程では、後に事例として述べる伊香保温泉のように、東京などから利久饅頭の製法が導入されたのであった。

三　伊香保温泉における「湯の花饅頭」の製造と販売

（一）「湯の花饅頭」の歴史

ここでは、利久饅頭生産地の具体例として、その歴史の古い伊香保温泉を取り上げる。渋川市伊香保町にある伊香保温泉は、榛名山北東麓の標高七〇〇メートルから七五〇メートルに位置する。古くから知られた温泉地であったが、一八九八（明治三十一）年に国民新聞に連載された徳冨蘆花の小説『不如帰』によって全国的に有名になった。伊香保温泉街の中央には長さ約三〇〇メートル、三六〇段の石段があり、独特の景観を呈している。温泉街より南東約三・五キロメートルの水沢には、板東三三か所第一六番札所の水沢寺があり、「水沢観音」の名で知られている。「湯の花饅頭」の製造販売は、伊香保温泉街と水沢で行われている。

伊香保温泉の製菓業が発展するのは明治以後のことである。一八七九（明治十二）年の英照皇太后の来湯を契機として、一八九〇（明治二十三）年に伊香保御用邸が置かれると、多数の皇族が来訪するようになった(16)。この御用邸で用いる茶菓（主に和菓子）の注文を受けるようになったのが、伊香保温泉街の製菓業が本格化したきっかけである。しかし、それらの菓子は御用邸や旅館に納められるものが大半であり、一般のみやげ物用ではなかった。明治末期までの伊香保温泉みやげの菓子としては、鉱泉水を使ったものがいくつかあり、鉱泉煎餅や鉱泉飴（貧血・肺病・子宮病に効くと宣伝された）などが知られていた(17)。

伊香保温泉の石段通り

一九一〇（明治四十三）年に渋川・伊香保間に伊香保電気軌道が開通すると、伊香保温泉の入浴客が急増し、これを目当てに温泉みやげも工夫されるようになった。こうした背景の中で、東京都の「風月堂」で菓子製造の技術を習得した半田勝三は、同年に伊香保温泉街の湯元通りの明神坂下に「勝月堂」を開き、「湯の花饅頭」の製造販売を始めた。この商品名は、伊香保源泉の湯の花（温泉中に生ずる沈殿物）に似た色の饅頭という意味で付けられたものである(18)。

「湯の花饅頭」考案の経緯については、次のような話が伝えられている。伊香保電気軌道が敷設される際、江ノ島電鉄を模範にしたことから、当時、電気軌道の関係者や伊香保温泉街の人々が江の島（神奈川県藤沢市）に視察に出かけることが度々あった。そして、半田家の近所に住んでいた安中市出身の須田逸平という人物が、江の島みやげの「片瀬饅頭」を勝三に見せ、伊香保みやげとして湯の花の色をした独特の饅頭を作ってはどうかと勧めたのだという(19)。ただし、「片瀬饅頭」は酒饅頭なので、これをそのまま模倣したというわけではない。温泉みやげとして伊香保にふさわしい、他地域にないような饅頭を開発するということであった。

当初、試作段階の「湯の花饅頭」は鉱泉饅頭の伝統を受け継いだもので、湯元から汲んだ湯を皮の生地に用いていた。しかし、伊香保の湯は鉄分を多く含むため、この方法で生地にある程度の色を出そうとすると、生地が鉄錆臭くなるという難点があった。そこで導入されたのが、東京で習得した利久饅頭の製法であった。こうして「湯の花饅頭」に鉱泉水は用いられなくなり、奄美大島産の黒砂糖を加えた茶色の生地で漉《こ》し餡《あん》を包むという形になった。つまり、「湯の花饅頭」は伝統的な鉱泉饅頭から洗練された利久饅頭に改良されたのである。

「湯の花饅頭」は一九三四（昭和九）年の陸軍特別大演習の際に昭和天皇への献上菓子となり、全国に知られるようになった[20]。その後は製造販売業者も増加し、一九九七（平成九）年現在では一二戸の業者が「湯の花饅頭」の生産に携わっている。

(二) 形態的な特徴

「湯の花饅頭」は、直径五・五センチメートル、高さ二・五センチメートル、総重量三五グラム（皮一五グラム、餡二〇グラム）程度、三口ほどで食することができる小型の利久饅頭である。全体の形については、半球を若干押しつぶした形のものを作る業者が多いが、やや腰高のものを作る業者も見られる。

湯の花饅頭（渋川市伊香保町伊香保）

「湯の花饅頭」の皮は小麦粉に黒砂糖と重曹を加えて作られる。その色は概ね褐色であるが、業者によって若干異なり、薄茶色から濃い焦げ茶色のものまでさまざまである。皮の着色には、黒砂糖に加えてカラメルを用いる業者もある。皮の色が褐色であるという特徴から、地元ではこの饅頭を「赤饅頭」と呼ぶことがあったという[21]。皮の表面には艶があり、薄くはがれやすい。このため、「湯の花饅頭」の宣伝文句として「薄皮」を謳う業者がある。皮の表面にはとくに模様のないものが一般的であるが、上部に荒い網目をわずかに付ける業者もある。

「湯の花饅頭」の餡は基本的に小豆餡であり、漉し餡を用いる店が多い。これは、利久饅頭が茶人好みの饅頭といわれ、本来は茶席で用いられた高級菓子であったためである。近年はつぶし餡を好む客が増えてきたため、これを用いる業者も現れてきた。一二戸ある製造販売業者のうち、漉し餡を用いる業者が九戸、つぶし餡を用いる業者が二戸、両方用いる業者が一戸である。

材料については、かつては地元産の小麦粉と小豆を使用する業者が多く、それが売り物にもなっていた。しかし、一九七〇年代後半以降は、皮には輸入小麦粉、餡には北海道十勝産の大納言小豆を使用する業者が多くなってきている。

(三) 製造工程

「湯の花饅頭」の製造工程は、製餡、生地作り、成形から完成（餡を生地で包んで蒸す）、という三つの段階に大きく分けることができる。次に紹介するのは、「湯の花饅頭」の手作りの場合の基本的な製造工程である。

①製餡

「湯の花饅頭」に使用される餡は、小豆漉し餡である場合が多いので、ここでは漉し餡の製造方法を紹介する。

まず、小豆をゆでて渋切りをする。初めに材料の小豆を選別し、水洗いしてから水に浸す。水に浸す時間は冬季なら一晩、夏季なら五時間程度である。その後、小豆を鍋に移して新たに水を加え、強火にかけて沸騰させる。そして、途中で数度さし水をしながらゆでる。ゆで上がったら、小豆を竹製の笊《ざる》にすくい出して水洗いする。この作業はタンニンなどを洗い流すためのもので、渋切りと呼ばれる。

次に渋切りした小豆を生餡《なまあん》にする。小豆を再び鍋に戻し、水を加えて強火にかける。沸騰したら中火にしてゆでる。ゆで上がった小豆を竹製の餡漉し笊にあけ、水を張ったボールなどの器の上に載せる。そして、手や杓子などで小豆を潰し、水をかけながら漉していく。餡漉し笊で漉したものを、さらに裏漉し器で漉す。そして、漉した小豆の中身を器の中で沈殿させ、うわ水を捨てる。これに新たに水を注いでは掻き回し、再び沈殿させ、うわ水を捨てることを三回から五回程度繰り返す。この作業を水晒し、またはアク抜きという。水晒ししたものを、布巾や晒の袋などに流し入れ、水気を絞ると生餡ができる。なお、現在では、ゆで上がった小豆を裏漉しする工程は、製餡機で行われることが多い。

生餡に砂糖を加えて煮ると漉し餡になる。隠し味としてわずかに塩を加える。用いる砂糖（主に上白糖）の重量は、生餡の六〇パーセント程度である。まず、鍋に砂糖を入れ、水を加えて沸騰させる。そこに全体量の約三分の一の量の生餡を入れて混ぜ合わせ、強火で沸騰させる。全体が沸騰したら、残りの生餡を加えて練り上げる。これを布巾を敷いたバットに小分けして取り、布巾を掛けて室温で冷ます。漉し餡が冷めたら、一個二〇グラム程度に分けて丸めておく。

②生地作り

皮の生地は種とも呼ばれる。「湯の花饅頭」の生地に独特の風味を付けるのは黒砂糖であるが、業者によっては黒砂糖に上白糖を加えて用いている。また、現在は皮に鶏卵を加える業者が多い。まず、黒砂糖を包丁で刻んで鍋に入れ、水を加えて火にかけ、沸騰させないように注意しながら溶かす。これを熱いうちに布巾などで裏漉ししながらボールなどの容器に移し、不純物を除く。そして、容器の底を冷水に当てて木杓子で混ぜながら冷ます。十分に冷めたら、水溶きした重曹と適量の水を加える。そこへ小麦粉を加えて混ぜる。このとき、粘りを出さないようにすることが重要であり、耳たぶくらいの固さの皮種にする。これに布巾を掛け、室温で一〇分から一五分程度ねかせておく。

③成形から完成

ねかせた生地を小麦粉（取り粉）の上でまとめ、一個一五グラム程度に分ける。これを両手で丸め、平らな円形に伸ばす。伸ばした生地に餡をのせて包み、丸めて形を整える。これを蒸籠《せいろう》に間隔を空けて並べ、霧を吹き、強火よりわずかに弱めの蒸気で一五分程度蒸す。この火加減は重要で、強火で蒸すと黒砂糖の色がとんで薄くなってしまい、弱いと皮の表面に皺《しわ》ができてしまう。蒸し上がったら、団扇《うちわ》などであおいで冷まし、粗熱が取れてから簀《す》の子の上に饅頭を取り出す。こうすると、皮の表面がはがれない。販売の際には饅頭を箱詰めする。

「湯の花饅頭」の製造は午前五時頃から行われ、午前一〇時から一一時頃には作業が終了する。朝に作った饅頭をその日のうちに販売するのが基本である。

（四）販売形態と生産組織

「湯の花饅頭」の販売については二つの形態がある。一つは、製造した業者が直接に消費者に販売する形態である。この場合は、奥にある作業所で製造した饅頭を、表の店舗で販売する形が一般的である。もう一つは、製造業者からみやげ物店や旅館のみやげ物コーナーなどを経て、消費者に販売される形態である。この場合は、業者ごとに得意先の店や旅館が決まっている。二つの形態のどちらを取るかは業者によって異なり、両方の方法で販売している業者もある。

一九九七（平成九）年現在、伊香保地区と水沢地区で「湯の花饅頭」を製造販売しているのは、子宝屋・勝月堂・田中屋商店・大黒屋本店・寿屋・花いちもんめ・東屋総本店・清芳亭本舗・ニュー東屋物産・新和・万葉亭・庵古堂の一二業者であり、一三戸の店舗がある。これらの業者の間には血縁関係はなく、婚姻関係にある二業者を除いて、互いを結び付けるような特別な関係はない。また、同じ屋号のないことからもわかるように、暖簾分けによって成立した店はない。ただし、古くからある店で「湯の花饅頭」の製造技術を習得し、その後に分離独立した例は二例ある。

同じ名称の商品を扱っているために、それぞれの業者は宣伝に工夫を凝らしており、店先には「伊香保名物」「伊香保銘菓」「名代」「元祖」「考案店」「天皇皇后両陛下献上銘菓」などさまざまな看板文字が見られる。また、商品名である「湯の花饅頭」の表記の仕方は業者によって微妙に異なっており、「湯乃花饅頭」「湯の花饅頭」「湯の花万頭」「湯の花まんじゅう」などがある。

同業者の組織としては伊香保製菓組合がある。伊香保町の製菓業者は第二次世界大戦前には渋川菓子組合に所属していたが、戦後に分離独立して伊香保製菓組合を設立した。この組合は、組合規約をもたない任意組合として発足し、その後も親睦団体として機能してきた。一九九七（平成九）年現在では清芳亭本舗が組合長を務めている。

四　渋川市伊香保町における「湯の花饅頭」製造販売店の諸類型

（一）製造販売店の類型と分布

先に述べたように、「湯の花饅頭」の製造販売店は伊香保地区と水沢地区に分布している（図14）。伊香保地区は伊香保温泉街を中心とした地区であり、行政区でいえば渋川市伊香保町伊香保である。ここには一〇戸の「湯の花饅頭」製造販売店が分布している。水沢地区は「水沢観音」で知られる水沢寺を中心とした地区であり、伊香保温泉と組み合わせた観光コースとして訪れる客が多い。行政区でいえば、渋川市伊香保町水沢である。ここに分布する「湯の花饅頭」製造販売店は三戸であり、いずれも一九七五（昭和五十）年以降にできた新しい店舗である。製造販売店は主要地方道前橋伊香保線（水沢街道）に沿って点在しており、水沢に隣接する北群馬郡吉岡町大字上野田にまで分布している。

伊香保地区および水沢地区に見られる業者は、その経営内容から四つの類型に分類することができる。第一のタイプは饅頭専門店型であり、「湯の花饅頭」のみを製造し、店頭で客に販売する業者である。第二のタイプは和菓子店型であり、「湯の花饅頭」を中心に、それ以外の和菓子も扱う業者である。第三のタイプは製菓工場型であり、小売の店舗をもたず、「湯の花饅頭」やその他の菓子を製造して小売店や旅館などに販売する業者である。第四のタイプはドライブイン型であり、「湯の花饅頭」を含めた菓子を製

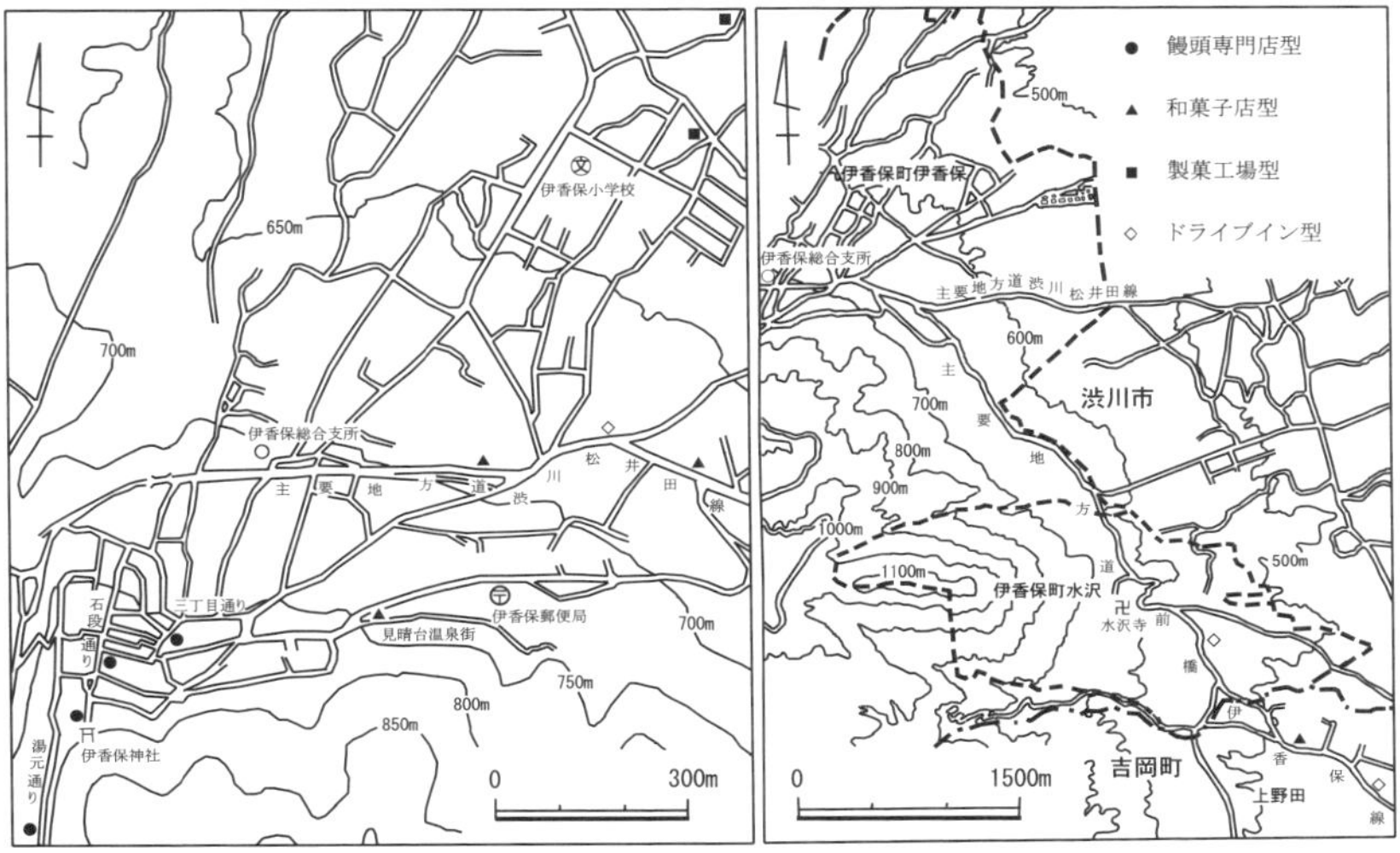

図14　伊香保地区および水沢地区における「湯の花饅頭」製造販売店の分布状況
（左は伊香保温泉街、右は水沢地区。現地調査により作成）

造販売する一方で、その他のみやげ物も扱い、さらに食堂なども経営する業者である。

図14を見ると、伊香保地区では中心である石段通りとその付近に饅頭専門店型が分布し、そこからやや離れた周辺部の商店街に和菓子店型とドライブイン型、さらに離れた住宅地に製菓工場型の業者が分布していることがわかる。また、水沢地区には和菓子店型とドライブイン型のみが分布し、饅頭専門店型や製菓工場型の業者は存在しないことがわかる。このような分布状況は、「湯の花饅頭」製造販売店の各類型の特徴に関連するものと考えられる。そこで次に、それぞれの経営内容の特徴をタイプ別に検討する（表6）。

（二）饅頭専門店型

「湯の花饅頭」のみを製造販売する饅頭専門店型の業者は伊香保地区に四戸あり、いずれも伊香保温泉街の中心部に立地している。すなわち、伊香保神社へ通

表６　伊香保温泉における「湯の花饅頭」製造販売店の諸類型（1997年）

No.	経営類型	創業	所在地		設備			
			地区	立地場所	店舗	作業所	駐車場	食堂
1	A	?	伊香保	湯元通り	○	○	—	—
2	A	1910（明治43）年	伊香保	石段通り	○	○	—	—
3	A	明治中期	伊香保	石段通り	○	○	—	—
4	A	1936（昭和11）年	伊香保	3丁目通り	○	○	—	—
5	B	1953（昭和28）年	伊香保	見晴台温泉街	○	○	○	—
6	B	1989（平成元）年	伊香保	渋川松井田線沿い	○	○	○	—
7	B	1933（昭和8）年	伊香保	渋川松井田線沿い	○	○	○	—
8	B	1975（昭和50）年	水沢（上野田）	前橋伊香保線沿い	○	○	○	—
9	C	1965（昭和40）年	伊香保	伊香保小学校周辺	—	○	○	—
10	C	1972（昭和47）年	伊香保	伊香保小学校周辺	—	○	○	—
11	D	1940年代後半	伊香保	渋川松井田線沿い	○	○	○	○
12	D	1992（平成4）年	水沢	前橋伊香保線沿い	○	○	○	○
13	D	1980（昭和55）年	水沢（上野田）	前橋伊香保線沿い	○	○	○	○

A：饅頭専門店型　B：和菓子店型　C：製菓工場型　D：ドライブイン型
（現地調査により作成）

ずる石段通りに二戸、石段通りから源泉地へ向かう湯元通りに一戸、三丁目通り（湯の香通りともいう）に一戸が分布している。中心部には旅館やみやげ物店、その他の老舗が建ち並んでおり、古くからの町並みが残されている。ここでは道路の拡幅も行われておらず、とくに石段通りは自動車の通行が不可能なため、観光客は徒歩で移動している。

饅頭専門店型の店に

は古いものが多い。一九一〇（明治四十三）年創業の№２は、「湯の花饅頭」の考案店といわれている。この店は最初は湯元通りの明神坂下にあったが、第二次世界大戦後に現在地に移転した。№３も明治中期創業の老舗であるが、初めは和菓子店として出発し、伊香保御用邸や温泉旅館に納める茶菓を製造販売していた。「湯の花饅頭」を扱うようになったのは明治末期以後のことである。第二次世界大戦後、御用邸がなくなり、また日帰りの温泉客が増加して茶菓の需要が減少したため、扱う品目をみやげ用の「湯の花饅頭」のみにしたという。また、全く別の業種から転業した例もあり、№４は元は桶屋と木賃宿とを兼業していたが、一九三六（昭和十一）年から「湯の花饅頭」の店を始めたという。

饅頭専門店型の店は、小売のための店舗と饅頭を作るための作業所をもつが、駐車場などの設備をもっていない。店舗の奥が作業所になっており、観光客に作業の様子が見えるようになっている場合が多い。いずれも店主とその家族を中心に経営されているが、数人の従業員を雇用する店もある。

製造される「湯の花饅頭」は、すべて店頭で販売され、みやげ物店や旅館などに販売されることはない。つまり直接に来店しなければ購入できないわけで、その点が売り物になっている。いずれの店も、注文を受けてから、客の目の前で製品を箱詰めして販売する形をとっている。包装は簡単なもので、紙箱に饅頭を並べて蓋をし、包装紙で包むだけである。№１、№２では、パラフィン紙を敷いた紙箱に饅頭を直接並べて箱詰めしているため、製品の消費期限は製造日の翌日までと表示されている。№３、№４では一個一個の饅頭をセロハン紙で包んでから箱詰めしており、消費期限は三日間程度になっている。消費期限の短いことは、食品添加物を使用していないことを意味しており、製品の品質の良さを表現することにもなっている。

(三) 和菓子店型

和菓子店型の店は伊香保地区に三戸、水沢地区に一戸ある。伊香保地区の三戸は、いずれも伊香保温泉街の中心部からやや離れた場所に立地しており、伊香保温泉の玄関である主要地方道渋川松井田線(伊香保街道または一文字通りとも呼ばれる)沿いや、見晴台温泉街に分布している。No.5は一九五三(昭和二十八)年創業の店で、見晴台温泉街の入口にある。No.6は一九八九(平成元)年に渋川松井田線沿いに開業した新しい店である。同じく渋川松井田線沿いにあるNo.7は、一九三三(昭和八)年の創業であり、三戸の内では最も古い店である。この店は初め石段通りに開業したが、その後、規模拡大のために現在地に移転した。また、この業者は高崎市本町二丁目に支店をもっている。水沢地区にある一九七五(昭和五十)年に開店したNo.8(厳密には北群馬郡吉岡町上野田に立地)はNo.5の支店(水沢店)であり、No.5の製餡もここで行われている。

和菓子店型の店は、小売用の店舗や和菓子製造の作業所の他に駐車場を備えており、自家用車で訪れる客に対応できるようになっている。店舗の奥が作業所になっているのは饅頭専門店型と同様であるが、作業の様子を客に見せるような構造にはなっていない。従業員の数は二〇人から四〇人程度である。

和菓子店型の店では「湯の花饅頭」を中心に、それ以外の和菓子も製造販売している。四つの店に共通しているのは、「栗きんとん饅頭」という白い饅頭で、粗く砕いた栗の甘露煮を加えた白いんげんの餡が入っている。これは一九六〇年代半ば頃から製造されるようになったもので、「湯の花饅頭」と組み合わせて販売されている。この他にもそれぞれの店で、栗羊羹・水羊羹・くずきり・柏餅・桜餅・どら焼き・もみじ饅頭など、さまざまなものが製造販売されている。

製品の販売方法については、№５、№６、№８は店頭販売のみを行っている。№７は店頭販売を行うだけでなく、みやげ物店や旅館などにも「湯の花饅頭」を販売している。和菓子店型の店で販売される「湯の花饅頭」は饅頭専門店型のものに比べて、日持ちするように工夫して包装されている。№５、№８ではセロハン紙で包んだ饅頭をそのまま箱詰めしており、製品の消費期限は三日程度になっている。№６、№７では、セロハン紙で包んだ饅頭を、脱酸素剤の入った小袋とともにポリ袋に入れて密封し、これを箱詰めして包装している。そのため、製品の消費期限は五日間から一週間程度となっている。

（四）製菓工場型

製菓工場型の業者は伊香保地区に二戸ある。いずれも温泉街・商店街から離れた住宅地（伊香保小学校周辺）に立地している。それは、製品の取引先がみやげ物店や旅館などであり、観光客への直接販売を目的としていないためである。№９は一九六五（昭和四十）年に、№10は一九七二（昭和四十七）年に、それぞれドライブイン型の№11から分離独立した業者である。いずれも№11で「湯の花饅頭」製造の技術を習得したのであるが、独立の形態はいわゆる暖簾分けではない。

製菓工場型の業者は、菓子製造の作業所（工場）と製品を運搬する車両のための駐車場をもつだけで、小売用の店舗をもたない。作業所には製餡機・包餡機・蒸し機・包装機などが設置されており、菓子製造の工程はほとんど機械化されている。従業員の数は二〇人程度である。

製品のほとんどは旅館やみやげ物店に納められているが、希望者があれば小売も行う。№9は旅館に納める品が多く、№10はみやげ物店に納める品が多い。扱っている商品は、「湯の花饅頭」を中心に「栗きんとん饅頭」「栗饅頭」「味噌饅頭」などである。これらの菓子は単独で、あるいは「湯の花饅頭」と組み合わせて箱詰めされ、製品とされる。

製菓工場型の業者によって生産される「湯の花饅頭」は、他の類型の店のものに比べて、さらに日持ちするように工夫されている。№9、№10とも、セロハン紙で包んだ饅頭を脱酸素剤の入った小袋とともにポリ袋に入れて密封し、これを箱詰めして包装している。また、他の類型の業者のものよりも饅頭の皮や餡に水分が少ないため、製品の消費期限は一〇日間から二週間程度となっている。

(五) ドライブイン型

ドライブイン型の店は伊香保地区に一戸、水沢地区に二戸ある。伊香保地区の№11は主要地方道渋川松井田線沿いにあり、伊香保温泉街の入口ともいうべき場所に立地している。この店は、終戦後間もなく一九四〇年代後半に開業し、初めは饅頭専門店型の店として温泉街の中心部へ向かう八幡坂の途中にあったが、経営の拡大のために現在地に移転した。水沢地区にある№12は一九九二（平成四）年に渋川松井田線沿いに開業した最も新しい店である。また、水沢地区にはもう一戸、一九八〇（昭和五十五）年創業の

№13があるが、この店は厳密には北群馬郡吉岡町上野田に立地している。

ドライブイン型の店は建物の規模が大きく、みやげ物を取り揃えた小売のコーナーや食堂を備えており、その奥に饅頭の製造工場がある。饅頭の製造工程は、製菓工場型の場合と同様に機械化されている。従業員の数は二〇人から三〇人程度である。ドライブイン型の店は広い駐車場をもち、観光バスや自家用車で訪れる大勢の観光客に対応できるようになっている。また、水沢地区の二つの業者は観光客を対象に「湯の花饅頭」の製造の様子を見せるサービスを行っており、№12は工場見学を、№13は「湯の花饅頭」作りの実演販売を行っている。

ドライブイン型の店では、「湯の花饅頭」を中心に「栗きんとん饅頭」「味噌饅頭」「田舎饅頭」「餡餅」などの菓子を製造販売している。この他、たまり漬や味噌漬などの漬物も扱っている。また、水沢地区の店では「湯の花饅頭」と並んで、水沢名物の「水沢うどん」をみやげ物の目玉商品として位置付けており、食堂のメニューにも「水沢うどん」を取り入れている。

製品の販売方法については、№12、№13は店頭販売のみを行っている。№11は店頭販売を行うだけでなく、みやげ物店や旅館などにも「湯の花饅頭」を販売している。ドライブイン型の店で販売される「湯の花饅頭」は、和菓子店型のものとほぼ同様な形で包装されている。№13ではセロハン紙で包んだ饅頭をそのまま箱詰めしており、製品の消費期限は四日程度になっている。№11、№12では、セロハン紙で包んだ饅頭を脱酸素剤の入った小袋とともにポリ袋に入れて密封し、これを箱詰めして包装している。そのため、製品の消費期限は一週間程度となっている。

五　「湯の花饅頭」製造販売店の類型分化と近年の傾向

群馬県の温泉みやげとして用いられる利久饅頭と、その製造販売の実態について、伊香保温泉の「湯の花饅頭」を例に見てきた。

「湯の花饅頭」の生産が始まった背景には、伊香保温泉街の近代化・観光地化があった。それは、この饅頭の作られるようになった時期が明治末期であり、伊香保温泉が全国的に有名になって、交通機関が整えられていった時期と一致していることからも明らかである。そして、「湯の花饅頭」の原形は、伊香保温泉周辺の農村家庭で鉱泉水を使用して作られていた伝統的な鉱泉饅頭であった。しかし、鉱泉饅頭から「湯の花饅頭」が誕生するまでには、製法に大きな変化が見られた。すなわち、それは鉱泉水の使用の中止と、黒砂糖を用いた利久饅頭の製法の導入であった。これにより「湯の花饅頭」は品質改良され、伊香保温泉みやげとして定着していったのである。「湯の花饅頭」の生産は和菓子店で始まったものであるが、この饅頭がみやげ物として定着するにつれ、その生産に力を入れる店が多くなり、「湯の花饅頭」の専門店が現れていった。

第二次世界大戦後、高度経済成長期を経て、伊香保温泉の「湯の花饅頭」製造販売店は四つの類型に分化した。すなわち、饅頭専門店型・和菓子店型・製菓工場型・ドライブイン型である。古くからの形態は饅頭専門店型や和菓子店型であったが、一九六〇年代後半には製菓工場型、一九八〇年代後半以降にはドライブイン型の店が登場した。その分布を見ると、古くからの観光の中心地には徒歩の客を対象とする饅頭専門店型、その周辺部や水沢地区には自動車利用客を対象とする和菓子店型やドライブイン型、商店街から離れた住宅地には旅館や小売店を対象とする製菓工場型の業者が見られる。このように、経営類型と分布状況の間には明らかな関連性が認められ、各類型は立地条件に応じて分化していったものであることがわかる。経営内容の違いは製品にも反映されており、饅頭の包装の仕方や消費期限などに差異を生じさせた。饅頭専門店型の製品が最も消費期限が短く、順次、和菓子店型、ドライブイン型、製菓工場型と消費期限が長くなっていくのは、販売方法や販売対象が異なるためと理解できる。

近年の傾向として、饅頭専門店型以外の業者は「湯の花饅頭」以外の製品に力を入れる傾向にある。例えば、和菓子店型の業者は季節限定の生菓子を店頭に並べ、製菓工場型の業者はクッキーなどの洋菓子を製品に取り入れている。また、ドライブイン型の業者は「水沢うどん」や漬物のような菓子以外の製品も扱うなど、それぞれに工夫を凝らしている。こうした傾向は、饅頭専門店型を含めて、各々の店を特色づけることになっている。総じていえば、伊香保温泉の「湯の花饅頭」製造販売店は、競合しつつも互いに地域的なバランスを保ちながら、営業を行っているといえるのである。

付記

本論考は一九九八（平成一〇）年に発表したものである。その後の利久饅頭製造販売店の群馬県や伊香保・水沢地区における全体的な分布傾向は、概ね当時と同じといってよい。しかし、個々の店舗については、新たに創業するものや閉店したものがあって、かなりの変化があった。本文中に登場する和菓子店型の店舗№８（№５の支店）は、二〇一五（平成二十七）年に閉店している。

注

（１）神崎宣武（一九九七）『おみやげ　贈答と旅の日本文化』青弓社、八四頁

（２）『サライ』編集部・本多由紀子編（一九九五）『老舗饅頭』小学館、五六頁

（３）萩原進（一九七八）「からっ風と麦の国の食文化」樋口清之・田辺聖子・渡辺文雄監修『味のふるさと⑰　群馬の味』角川書店、七八―八三頁

（４）都丸十九一・志田俊子・関口正己（一九九〇）『上毛文庫㉑群馬の食文化』上毛新聞社、一四〇頁

（５）朝日新聞前橋支局（一九八五）『ほのぼの群馬　ルポ　湯けむりの里・続』煥乎堂、八〇頁

（６）上毛新聞社編（一九八三）『ふる里の名産と民芸品＝群馬県』上毛新聞社、一九六頁

（７）注（６）に同じ、二二四頁

（８）朝日新聞前橋支局（一九八五）『ほのぼの群馬　ルポ　湯けむりの里』煥乎堂、九〇頁

（９）注（５）に同じ、一八八頁

（10）全国高等女学校校長会編（一九二二頃）『全日本郷土料理』全国高等女学校校長会

（11）『サライ』編集部・本多由紀子編（一九九七）『老舗煎餅』小学館、四八頁

(12) 草津町商工会二十五周年記念編纂委員会（一九八七）『草津町商工会史』草津町商工会、四〇一頁
(13) 注（8）に同じ、九〇頁
(14) 伊香保町教育委員会（一九七〇）『伊香保志』伊香保町、五七三頁
(15) 注（14）に同じ、一〇四一頁
(16) 注（14）に同じ、七四二頁
(17) 注（14）に同じ、五七四頁
(18) 注（14）に同じ、一〇四一頁
(19) 勝月堂ホームページ、http://www.shogetsudo.net/history.html
(20) 注（14）に同じ、一〇四一頁
(21) 注（5）に同じ、一八八頁

温泉饅頭《まんじゅう》と鉱泉煎餅《せんべい》

群馬県の温泉地の代表的な土産物に、温泉饅頭と鉱泉煎餅がある。温泉饅頭は黒砂糖を使った茶色の利《り》久《きゅう》饅頭であることが多く、温泉街であれば大抵いずれかの店で売られている。ところが、「温泉」の名称が付いてはいるものの、現在ではその製造工程で温泉の湯が使われることはない。一方の鉱泉煎餅は、実際に鉱泉の水を加えて作る小麦粉の煎餅である。しかし、温泉饅頭に比べると、これを名物とする温泉街はそれほど多くない。

磯部煎餅（安中市磯部）

温泉饅頭の前身は、かつて農村の家庭で作られていた鉱泉饅頭と呼ばれる饅頭である。鉱泉饅頭は、皮の生地の膨剤に温泉や鉱泉の水を用いたもので、皮の色が黄色もしくは褐色の饅頭であった。

このような饅頭が最も盛んに作られたのは、磯部温泉（安中市）を中心とした地域である。磯部温泉の泉質は、ナトリウム—塩化物・炭酸水素塩泉であり、重曹《じゅうそう》を含むために饅頭などの膨剤として広く利用された。これまでに安中市下秋間（1）・下間仁田《しもまにた》（2）、富岡市岩染《いわそめ》（3）・妙義町八《や》木連《ぎつれ》(4)などの地域で磯部鉱泉水の利用が報告されているが、筆者も安中市野殿《のどの》、富岡市南後箇《みなみごか》・君川・妙義町菅原、高崎市上里見町・吉井町池、前橋市元総社町・石倉町・古市町で磯部鉱泉水の利用を確認している。これらの地域では、農休み・釜の口開け・七夕などのふかし饅頭や、日常のコジョハン（間食）の焼餅《やきもち》などに鉱泉水が使われていた。饅頭を作る際に、重曹を入れ過ぎると皮に苦味が出てしまうが、磯部鉱泉水ではそうした心配がないために重宝され、物資の乏しかった第二次世界大戦中には特に盛んに使用された。

磯部の周辺には、このような鉱泉水の湧出する地域が他にもいくつかあり、安中市郷原《ごうばら》の枇杷ノ窪《びわのくぼ》、同市嶺《みね》、同市原市《はらいち》の塩ノ久保《しおのくぼ》などが知られ、同様に利用されていた。

磯部温泉では、大手製菓が鉱泉煎餅を工夫し、「磯部煎餅」の名で明治七（一八七四）年に発売した。小麦粉に鉱泉水と砂糖を加え、薄く焼き上げた煎餅である。この煎餅は、湯治客が持参の小麦粉と鉱泉水で饅頭を作る様子から考案されたという(5)。「磯部煎餅」は、明治十八（一八八五）年の高崎―横川間の鉄道（現・信越本線）敷設以後、磯部温泉名物となって現在に至っている。

伊香保温泉（渋川市伊香保町伊香保）では、温泉の湯を用いて鉱泉饅頭が作られていた。森本春の『伊香保温泉独案内』によれば、明治十二（一八七九）年頃に伊香保で販売されていた食品の一つに饅頭が挙げられており(6)、これが鉱泉饅頭であったと考えられる。伊香保温泉の泉質は、含鉄―二酸化炭素―カルシウム・炭酸水素塩泉であり、重曹を含む。そのため、伊香保温泉の湯も第二次世界大戦中には重曹の代用品として用いられ、家庭で作る饅頭や焼餅の膨剤として、周辺地域から湯を買いに来る例があったという(7)。

伊香保温泉では、明治四十三（一九一〇）年の伊香保電気軌道の開通をきっかけに入浴客が急増した。その土産物として、同年創業の勝月堂から発売されたのが、「湯の花饅頭」の名で知られる温泉饅頭であった。商品名は、伊香保源泉の湯の花に似た色の饅頭という意味で付けられたものである。商品開発の際に参考とされたのは、江の島（神奈川県藤沢市）の「片瀬饅頭」だったという。試作段階の「湯の花饅頭」は鉱泉饅頭の伝統を受け継いだもので、湯元から汲んだ湯を皮の生地に用いていた。しかし、伊香保の湯は鉄分を多く含むため、この方法で生地にある程度の色を出そうとすると、生地が鉄錆臭くなるという難点があった。そこで導入されたのが、黒砂糖を用いて色を出す利久饅頭の製法であった。こうして「湯の花饅頭」に鉱泉水は使われなくなり、伊香保温泉名物となって現在に至っている。

以上に見てきたように、磯部温泉と伊香保温泉では、同じように鉱泉饅頭が作られた伝統をもちながら、現在の温泉土産の主流はそれぞれに異なっており、その様相は対照的である。磯部温泉では、鉱泉饅頭から温泉饅頭への大きな発展は見られなかったが(8)、鉱泉水の使用は鉱泉煎餅の「磯部煎餅」に受け継がれている。一方の伊香保温泉では、鉱泉饅頭から温泉饅頭である「湯の花饅頭」が開発されたが、鉱泉水の使用は放棄された。なお、伊香保温泉では明治期に鉱泉煎餅も作られたというが、現在は見ることができない。

鉱泉煎餅は、製造方法として、鉱泉水の使用を守り続けているため、重曹を含む泉質の温泉でなければ作ることができない。そのために、現在これを観光土産とする温泉はごく限られている。群馬県内では、磯部温泉の他には、八塩温泉（藤岡市浄法寺《じょうぼうじ》）の「八塩鉱泉煎餅」が知られている程度である。

他方、温泉饅頭は、現在では草津温泉（吾妻郡草津町）をはじめ、群馬県の多くの温泉地で観光土産として製造販売されている。その中には温泉の成分に重曹を含まず、泉質が饅頭の製造に向かない温泉も多い。しかし、現在の温泉饅頭は利久饅頭であるため、泉質に関係なく製造することができる。すなわち、鉱泉水の使用をやめることによって、温泉饅頭は多くの温泉で土産となり得たのである。

注

（1）群馬県教育委員会（一九八〇）群馬県民俗調査報告書第二十二集『安中市秋間の民俗』二一二頁

（2）阪本英一（一九八三）「食の民俗ノート（二）―粉食の場合―」『群馬県史研究』第一七号、一四四頁

（3）富岡市教育委員会（一九七四）富岡市民俗調査報告書第一集『額部の民俗』一二頁

（4）群馬県教育委員会（一九八三）群馬県民俗調査報告書第二十五集『妙義町の民俗』二七一頁

（5）『サライ』編集部・本多由紀子編（一九九七）『老舗煎餅』小学館、四八頁

（6）伊香保町教育委員会（一九七〇）『伊香保志』五七三頁

（7）横田雅博（一九九八）「伊香保温泉における『湯の花饅頭』製造販売店の存在形態」『えりあぐんま』第五号、四頁

（8）ただし、現在一軒だけであるが、磯部温泉には温泉饅頭を製造販売する店がある。

地域おこしと粉もの

一　平成不況と「ご当地粉もの」

一九九〇年代のバブル経済崩壊後、地方が慢性的な不況に苦しむ中で、食文化を活かした地域おこしが各地で盛んになった。全国有数の小麦産地である群馬県では、地域おこしの起爆剤として粉ものが注目を集めるようになる。そして、その土地の名物・名産品としてPRできるような粉ものが、地域ごとに見出されるようになっていく。いわば「ご当地粉もの」の発見・創出である。

そこには、伝統的な食品を積極的にPRしようとする動き、忘れられていた幻の食品を復活させようとする動き、地域の素材から新たな名物を生み出そうとする動きなど、さまざまな動きが見られる。そして、いずれの場合にも共通しているのは、自らの足元を見直し、わが街の粉ものを再発見しようとする姿勢である。各地におけるこのような動きは、食の安全や地産地消への関心の高まりと相まって、近年ますます活発になっている。

ここでは、本書の巻末に示した「地域おこしと粉もの　関連年表」（３１１頁）に基づき、群馬県における粉ものを活用した地域おこしについて述べてみたい。「地域おこしと粉もの　関連年表」は、主に『上毛新聞』と『朝日新聞』群馬版に掲載された、粉ものに関連する記事を資料として、筆者がまとめたものである。ただし、この年表は粉ものを活用した地域おこしの大まかな流れを示したものであり、粉もの関連の全ての団体・イベント・商品を網羅しているわけではない。また、年表をできるだけ簡略化するため、毎年継続して行われている事業やイベントについては、第一回目のみを記載している。

二　全体的な流れ

群馬県における粉ものを活用した地域おこしの流れを見てみると、大きく三つの時期に分けることができる。粉もの関連の団体が創設されていった第一期、それぞれの団体が互いに協力・連携していった第二期、群馬ＤＣ（群馬ディスティネーションキャンペーン）を契機に、多くの団体がＪＲグループや県をはじめとする自治体と連携していった第三期である。次に、それぞれの時期における動向について概観しよう。

（一）第一期　粉もの団体の創設

第一期は、一九九〇年頃から二〇〇二年頃までであり、群馬県において粉もの関連の団体、「粉もの団体」が次々に創設されていった時期である。

地域おこしを意識した粉もの関連の団体で、最も早くから組織された例の一つは、一九九〇年創設の「上州藤岡ラーメン会」であった。当時は、喜多方ラーメンや佐野ラーメンなどのいわゆる「ご当地ラーメン」が話題となった時期であり、藤岡市にラーメン店が多かったことから、藤岡ラーメンを売り出そうということになったのである。「上州藤岡ラーメン会」は、加盟店のラーメンを食べ歩いてタイムを競う「ラーメン駅伝」を実施したり、市内のイベントにラーメン屋台を貸し出したり、道の駅・ららん藤岡に出店したりするなど、活発な活動が話題となった。

一九九四年には、うどん店や製麺《せいめん》業者の多い館林市で、うどんの販売促進を目的に「麺のまち『うどんの里館林』振興会」が結成される。また、一九九八年には、やはりうどん店の多い桐生市で、うどんを地域おこしに活用するために「桐生うどん会」が結成されている。桐生市にはもともと麺類関連の組合として「桐生麺類商組合」があり、両方の会員になっている業者も多い。

高崎市では、市内にパスタ店が多いことから、一九九八年に「高崎パスタの会」が結成される。ただし、この団体はパスタ店の組合組織ではない。パスタの好きな人たちによる愛好会であり、パスタパーティを開いたり、パスタ店に新製品の提案をするなどの活動を行っている。

ソバの生産が盛んで、そば店の多い利根・沼田地域では、二〇〇二年にそば店のＰＲとそばの普及を目的に「群馬奥利根連合そば会」が発足する。この会では、二〇〇五年から毎年「老神温泉そば祭り」を開催し、一般社団法人「全麺協」（全国麺類文化地域間交流推進協議会）が認定する「素人そば打ち段位認定群馬大会IN老神」を実施している。

太田市では、市内に焼きそば店が多いことから、焼きそばの街を目指して、二〇〇二年十月に「上州太田焼きそばのれん会」と、その支援組織「上州太田呑龍焼きそばの会」が発足する。焼きそばによる地域おこしは、同年一月に太田市観光協会が首都圏の旅行専門誌に依頼した市内の観光診断の結果から企画された。同年六月には、富士宮市市制施行六〇周年記念イベントで、太田市の焼きそばが富士宮市（静岡県）・横手市（秋田県）の焼きそばと味の対決を行い、焼きそばを通して互いに交流を深める目的で「三者麺談」し、「三国同麺協定」を結んでいる。

伊勢崎市では、焼き饅頭による地域活性化を目指し、二〇〇二年に「伊勢崎焼きまんじゅう愛好会」が組織され、翌年のいせさき初市（一月十一日）に、第一回「上州焼き饅祭《まんさい》」が開催される。この祭りでは、一個の直径約五〇センチメートルの「大串まんじゅう」と長さ約五〇メートルの「長串まんじゅう」が焼かれて話題となった（189頁の写真参照、現在も「上州焼き饅祭」は継続されているが、焼かれるのは「大串まんじゅう」だけになっている）。

このように第一期には、県内各地で特色ある粉ものを活用した地域おこしが模索され、多くの団体が組織されていったことがわかる。

(二)　第二期　組織の連携とイベントの拡大

第二期は、二〇〇三年頃から二〇一〇年頃までである。各地の粉もの団体が連携してさらに大きな組織を結成したり、相互的に協力してイベントを開催したりするなど、活動を活発化・拡大化していった時期である。

二〇〇三年八月には、「桐生うどん会」「麺のまち『うどんの里館林』振興会」「上州太田呑龍焼きそばの会」「佐野らーめん会」「足利手打ち蕎麦《そば》切り会」の五団体が、一堂に会してPR方法を話し合う「両毛五市麺会談」を栃木県足利市で開催する。同年十一月には、共同組織「両毛五市めんぐるめ設立準備会」を結成、名称を一般公募し、翌二〇〇四年一月には、その名称が「『麺の里』両毛五市の会」に決定される。その五年後の二〇〇九年十一月には、「『麺の里』両毛五市の会」による「両毛五市麺バトルin桐生」が、有鄰館（桐生市本町）で開催されている。

「三国同麺協定」を結んだ太田市・富士宮市・横手市の焼きそばは、第二期以降「日本三大焼きそば」として定着していく。二〇〇四年五月には、太田・富士宮・横手の焼きそばがカップ麺として商品化され、コンビニ四社で発売される。そして、六年後の二〇一〇年九月には、太田市の大光院境内で開催された「手づくり呑龍さま祭り」に、「日本三大焼きそば」が集結。同年十二月にも、太田市北部運動公園で開催された「おおた食と光の祭典２０１０」に「三大焼きそば」が出店している。

うどんが特産品である桐生市と館林市は、二〇〇三年九月に館林合同庁舎で、うどんを生かした観光戦略を考える「第一回桐生・館林地域連絡協議会」を開催し、「桐生うどん会」と「麺のまち『うどんの里館林』振興会」の関係者らが意見交換を行っている。

一方、水沢うどんで知られる伊香保町（現・渋川市）は、二〇〇三年十二月に、水沢うどんを讃岐うどん（香川県）・稲庭うどん（秋田県）と並ぶ「日本三大うどん」の一つとしてPRする構想を発表。以後、

「日本三大うどん」の名称が定着していく。

群馬の伝統食「おきりこみ」を通した地域交流も生まれる。二〇〇四年十一月には、深谷市産業祭で、「伊勢崎忠治だんべ会」（伊勢崎市）・「武州煮ぼうとう研究会」（深谷市）・「昇仙峡ほうとう会」（甲府市）が、おきりこみ・煮ぼうとう・ほうとうの三つ巴の味対決を行う。前年に深谷の煮ぼうとうと甲府のほうとうの味対決が行われており、そこにこの年、伊勢崎のおきりこみが参戦する形となった。この対決は二〇〇五年まで継続して行われている。

このように第二期には、似通った性格をもつ各地の粉もの団体が、県境を越えて連携し合い、活動するようになっていったことがわかる。

（三）第三期　群馬ＤＣとの連携と継承

第三期は、二〇一一年前後から現在（二〇一六年）に至るまでである。群馬ＤＣとは、二〇一一年七月一日から九月三十日まで行われた大型観光キャンペーン、「群馬ディスティネーションキャンペーン」の略称である。群馬ＤＣは、ＪＲグループが群馬県・群馬県観光国際協会・栃木県四市（足利市・佐野市・栃木市・日光市足尾地区）の各自治体および関係事業者と連携して開催した。

県内の企業や団体は、開催前から群馬ＤＣに向けた取組を行っている。例を挙げると、二〇一〇年九月には、安中市磯部温泉で磯部《いそべ》煎餅《せんべい》を販売する一四店が、二袋一〇〇円で食べ歩きを楽しめるキャンペーン「サクサク　礒部煎餅かじり歩き」を実施。二〇一一年一月には、下仁田町商工会が「下仁田かつ丼」食べ歩きのスタンプラリーを開始している。また、同年五月には、吹割の滝観光協会（沼田市利根町）が郷土料理「そばすいとん」を復活させ、販売を開始している。

群馬ＤＣの開催期間中には、「地元における様々な取組・おもてなし」として、自然体験「ぐんまの自然を楽しむ」、歴史体験「ぐんまの歴史に迫る」、食体験「ぐんまの恵みを食す」、温泉体験「ぐんまの温泉を楽しむ」などが企画・実施されたほか、イベント列車やＳＬの運転、フォトコンテストなどが行われた。粉ものに関連したイベントや商品提供は、これらのうちの食体験「ぐんまの恵みを食す」の一環として実施された。

「地域おこしと粉もの　関連年表」に示された二〇一一年七月一日から九月三十日までのできごとは、そのほとんどが群馬ＤＣに合わせて行われたものである。その中でも最大規模のものは、九月十八・十九日に伊勢崎市の華蔵寺《けぞうじ》公園で同時開催された「ぐんまのＢ級グルメ大集合」と「いせさきもんじゃまつりと県外Ｂ級グルメフェスタ」であった。これは、群馬県と伊勢崎市、伊勢崎商工会議所青年部の主催によるイベントで、約一〇〇店が出店した。また、伊香保温泉（渋川市）では、同月二十四日に「ＭＭ（まんなかまんじゅう）—１フェスティバル」が開催され、饅頭を販売する一三店が出店。翌二十五日には、ご当地麺の祭典「麺—１グランプリin館林」が館林市役所で開催され、県内外から五七店が出店した。一方、桐生市では群馬県・栃木県のご当地グルメや特産品が集合するイベント「ぐんまvsとちぎ　ウマいもん合戦in桐生」が九月三・四日に予定されていたが、こちらは悪天候のため中止されている。

群馬ＤＣによる集客を一過性のものにしないために、その後もＪＲ東日本の協力を得て、「ググっとぐんま観光キャンペーン」が現在（二〇一六年）に至るまで継続実施されている。実施主体は「ググっとぐんま観光宣伝推進協議会」（会長・群馬県知事、構成団体　二五〇団体）である。二〇一二年九月一・二日には、前年に悪天候のために中止となった「ぐんまvsとちぎ・ウマいもん合戦」を桐生市稲荷町の新川公園で開催。両毛地域のうどん・ラーメン・焼きそば・ソースかつ丼などの店が出店した。この他にも、群馬DCで行われたいくつかの食のイベントが継続実施されている。

「ググっとぐんま観光キャンペーン」は、二〇一三年から十月～十二月の開催となった。二〇一六年のキャンペーンでは、「第六回　麺―1グランプリin館林」（十月一・二日、館林市役所）、「いせさきもんじゃまつりと新・伊勢崎グルメ大集合‼2016」（十月二十三日、伊勢崎オートレース場）、「キングオブパスタ2016」（十一月十三日、高崎市もてなし広場）、「北関東三県ウマいもん合戦in桐生」（十一月二十六・二十七日、桐生市運動公園）などが行われている。

このように第三期には、群馬県をはじめとする自治体、JRグループ、地元の企業・団体などが、互いに連携して活動するようになっていったことがわかる。

三　商品の開発

粉ものを活用した地域おこしでは、各地の「ご当地粉もの」を特色あるものにするため、さまざまな商品開発が行われてきた。幻といわれた食品を再現・復活させたり、団体加盟店の統一メニューを考案したり、今までにない全く新しいメニューを創作したりと、現在に至るまで試行錯誤が繰り返されている。その様子を次に見てみよう。

(一) 幻の食品の復活

長い間忘れられていた伝統的な食品や、閉店してしまった老舗の看板メニューなどの、いわば「幻の食品」を復活させ、地域おこしに役立てようとする動きが見られる。

一九九八年には、渋川市の「行幸田《みゆきだ》麦作組合」がソバの栽培を始め、「豊秋《とよあき》そば」を復活させる。豊秋そばは、一九六〇年代まで生産された名品だったが、養蚕の隆盛と引き替えに衰退し、幻の名品となっていた。一九九九年九月には、渋川市行幸田地域で「みゆきだそば祭り」が開催。二〇〇二年十二月には、同地域に、そばの加工体験施設兼食堂の「みゆきだそば工房」が設置された。

旧勢多郡東村(現・みどり市)では、二〇〇〇年に東村食文化研究会が、村の特産品にする目的で、第二次世界大戦前に農家で間食として作られた「すすり団子」を復活させた。「すすり団子」は、モロコシ粉で作った団子を甘い小豆汁に入れたもので、同村の「童謡ふるさと館」の喫茶コーナーで冬季限定メニューとして販売された。しかし、モロコシ粉の安定供給が難しかったため、現在は行われていない。

前橋市では、二〇〇一年四月に市職員の高橋秀男さんが、閉店した伝説の焼きそば店「あくざわ」の名物焼きそばの再現に取り組んだ。コシが強くパリパリとした食感の太麺と、豚肉と卵、キャベツを具にした「肉玉入り」が人気だった。二〇一三年五月、高橋さんが独自にレシピを完成させる。二〇一四年十二月には、前橋テルサ（前橋市千代田町）で開かれた企画展「前橋の昭和展」で、「あくざわ」の焼きそばが有志によって再現された。

二〇〇六年四月九日には、熊野神社氏子会が、前橋市民フリーマーケット一〇年目を記念し、今川焼きに似た幻の菓子「八咫《やた》烏《がらす》御影《みかげ》焼き」を半世紀ぶりに復活させた。

二〇〇六年十月には、中之条町の経営する「そば処けやき」が、オヤマボクチをつなぎに使った伝統的な「ぼくちそば」をメニューに加えた。

二〇一〇年一月二十二日には、館林市の善長寺（当郷町）が、市観光協会の依頼で、江戸時代（天明五年）の「大根そば」を再現した。

一九九六年に惜しまれながら閉店した前橋市・志満屋本店の酒饅頭「片原饅頭」を復活させる動きもある。二〇一〇年五月に、前橋市西片貝町の正幸が「片原饅頭復元」と銘打って、「ふくまんじゅう」を販売する。そして、二〇一二年九月には、商標登録した「片原饅頭」として販売を開始している。

二〇一一年五月には、吹割の滝観光協会（沼田市利根町）が群馬ＤＣに向け、郷土料理「そばすいとん」を復活させ、販売を開始している。

二〇〇七年六月には、吾妻郡嬬恋村で、ジャガイモの発酵保存食品「くろこ」を村特産品にしようと、同村インタープリター会がプロジェクトを立ち上げる。二〇一〇年一月に「くろこ」の継承とＰＲを目的に「嬬恋村くろこ保存会」が結成され、同年四月には「くろこ」作りが行われた。

（二）統一メニューの模索

「ご当地粉もの」には、その地域に共通する特徴、他地域のものとは異なる際だった個性があったほうが、食べた人に強い印象を与える。例えば、「喜多方ラーメンの基本は、醤油味の豚骨スープに平打ちの縮れ麺」といった具合である。群馬においても、「ご当地粉もの」の個性をPRするため、いくつかの粉もの団体で統一メニューや共通メニューの開発が試みられている。

「上州藤岡ラーメン会」は、二〇〇〇年八月に道の駅・ららん藤岡で、醤油味の「上州藤岡ラーメン」と海鮮味噌味の「姫街道ラーメン」を発売している。藤岡ラーメンには決まったスタイルがなかったことから、同会では「上州藤岡」の文字の入ったラーメン丼をあつらえるなど、藤岡ラーメンのイメージ作りとその定着に努めた。

上州藤岡ラーメン

やはり決まったスタイルがなく、十人十色ならぬ「十麺十食」といわれる太田焼きそばでも、スタンダードメニューを作り出そうという動きがあった。「上州太田焼きそばの会」では、二〇〇二年十二月にオリジナル商品「上州太田呑龍焼きそば」の試作品を完成させる。開発には約半年をかけ、翌年五月より販売。ビール酵母入りの麺とソースを使用したもので、太麺に黒めのソース、具にキャベツ・豚肉・コンニャクの細切りを入れ、表面に白ごまをかけたものであった。同会では、焼きそばでは珍しい乾麺も開発し、「焼きそば館　まちのえき」（太田市東本町）で販売した。その後、二〇一〇年には、八種類の試作品から市民の投票を経て、「具にキャベツを使い、太めの麺に特製ソースをからめたシンプルな味」という「基本型」を決めた。

「桐生麺類商組合」では、カレーうどんを桐生の新名物にと、二〇〇三年七月「カレーうどん」ののぼり旗を一斉設置した。また、同組合では、二〇一三年十一月に「ひもかわうどん」をPRするためののぼり旗一〇〇本を作り、市内約四〇店の店先に掲げている。

「麺のまち『うどんの里館林』振興会」では、二〇〇九年七月に同会初の統一メニュー「分福茶釜の釜玉うどん」と「しょうゆ焼きうどん」の二品を発表する。二〇一〇年一月にはセブンイレブンが、コンビニ商品としての「分福茶釜の釜玉うどん」を同会と共同開発して発売。さらに同年四月には、そのアレンジ商品「分福茶釜の冷やし釜玉うどん」も発売する。これらは、同会の統一メニューの普及を後押しすることになった。

「中之条そば健」（二〇〇四年発足）は、二〇一三年二月に「長英そば」を考案する。高野長英が飢饉対策にソバとジャガイモの栽培を勧めた著書『救荒二物考』をヒントにしたもので、ジャガイモでとろみをつけたカレー南蛮風のそばである。同年七月には「長英そば」の完成記念イベントが開かれ、カレー南蛮風やごまだれ、ジャガイモの素揚げやポテトサラダを添えたものなど、そばとジャガイモを組み合わせた料理が振る舞われた。

（三）斬新な粉もの商品

商品開発の中では、これまでになかった新しい粉ものも次々に工夫されている。

前橋市では、養豚が盛んなことから、豚肉料理を前橋名物にしようと努めている。二〇〇三年十一月には、前橋市の市街地活性化研究会が「とんカツうどん」を考案・発売。このうどんは、二〇〇四年五月に市内の七つの小学校で給食に初登場した。二〇〇七年十二月には「まえばしtonton まんじゅう」が開発され、翌年三月に正式発売されている。二〇一〇年二月には、前橋商工会議所青年部が「前橋のB級グルメ」として、豚肉とうどんを使った「うTON飯」と「う豚（うどん）バーガー」を開発する。二〇一二年十月には、前橋市の若手有志の会「dannagei（旦那芸）」が、「前橋バトン」を考案。これは、豚肉や糸こんにゃくをトルティーヤ（トウモロコシのパン生地）で巻いたもので、手に持って食べる料理である。

高崎市では、二〇〇〇年に高崎食肉事業協同組合加盟店が、市制一〇〇周年と日蘭交流四〇〇周年を記念して開催された「オランダフェスタinたかさき」で、「オランダコロッケ」を発売する。オランダコロッケはチーズ入りのコロッケである。二〇一三年九月には、日本コロッケ協会（東京）の第一回コロッケグランプリで、平井精肉店（高崎市大橋町）のオランダコロッケがバラエティー部門で金賞を獲得した。

また、高崎市では、地元産の小麦粉や食材を使ったメニューの開発に力を入れている。二〇〇九年四月に、「高崎市の名物をつくる会」が、「高崎うどん」と「豚白モツ」を組み合わせた新メニューの試食会を開催する。同年五月には釣堀「満寿池」（高崎市倉渕町権田）が、豚白モツを活用したうどんの新メニュー、洋風うどんの「ファンシークリームJパスタ」を提供する。二〇一三年六月二十七日には、高崎麺類業組合がＪＡたかさきや高崎市と連携して、高崎産の小麦粉や食材を使ったつけ汁うどん「高崎福々うどん」を開発、販売。二〇一四年三月十八日には、東日本調理師専門学校（高崎市矢中町）で、小麦粉・チンゲンサイ・豚肉・白菜・長ネギなど高崎産の食材を使ったご当地料理「たかさき福々まんじゅう」が披露される。また、二〇一三年九月には、高崎市が東日本調理師専門学校の監修で、高崎産食材を使った「高崎ケーク・サレ」を開発した。

高崎産の梅を使った粉ものも工夫されている。二〇一三年三月には、高崎市の認定農業者らでつくる市農業者先端技術情報化研究会が、榛名・箕郷の梅を使った冷凍生餃子「高崎名物　梅餃子　元気百梅」を開発・試験販売した。二〇一〇年三月二十一日には、高崎市の榛名文化会館エコールで「榛名の梅祭り」が開催され、「梅うどん」の試食が行われた。また、二〇一五年三月には、高崎市と高崎観光協会が、市中心街の慈光通りで食をテーマにしたイベント「開運たかさき食堂2015春」を開催。高崎産小麦や梅・豚肉を使った「高崎うめ～豚うどん」の店が出店した。

藤岡市では、「上州藤岡ラーメン会」の活動が停滞してから、ラーメンに代わる新たなご当地粉ものが模索されるようになる。二〇一一年二月には、藤岡市のＢ級グルメを開発する「上州麺（むぎっつら）倶楽部」が上州名物のうどんと藤岡名産のトマトを使った「キムトマ焼きうどん」の発売を決定。同年九月には、富岡製糸場付近特設会場で開催された「世界遺産への道！西上州まるかじりフェア」で「藤岡キムトマ焼きうどん」として出店。同年十月六日、日本テレビ「秘密のケンミンＳＨＯＷ」で紹介される。二〇一四年一月には、藤岡市内の小中学校の給食に「キムトマうどん」が初めて採用された。

また、二〇一五年二月には、藤岡市内の飲食店五店が県内産の麦を使った新しい名物をアピールしようと、「麦王国　藤岡麦府」を立ち上げた。五店の新商品は、成田屋の「麦畑のシュークリーム」、虎屋本店の「きびどら」、竹乃内の「にくたらかしグラタンinポットシュー」、縁ｙｕｋａｒｉの「上州藤岡もっちりすいとん」、麦挽屋今助の「今助うどん麦の星」である。二月十八日に市内で食品の試食会を開き、販売を開始した。

太田市では、焼きそばから発展した粉ものメニューの開発が行われている。二〇一〇年十一月には、太田青年会議所の郷土愛育成委員会が主催する「輪から郷土愛へ～太田新グルメ開発発表イベント！」が、太田市運動公園サブグラウンドで開催され、「太田つけめん塩焼きそば」「上州太田焼きそばサンド」「おおた巻き」の三品が披露される。二〇一二年八月には、太田商工会議所青年部が「太田焼きそばクレープ」を開発、太田市内の結婚式場で開いた発表会で披露した。

佐波郡玉村町でも、町内産の地粉を使用したB級グルメ「ロンちゃんスティック」（現在の名称は「たまロンスティック」）を開発した。「ロンちゃんスティック」は、豚肉（当初は鶏肉）のミンチを薄皮で細長い筒状に包み、油で揚げたもの。名称は、同町満福寺に伝わる竜の玉伝説にちなむ。二〇一一年十一月に玉村町役場周辺で開かれた玉村町産業祭で販売された。その後、二〇一二年十二月には、群馬県商工会青年部連合会などによる「第一回商工会青年部グルメグランプリ～縁と動～」がビエント高崎展示会館（高崎市問屋町）で開かれ、玉村町商工会青年部が「ロンちゃんスティック」を出品。グランプリを獲得している。

館林市では、特産のナマズを活かした粉ものを開発している。二〇一三年二月、館林商工会議所青年部が、ナマズの天ぷらを丸形パンにはさんだ「上州なまずバーガー」を開発、販売。同年十月には鳥取県大山町で開かれたご当地バーガーの全国大会「とっとりバーガーフェスタ２０１３」に初出場した。

二〇一三年十一月二日には、多野郡神流町の臨時職員三名が、町の観光資源、恐竜にちなんだ新商品「足あとパン」を開発。川崎市のイベントで販売を開始した。

二〇一四年九月には、嬬恋村が村内の飲食店や小売店と協力して、特産のキャベツを使った新名物「嬬恋餃子」を開発し、取扱店によるスタンプラリーを実施した。

このように、新商品開発には、地元産の小麦粉や農産物を積極的に活用した商品が多く見られる。

（四）コンビニ商品に見られる「ご当地粉もの」

コンビニエンスストアもご当地粉ものを商品化している。県内に見られるコンビニで、ご当地粉ものを積極的に取り入れているのは、地元系資本のセーブオンと業界最大手のセブンイレブンである。

早くからご当地粉ものの商品化に取り組んでいるのはセーブオンである。まず、二〇〇八年七月十五日に、「上州太田焼そばのれん会」監修の「上州太田焼そば」を発売する。次いで、同年十月二十八日（群馬県民の日）には、同会とのタイアップで、中華まんの「太田焼そばまん」を発売した。

二〇一〇年十二月十二日には、県産小麦「きぬの波」を使用した「群馬の郷土料理　おっきりこみ」を商品化し、販売。また同月には、高崎市で九月に開催された「キングオブパスタ 2010」の優勝店、シャンゴ監修のパスタ「赤城鶏と野菜のトマトスープパスタ」を商品化し、販売した。

二〇一一年一月二十五日には、前橋のB級グルメ「うTON飯」を商品化、期間限定販売（一月二十五日〜二月二十一日）する。「うTON飯」は、豚肉とうどん、ご飯を炒めたソース味の料理である。また、二〇一三年十二月には、前橋市の豚肉料理PRキャラクター「ころとん」の焼き印を押したネギ塩豚カルビまん（通称・ころとんまん）を発売する。

二〇一四年一月十八日には、焼き饅頭を店内販売する「伊勢崎連取本町店」をオープンする。また、同年五月二十七日には、「富岡製糸場と絹産業遺産群」の世界遺産登録を応援する新商品「上州みそパン」を発売。この商品は、パッケージに製糸場と工女姿のぐんまちゃん（県のマスコットキャラクター）を使用している。

二〇一五年四月二十九日には、ぐんまちゃんをかたどり、中にあんこが入った鯛焼き風の「おやつのぐんまちゃん」を発売した。

セブンイレブンは、二〇一〇年に矢継ぎ早にご当地粉ものを発売している。まず、一月にコンビニ商品としての「分福茶釜の釜玉うどん」を「麺のまち『うどんの里館林』振興会」と共同開発して発売。次いで四月には、そのアレンジ商品「分福茶釜の冷やし釜玉うどん」も発売した。そして十二月に入り、桐生、みどり両市の二六店舗で「桐生の味　ポテト入り焼そば」を発売。さらに同月七日には、県産小麦一〇〇%使用の「煮込んで食べよう！　鍋焼きおっきりこみ」を発売した。

また、二〇一二年一月十六日には、県産小麦一〇〇%使用のうどんとして、「レンジでOK！　上州おきりこみうどん」「レンジでＯＫ！　たぬきうどん　群馬産小麦使用麺」「冷やしたぬきうどん　群馬産小麦使用麺」「桐生の味カレーうどん」の四商品を販売した。

ファミリーマートも、二〇一二年一月十七日に、関東近県一〇都県の約三五〇〇店で「おっきりこみ風うどん」を発売している。

このほか、コンビニエンスストアによる商品開発ではないが、コンビニやスーパーに置かれることを念頭に置いて作られたご当地粉もの商品もある。

パンでは、大手製パンメーカーの山崎製パン（東京都千代田区）が、いくつかの商品を開発している。二〇〇五年六月六日には、コッペパンに群馬県産の味噌を使った「コッペパンみそあん」を開発、関東四県で発売した。二〇一一年七月には、「上州太田焼そば風」「行田ゼリーフライ風」「じゃがいも入り栃木焼きそば風」の三種の総菜パン「ランチパック」を発売した。二〇一一年九月には、県と協力して群馬ＤＣに合わせ、県の農畜産物を使った「大和芋メロンパン」などの菓子パン四商品を販売（九月三十日まで）した。

グンイチパン（伊勢崎市除ケ町）も、二〇〇九年十一月に、もんじゃ焼きをアレンジした「もんじゃ焼パン」を開発している。

インスタント麺では、サンヨー食品が二〇一一年十月三十一日に、「上州太田焼そばのれん会」監修の「サッポロ一番　Ｂ級グルメ団　上州太田焼そば」を発売した。

これらのコンビニ商品は、ご当地粉ものの知名度アップや普及に貢献している。

（五）産学連携の商品開発

近年は、企業と高校や大学などが連携した「産学連携」による粉もの商品の開発も盛んである。まず、二〇〇四年二月十二・十三日には、産学官連携によるベンチャー育成、産業活性化を目指す「首都圏北部地域　産業イノベーションフェスタ2004 in桐生」が開催され、企業家フォーラムや粉食産業試食会などが行われた。

二〇〇九年二月には、餃子工房ＲＯＮ（前橋市野中町）が、前橋商業高校の生徒が企画し、みまつ食品（同市上大島町）が製造する「じゃがバタ風餃子」「ピザ風餃子」「ねぎみそぶたまん」の販売を開始する。

二〇一〇年一月十二日には、セーブオンが、太田商業高校の生徒の意見を取り入れた商品「太田商業×のれん会監修　太田焼そば」「ツナマヨポテト焼そばロールパン」を発売する。同年十月には、高崎経済大学の学生四人が、おきりこみをアレンジした新名物「焼きおっきり」を考案する。同月十六日には、群馬大学と中央工科デザイン専門学校が県内企業と組んで地域ブランドを創出する「産学連携プロジェクト２０１０」を、同専門学校で開催。うどん商品などの提案を行う。

二〇一一年二月には、みまつ食品と共愛学園前橋国際大学（前橋市小屋原町）の学生グループが、「上州米粉屋本舗オリジナル水餃子」を共同開発する。同年十二月二十七日には、山崎製パンが、県産みそだれ使用の「焼きまんじゅう風パン」を太田市立商業高校と共同開発し、関東全域で発売した。

二〇一二年十二月一日には、藤岡市の桜山公園で開催された「桜山まつり」で、藤岡北高校の生徒が開発した「桜まんじゅう」が販売される。同年十二月二十五日には、共愛学園前橋国際大学の学生グループと景勝軒が、共同開発した「上州つけ麺」を発表する。この麺は、県産小麦粉「あかぎ鶴」を使用し、コンニャクイモ粉末、ひじきを練り込んだものである。

二〇一四年五月十八日には、伊香保温泉で開かれた「初夏のそばまつりin伊香保」で、勢多農林高校の生徒が、ソバを使った焼き菓子「そばんすこう」を販売する。同年十一月八日には、「第九回やすらぎとふれあいに満ちた〝ほっと〟なまちフェスティバル」が渋川市役所で開かれ、高崎経済大生と地元の飲食店が共同開発・商品化した「渋川麻婆うどん」の試食会が行われる。

二〇一五年四月二十九日には、道の駅「八ッ場ふるさと館」（長野原町林）で、長野原高校生活部が考案した「丸岩メロンパン」を販売（五月二日まで）。このパンは、同町のシンボルとなっている岩山「丸岩」をかたどったものである。同年十一月二十一日には、ベイシアが伊勢崎商業高校と共同開発した「焼きまんじゅう⁉　パン」を発売する。この製品の開発には第一屋製パンが協力している。

二〇一六年一月には、みまつ食品と共愛学園前橋国際大学の学生グループが、すき焼きの具を皮で包んだ中華まん「ぐんまのすきやきまん」を共同開発する。同年二月十八日には、富岡実業高校生が、卵を使って焼き饅頭生地をフレンチトースト仕立てにした「てぃふれんち」を開発する。同年十一月二十六日には、前橋商業高校とベイシアが共同開発した「だるまぱん」、館林商工高校とイオンリテールが共同開発した「Mt.みそ焼うどん」が発売されている。

これら産学連携による商品開発は、高校や大学の授業の一環で実習としての性格をもつ。多くの場合、生徒や学生が商品を企画・発案し、企業が製品の開発や販売面で協力するという形をとっており、販売は期間限定になっていることが多い。

(六) 群馬のもてなし料理「おきりこみ」

二〇一四年六月二十一日、「富岡製糸場と絹産業遺産群」がユネスコの世界遺産として登録されると、群馬は全国から注目を集めるようになる。そんな中、群馬にはこれまで全国に知られた名物料理がなかったことから、来県者をもてなす郷土料理として「おきりこみ」がクローズアップされることになった。おきりこみをもてなし料理として取り上げたのは、県である。まずは県の動きを見てみよう。

実は、登録される前年、二〇一三年一月十一日に「富岡製糸場と絹産業遺産群」が日本の世界遺産としてユネスコに正式推薦され、群馬に世界遺産が誕生する可能性が現実味を帯びてきた頃から、おきりこみを積極的にPRしようという動きが始まっていた。四月十二日には、おきりこみを群馬の代表的な名物料理に育てることを目的に、県が部局を越えた職員による「おっきりこみプロジェクトチーム」を発足させ、初会合が開かれる。そして、七月四日には、前橋市の群馬会館で「おっきりこみシンポジウム」が開催された(このシンポジウムには、筆者もパネリストの一人として参加した)。また、県は十月に、おきりこみを提供する県内の八二店にPR用ののぼり旗を無料配布している。

二〇一四年三月二十日には、おきりこみが県無形民俗文化財に選択される。本県において、食の分野から選択された例はおきりこみが初めてである。これは「おっきりこみプロジェクト」とは別の動きであったが、新聞等でも大きく取り上げられ、おきりこみの認知度アップには追い風となった。

同年四月七日には、県がおきりこみを広めるため、県内でおきりこみを取り扱う飲食店を示した「おっきりこみマップ」をインターネット上に公開する。次いで同月十六日には、東京・銀座のぐんま総合情報センター「ぐんまちゃん家《ち》」でおきりこみを販売。翌十七日には、県がおきりこみを提供する飲食店や郷土料理のレシピを紹介するホームページを公開している。そして、六月二十一日に「富岡製糸場と絹産業遺産群」がユネスコの世界遺産として登録される。その後、県、県農業協同組合中央会、上毛新聞社などによって「絹の国ぐんま和食文化向上キャンペーン実行委員会」が組織される。十一月からは、同委員会が、おきりこみ提供店を巡る「ぐんまおっきりこみスタンプラリー」を初めて実施する（翌年一月まで）。

二〇一五年六月には旅行サイトの楽天トラベルが、群馬県に宿泊した県外の旅行者に一番おいしかった料理を尋ねたアンケートを集計し、「群馬県旅めしランキング」として発表している。その結果、粉ものは一位に水沢うどん、三位に焼きまんじゅう、七位におっきりこみ、一〇位にひもかわうどんが入っている。

二〇一五年七月五日には、「絹の国ぐんま和食文化向上キャンペーン実行委員会」が、前橋市の前橋元気プラザ元気21で開かれた第二四回日本健康教育学会学術大会で、おきりこみ約三五〇食を振る舞う。そして、十月三・四日には、同委員会と吉岡町商工会女性部が、上州富岡駅前広場でおきりこみの試食会を開く。さらに十二月には、県がおきりこみを提供する店舗一一七店を紹介する「おっきりこみ大図鑑」を作成し、無料配布する。

二〇一六年一月二十八日には、県が群馬の魅力を国内外に発信するプロモーション動画の第三話「おっきりこみ編」を動画サイト「ユーチューブ」に公開する。三月十三日には、県が主催する「わが家のおっきりこみコンテスト（第一回）」の実技審査が前橋市の前橋元気プラザ元気21で開かれ、最優秀賞に前橋清里小五年の桜井葵衣さんの「もっちりふわふわおっきりこみ！」が選ばれている。

県の「おっきりこみプロジェクト」に呼応する形で、二〇一三年以降さまざまな団体がおきりこみに関するイベントを行うようになる。二〇一三年八月には、首都圏で活躍する群馬県ゆかりの政財界関係者らでつくる「上毛倶楽部」の暑気払いが、東京・銀座の「ぐんまちゃん家」で開かれ、参加者がおきりこみをはじめとする郷土料理を楽しむ。同年十月には県製麺工業協同組合が、麺食業の活性化と販路拡大を目指す「ぐんまの麺食パワーアップ事業」の一環として、「ぐんまちゃん家」でおきりこみをPRするイベントを開く。また、同月五・六日には、県内最大級の農業祭「収穫感謝祭２０１３」が前橋・JAビル南側大駐車場で開催され、各JAの女性部が県産小麦を使ったおきりこみと水団を提供している。さらに、二〇一四年十二月七日には、「THE富岡おっきりこみを食べてみんべ～会」が、旧官営富岡製糸場に近い富岡市中町まちなか交流館で開かれ、おきりこみが観光客に無料で振る舞われている。

おきりこみ商品も二〇一四年以降、次々に開発される。二〇一四年三月には、おきりこみを全国にアピールしようと、県製麺工業協同組合が共通ブランド「おっ切り込みご膳」を立ち上げ、販売を開始する。二〇一五年二月三日には、「おっきりこみプロジェクト」の応援商品として、セーブオンが「おっきりこみうどん」を発売する。同年三月には、星野物産と県中小企業団体中央会、高崎商科大などが連携し、「上州ひもかわうどんのおっ切り込みご膳」をリニューアル。パッケージに富岡製糸場のイラストを入れる。さらに、二〇一六年十一月二十五日には、セブンイレブンが「群馬名物！　上州地粉のおっきりこみ」を発売する。これは、県産農畜産物のブランド化を研究している団体「女子会」（愛称・ひめラボ）の意見を取り入れて開発した商品であった。この商品は好評を博し、販売期間は当初一か月の予定であったが、三か月延長され、翌年の三月末まで販売された。

このように、おきりこみのＰＲは県主導で行われ、それに協力する形で、各種団体のイベント開催や企業の商品開発が進められていった。

四　特色ある活動

粉ものを活用した地域おこしには、商品開発の他にも、ＰＲの方法やイベントの一環として特色ある活動が見られる。次にそれらを概観したい。

(一) オーナー制度

農村地域の活性化を目指したものに、オーナー制度がある。

甘楽郡甘楽町秋畑の那須地区にある「ちぃじがき蕎麦の里」では、一九九六年からソバ畑のオーナー制度「蕎麦作り入門」を行っている。山間部で平坦な土地の少ない同地区では、「ちぃじがき」と呼ばれる石垣に囲まれた段々畑（棚畑）で農業が行われてきたが、住民の高齢化に伴って耕作放棄地が増えつつあった。その対策として導入されたのが、段々畑のオーナー制度だった。「蕎麦作り入門」は、畑一アールを一口としてオーナーになり、種播きから収穫、そば打ち体験などを楽しんでもらうものである。一九九七年には、地場産そばを提供する「那須庵」が造られ、そば打ち体験も受け付けている。

みどり市大間々町の農業体験施設「浅原体験村」でも、二〇一〇年九月から、ソバの栽培からそば打ちまでを楽しむ「そばオーナー制度」を開始している。

（二）巨大粉ものの登場

粉もの関係のイベントでは、しばしば通常の何十倍、あるいは何百倍もある巨大粉ものが登場することがある。そして、イベントの中で切り分けられて参加者に配られ、その場で食されることが多い。それは、巨大粉ものは、①人目を引いて話題になりやすく、②皆で作ったり食べたりすることで参加者に一体感が生まれる、などの効果が期待できるためである。さらに話題性を高めるために、ギネスブック等への掲載が図られることもある。

群馬において巨大粉ものが登場した早い例は、「伊勢崎焼きまんじゅう愛好会」が実施した「上州焼き饅祭」の二つの巨大焼き饅頭である。二〇〇二年十二月二十三日のリハーサルを経て、二〇〇三年一月十一日のいせさき初市で第一回上州焼き饅祭が行われた。その際に登場したのが、一個の直径が約六〇センチメートルの「大串まんじゅう」（四個刺し）と、長さ約五〇メートルの「長串まんじゅう」であった。この行事は、現在も継続されているが、焼かれるのは「大串まんじゅう」だけになっている。

伊勢崎市と同様に焼きまんじゅうを名物とする沼田市にも、巨大焼き饅頭は登場している。沼田市では

上州焼き饅祭の「長串まんじゅう」（左）と「大串まんじゅう」（右）

焼き饅頭を「味噌饅頭」と呼ぶ。二〇〇六年十月七日に開催された「ぬまた市産業展示即売会」（沼田市、沼田商工会議所主催）で、一串一八〇人分の「巨大みそまんじゅう」が焼かれたのが最初である。この行事は、その後も恒例となっているが、二〇一六年にＮＨＫ大河ドラマ「真田丸」が放映されたことから（沼田市は真田氏ゆかりの地として話題となった）、その年以降、味噌饅頭の形が真田家の家紋「六文銭」を模したものになっている。

うどんを名物とする館林市では、長いうどんが作られた。二〇〇八年十月に「麺のまち『うどんの里館林』振興会」によって、手打ち麺の長さ世界一を目指すうどん作りイベント「ギネスに挑戦！世界一長いうどん作り」が館林市役所で開かれた。そして、長さ推定六三〇メートルのうどんを完成させるが、残念ながら計測方法などに不明な点があり、ギネス申請は見送られた。

高崎市では巨大団子が作られている。二〇一〇年四月四日、高崎市の中央銀座商店街で開催された「たかさき春まつり」で、高崎菓子業組合が「たかさき粉フェスタ」の目玉企画として、団子三個を串刺しにした巨大団子作り（全長一一〇センチメートル、重さ六〇キログラム）を行った。

高崎市では、二〇一〇年が市制一一〇周年に当たっていたため、これを記念した巨大粉ものが十一月に相次いで作られている。十三日には、NPO法人高崎やる気堂が、もてなし広場（高崎市高松町）で、「一一〇メートルの高崎うどんを作ろう」を開催した。二十日には、高崎中部名店街さやもーると中央銀座商店街を会場に、長さ一一〇メートルのロールケーキ作りが行われている。このロールケーキ作りは、翌年の二〇一一年十一月十九日にも「高崎えびす講」の一環として行われる。同じ会場で、市制一一一周年にちなんで長さ一一一メートルのロールケーキが作られ、世界最長のケーキとしてギネス記録に認定されている。

長いうどん作りは、藤岡市でも行われている。二〇一二年十月二十二日、藤岡市の群馬医療福祉大藤岡キャンパスで開かれた「秋の大祭典　ふじおかフェスタ二〇一二」で、「世界一長～いうどん」と銘打って、全長一七〇〇メートルのうどん作りが行われた。

邑楽郡大泉町では、巨大アップルパイが登場した。二〇一四年十一月二日、大泉町の第一八回産業フェスティバルが町文化村で開催され、直径二メートルの巨大アップルパイが来場者に振る舞われた。

桐生麺類商組合と桐生うどん会は、世界一幅の広いひもかわ作りを行っている。二〇一四年十一月三日、有鄰館（桐生市本町）を会場に、幅七二センチメートル、長さ四・五メートルのひもかわを完成させ、「勝手に世界一」を宣言した。

太田市では、名物の太田焼きそばを並べて長い列を作っている。二〇一六年八月二十七日、太田青年会議所が開催した地域PRイベント「ワンワールドマーケット」で、太田焼きそばを入れた器を三七二〇個並べ、「麺の器の最も長い列」でギネス記録に認定された。

みどり市では、桐生名物として知られる花ぱんを並べて長い列を作っている。二〇一六年十二月二十三日、みどり市の市制施行一〇周年の企画として、桐生大学グリーンアリーナで、みどり市民が花ぱん二万六三九七個、長さ一七〇六・七八メートルを並べ、「最も長いケーキの列」のギネス記録を達成した。

これらの遊び心あふれるイベントは、参加者の一体感や達成感を高めるとともに、地域の明るい話題作りに貢献している。

(三) コンクール、コンテスト、サミット、グランプリの開催

粉もの関係のイベントとして、コンクール、コンテスト、サミット、グランプリなどが開催されることがある。名称はそれぞれ異なるが、内容的にはいずれも同じようなものであり、個人や店、団体などが粉ものの味・アイデア・人気などを競う催しである。勝敗は、審査員の審査によって決められる場合もあれば、来場者が投票を行って決める場合もある。開催の目的は、ご当地粉もののPRや販売促進である。

早い例としては、二〇〇一年の七月から十月にかけて、邑楽郡邑楽町で実施された「粉食料理コンクール」がある。この催しは、同年十一月に開催された第一六回国民文化祭・ぐんま二〇〇一「食の文化祭」にち

なんだ企画であった。その後、二〇〇三年十一月二十二日には、伊勢崎商工会議所青年部による「もんじゃサミット大試食会」、二〇〇四年二月二十二日には、沼田市観光協会による「沼田名物だんご汁コンテスト」が開催されている。ただし、この頃までは、このようなイベントの開催はまだそれほど多くなかった。

食のコンテストやグランプリなどのイベントが増加していくのは、二〇〇六年二月十八・十九日に、食による町おこしの祭典「第一回B—1グランプリ」が青森県八戸市で開かれ、静岡県富士宮市の「富士宮やきそば」がグランプリを獲得し、話題になってからである。「B—1グランプリ」は全国規模のイベントであり、その経済効果は大きかった。

二〇〇七年六月二・三日には、静岡県富士宮市で開催された「第二回B—1グランプリ」に「上州太田焼きそばのれん会」が参加する。群馬からの参加はこれが初めてで、同会はその後も毎年参加を続けている(現在の参加団体は、二〇一四年四月に発足した市民ボランティア団体「上州太田焼そばEnJOY麺berS」)。しかし、「B—1グランプリ」に参加するには、営利を目的とせず、ボランティアを中心とした町おこし活動の団体であること、一定の活動実績があること、「愛Bリーグ」に加盟して資格審査を通過する必要があること等の条件があり、出展までの道のりは長く、参加することは容易ではない。これまでに、県内の団体で参加しているのは「上州太田焼そばEnJOY麺berS」のみである(二〇一六年現在)。

そのため、県内の多くの粉もの団体や店は、「B—1グランプリ」出展を意識しながらも、しばらくはこれまで通りのイベントを続けていく。二〇〇七年二月二十・二十一日には、県庁で開かれた「かあちゃんの天下一品フェア」で、「まんじゅう人気コンテスト」を実施。二〇〇八年二月十六・十七日には、同じく県庁・県民広場で「焼きまんじゅうサミット」が開催される。また、二〇〇九年三月一日には、渋川市役所で「日本のまんなかまんじゅう博覧会in渋川」が開催されている。

その後、「B―1グランプリ」出展よりも、団体や地域の連携によって、自分たちのグランプリを開催する動きが活発になっていく。そして、イベント名を「〇〇グランプリ」とすることが積極的に行われていく。二〇〇九年に前橋市で行われた豚肉料理コンテスト「T―1グランプリ」はその最も早い例であるが、粉ものを中心としたイベントではない。粉もの関連としては、同年八月一・二日に、「高崎まつり」の一環として、高崎市内のパスタ店が味やアイデアを競うコンテスト「キングオブパスタ」が開催される。また、同年十一月一日には、『麺の里』両毛五市の会」による「両毛五市麺バトルin桐生」が有鄰館（桐生市本町）で開催されている。

二〇一〇年一月には、県東部県民局・太田市・館林市・桐生市・みどり市などが作る実行委員会主催の「東毛ご当地グルメグランプリ」が開催される。また、同年九月二十六日には、伊勢崎商工会議所青年部によって「いせさきもんじゃまつりとご当地B級グルメフェスタ」が開催される。さらに、同年十二月十一日には、太田市北部運動公園で開催された「おおた食と光の祭典2010」には、「太田焼そば」「横手やきそば」「富士宮やきそば」ほか、県内や近県のB級グルメ一七品が勢ぞろいしている。

群馬DCが実施された二〇一一年には、DC期間（七月一日～九月三十日）を中心に、このようなイベントが相次いで開催されている。粉ものに限ったイベントではない場合もあるが、グランプリ獲得者や上位入賞者には粉ものメニューでの参加者が多い。七月二十四日には、大泉まつりで「大泉町B級グルメグランプリ」が開催。八月二十八日には、片品村でトマト料理コンテスト「T—1グランプリ」が開催される。九月四日には、前橋市商工会議所青年部「緑水会」による「第一次ご当地グルメ合戦」が開催。九月十八・十九日には、群馬DCの目玉企画として、県と伊勢崎市、伊勢崎商工会議所青年部の主催で「ぐんまのB級グルメ大集合」と「いせさきもんじゃまつりと県外B級グルメフェスタ」が、華蔵寺公園（伊勢崎市）で同時開催され、約一〇〇店が参加する。九月二十四日には、渋川市の伊香保温泉で、「MM（まんなかまんじゅう）—1フェスティバル」が開催。翌二十五日には、館林市役所でご当地麺の祭典「麺—1グランプリin館林」が開催される。十月二日には、藤岡市で創作料理の王座を争う「ふじおかC（チャレンジ）—1グランプリ2011」が開催。十一月には、沼田市B級グルメ研究会などが、天狗プラザ（沼田市上之町）で、揚げ物の祭典「ぬまた揚げ上げフェスティバル」を開催する。

群馬DC以後も、こうしたイベントの開催・参加は盛んである。二〇一二年五月六日には、富岡市役所で「2012とみおかご当地美食選手権」が開催される。同年九月一・二日には、両毛地域のご当地グルメを一堂に集めた「ぐんまvsとちぎ　ウマいもん合戦」が、桐生市稲荷町の新川公園で開催される。

二〇一三年には、県外のイベントに参加する動きもいくつか見られた。八月二十四・二十五日には、日本一のご当地うどんを決める「U—1グランプリ」が東京都内で開かれ、花山うどん（館林市）の「ひもかわうどん」が優勝する。九月には、東京で開かれた日本コロッケ協会の「第一回コロッケグランプリ」で、平井精肉店（高崎市大橋町）のオランダコロッケがバラエティー部門で金賞を獲得する。また、十月十三・十四日には、鳥取県大山町で開かれたご当地バーガーの全国大会「とっとりバーガーフェスタ

2013」に、館林の「上州なまずバーガー」と富岡の「上州富岡こしねバーガー」が初出場している。粉ものを中心としたイベントは、二〇一六年現在も新しいものが企画・実施されており、七月三日には、群馬・栃木両県の名物料理店が味を競う初の「粉もんぐるめグランプリ」（みどり市商工会主催）が、みどり市大間々町のはねたき広場で開催されている。

以上、ここに挙げたものは第一回のみであるが、その後も継続して実施されているものが多い。食のイベントがいかに盛んであるかがわかる。

（四）観光マップ・ガイドブックとスタンプラリー

店舗を紹介する方法として、自治体などによって観光マップやガイドブックが作成・配布されることがある。また、それらを活用してスタンプラリーが実施されることも多い。

スタンプラリーの早い例では、藤岡市の「藤岡ラーメン会」が一九九八年に実施した「第一回ラーメン駅伝」がある。

高崎市では、二〇〇九年十二月に市内で販売されている饅頭を紹介するパンフレット「一服満腹　たかさきのおまんじゅう」を、市が作成、無料配布する。この「一服満腹」パンフレットは随時刊行され、二〇一二年一月十六日にも、市内のパスタ店を紹介する「一服満腹　新・パスタ探検隊」が無料配布されている。また、二〇一〇年十二月二十四日には、高崎麺類商組合が「高崎グルメマップおいしいそば・うどん」を作成、無料配布している。

安中市の磯部温泉では、二〇一〇年九月に、磯部煎餅の食べ歩きを楽しめるキャンペーン「サクサク磯部煎餅かじり歩き」を実施した。

甘楽郡甘楽町では、二〇一一年十二月一日に、甘楽町内の飲食店一四店の麺が楽しめる「甘楽麺食いスタンプラリー」が実施される。

かつ丼が名物の甘楽郡下仁田町では、下仁田商工会が、二〇一一年一月に「下仁田かつどん」食べ歩きのスタンプラリーを実施する。また、二〇一三年二月には「下仁田かつ丼の会」がスタンプラリーを行っている。

そばとジャガイモを組み合わせた「長英そば」が名物の吾妻郡中之条町では、「中之条そば健」が二〇一三年九月に「長英そば」を食べ歩くスタンプラリーを実施している。

特産のキャベツを使った新名物「嬬恋餃子」を開発した吾妻郡嬬恋村では、二〇一四年九月に、取扱店によるスタンプラリーを実施している。

もんじゃ焼きが名物の伊勢崎市では、二〇〇四年一月十一日のいせさき初市で、伊勢崎商工会議所青年部が市内のもんじゃ焼き店を掲載したマップを配布している。

うどんが名物の桐生市では、二〇一〇年一月には、桐生麺類商組合が、加盟店を紹介するパンフレット「桐生うどんまっぷ」を作成、無料配布する。また、二〇一一年九月には、桐生麺類商組合青年部・FM桐生・NPO法人桐生地域情報ネットワークが「桐生もりあげうどん部」を結成。桐生・みどり両市のうどん店が参加する「桐生うどんスタンプラリー2011」を実施している。

そばが名物の邑楽郡邑楽町では、邑楽町商工会が、二〇一一年十一月に邑楽町のそばをPRする冊子「おうら蕎麦手帳」を作成・配布する。また、二〇一二年四月二十日には、「そばの町おうら会」がスタンプラリーを実施している。

県もガイドブックや観光マップの刊行を行っている。二〇〇九年三月十八日には、県観光物産課が県内の販売店情報をまとめた「焼きまんじゅうガイドブック」を作成・販売する。同課はその後も、二〇一〇年四月に「THEまんじゅうガイドブックinぐんま」、二〇一一年四月に「ぐんまのうどんガイドブック」を発行する。二〇一一年九月には、県民が選んだ群馬の「うまいもの」を一冊に詰め込んだ「ぐんま発G級グルメガイドブック」を発行、無料配布している。また、二〇一二年三月には県東部行政事務所が、東毛地域や隣接する栃木県内の自治体のグルメ、特産品、名所旧跡、イベント情報を網羅した観光マップ「ぐんまvsとちぎ・ウマいもん合戦漫遊記」を作成している。

JR東日本もガイドブックの作成やスタンプラリーを実施している。一九九九年四月には、JR東日本高崎支社が「めん街道両毛線スタンプラリー」を実施。二〇〇五年六月には、JR両毛線沿線で駅長お薦めの冷たい麺を紹介する冊子「めん街道両毛線–夏版」が作成される。また、二〇一五年十月十日には、JR東日本高崎・長野・新潟の三支社が、管内の駅そば三九店で「スキです。駅そばキャンペーン」を実施、「駅そばリーフレット」を各店で配布している。

以上、ここで取り上げた観光マップやガイドブックは主に初回発行のものであるが、多くはその後も随時、内容を更新して刊行されている。また、スタンプラリーも何度か繰り返して実施されているものが少なくない。

五　被災者支援と粉もの

地域おこしは、自分たちの地元に対して行われるだけではない。震災等による被災者への支援も、被災地復興を目指すものであり、地域おこしの側面をもつと捉えることができる。そして、その際にも粉ものが活用されることがある。

早い例としては、二〇〇四年十月二十三日に起こった新潟県中越地震の被災者への支援がある。「いせさき焼きまんじゅう愛好会」が、被災者を励まそうと同年十一月二十三日に長岡市内の避難所を訪れ、焼き饅頭一二〇〇本を振る舞っている。

二〇一一年三月十一日に東日本大震災が起こると、その直後から支援が行われ、数年にわたって続けられる。粉ものを活用した支援には、群馬の粉ものを被災者に振る舞うものと、被災地の名物の販売促進に協力するものとがある。

二〇一一年四月、片品村鎌田の横坂製麺は、福島県南相馬市から東日本大震災と福島第一原発事故の被災者を受け入れている村の宿泊施設に、うどん一〇〇〇食を配布している。また、「麺のまち『うどんの里館林』振興会」も、同月に東日本大震災の避難者に「釜玉うどん」と「しょうゆ焼きうどん」を振る舞っている。また、十一月には、榛東村と吉岡町の商工会が、被災した福島県新地町で炊き出しを行い、焼き饅頭七〇〇本とおきりこみ六〇〇食を振る舞っている。

二〇一三年十月には、東日本大震災の被災地支援の一環として、藤岡市職員や鬼石商工会会員らが、宮城県多賀城市の「第一五回史都多賀城万葉まつり」に参加し、鬼石名物の「とっちゃなげ汁」と焼き饅頭、計一五〇〇人分を振る舞っている。

被災地の名物の販売協力としては、次のような販売の場の提供が挙げられる。二〇一一年五月十一日に太田市石橋町で開催された、東日本大震災復興支援の「第八回ふれあい市フリーマーケット」では、避難者が福島県浪江町の名物「なみえ焼きそば」を販売した。また、同年十二月四日に高崎市内で行われたイベント「たかさき冬の祭典」でも、浪江町からの被災者が「なみえ焼きそば」の店を出している。

二〇一二年五月二十七日には、富岡市富岡で、東日本大震災で被害を受けた宮城県石巻市の復興支援を目的とした「動楽市」が開かれ、「石巻焼きそば」を販売した。また、二〇一三年十二月七日には、県内に避難している被災者を支援する「ぐんま暮らし応援会」が、高崎市棟高町のＮＰＯ法人じゃんけんぽん駐車場で「浪江風焼きそばの会」を開いている。

以上のように、粉ものは群馬の人々と被災地の人々を繋ぐものとして、活用されていることがわかる。それでは、なぜ粉ものが被災者を励ますために用いられたのか。それは、昔から群馬の人々にとって、粉ものが冠婚葬祭や年中行事に欠かせないものであり、人をもてなすための食べ物だったからに他ならない。さらに、そこに名物としての意味が付け加えられ、県外の人々をもてなし、互いの心を繋ぐのにふさわしいものとみなされたのだと考えられる。

六　地域と粉ものをめぐる物語の再発見と創出

「群馬の食文化といえば粉もの」と言われるほどに、県内のどこを歩いても「ご当地粉もの」が見られるようになった。これまでに見てきたように、現在における群馬の粉ものの隆盛は、一九九〇年代以降のご当地グルメブームの影響を受けておこったものであり、全国的な食による地域おこしの動向と無縁ではない。しかし、ご当地グルメとして、人々が粉ものを選択したところに群馬らしさがあるといえる。

その背景として、群馬が全国有数の小麦産地であり、人々が伝統的に粉ものに親しんできたことが挙げられる。すなわち、農村部においては、日常食としておきりこみ・水団《すいとん》・焼餅《やきもち》・ジリヤキなどが、行事食としてうどん・饅頭などが食されてきた。また、都市部では、焼き饅頭・もんじゃ焼きなどが親しまれてきた。その他にも、絹織物工業で有名な桐生市のうどん、自動車工業で発展した太田市の焼きそばのように、地域の労働力を支えてきた粉ものや、温泉饅頭・鉱泉煎餅のように観光と結び付いて土産物になった粉ものもある。

ご当地粉ものとして地域の人々が認め、積極的にPRしようとするのは、まずはこのような地域に根付いた伝統的な粉ものである。かつての名物であった「幻の食品」の復活が試みられる場合もある。

商品開発において、新しい粉ものが工夫される場合は、こうした伝統的な粉ものや歴史のある粉ものに新しい素材を加えたり、地元産の小麦粉と食材を組み合わせたりしたものが多い。地域の伝統と縁もゆかりもないものでは、粉ものであっても名物にはなり得ないからである。コンビニ商品として採用される場合であっても、そのことに変わりはない。

そして、そこには地域と名物とを繋ぐ「物語」が必要となる。すなわち、地域の何を背景にして、その名物は存在するのかという説明である。背景として語られるのは、歴史・文化・産業・自然等さまざまである。企業と地元の高等学校・大学による産学連携の商品開発も、地域と粉ものを結ぶ物語の一つと捉えることができる。

はじめに、群馬において一九九〇年代以降、自らの足元を見直すことで、地域ごとに「ご当地粉もの」が発見・創出されたと述べた。言い換えれば、それは地域と粉ものをめぐる物語の再発見と創出であったといえるのである。

農産物直売所に置かれる饅頭には、大きく分けて二つの種類がある。その一つは、群馬県下で一般に「ふかし饅頭」と呼ばれるものである。商品としては田舎饅頭、炭酸饅頭などの名称で売られていることが多い。ふかし饅頭は、今でこそ一年中食べることができるが、もともとは農家の年中行事の際に作られてきた行事食である。例えば『吉井町誌』によれば、農休み（七月二十日〜二十二日）、釜の口開け（八月一日）、七夕（八月七日）、十五夜、十三夜などに饅頭が作られていた。それも、各地で聞き取り調査を行うと、古くは「ゆで饅頭」と呼ばれ、皮の生地に膨張剤を入れず、釜の湯でゆでて作られていたことがわかる。昭和初期頃からは、重曹《じゅうそう》が家庭で饅頭の膨張剤として使われるようになり、蒸籠《せいろう》で蒸して作る黄色い炭酸饅頭が登場してきた。さらに、第二次大戦後の食生活改善運動などを経て、イースト菌を使った白いふかし饅頭が作られるようになったのである。ふかし饅頭の餡《あん》は小豆餡が一般的であるが、空豆・インゲン・砂糖味噌・切干し大根・キンピラゴボウなど、地域により家庭により様々なものが工夫されている。皮の生地にもヨモギ・シソ・カボチャ・味噌などを練り込んだ色彩豊かなものが見られる。

もう一つの饅頭は酒饅頭である。皮の生地の膨張剤に甘酒やどぶろくを用いたもので、その発酵作用により生地を膨らませるものである。群馬県下では一般に「す饅頭」あるいは「甘酒饅頭」と呼ばれている。酒饅頭もふかし饅頭と同様の行事食である。餡は小豆餡が一般的であるが、白インゲンに味噌を加えた味噌餡や、砂糖味噌なども見られる。高崎市吉井町の物産センター「ふれあいの里」では、ナスの味噌炒めが入った酒饅頭も売られている。また、佐波郡地域などの農家では、古くから餡を入れない酒饅頭が作られ、これに砂糖味噌などを塗って食べたといわれる。これを商品化したものが上州名物の焼き饅頭である。

酒饅頭の餡や味付けに味噌を使う例は、他県ではほとんど見られず、群馬県の酒饅頭の特色ではないかと思われる。

焼餅（おやきとも呼ばれる）もバラエティーに富んでいておもしろい。焼餅には餡の入ったものと入らないものとがあり、餡なし焼餅がより古い形と考えられる。群馬県では伝統的にどちらも作られていたが、もとは餡なし焼餅が多かったようである。餡なし焼餅は、生地に味噌などで味付けがされたり、刻んだネギやシソなどを加えて風味付けされたりするのが普通である。餡入り焼餅には、小豆餡が用いられることが多かったが、ほかにもナスや干葉《ひば》（菜類を乾燥させたもの）などの野菜餡を入れたものがあった。また、現在は見られないが、古くは西毛や北毛の山間部に、ウルカ（鮎の内臓の塩漬）やホオザシを餡にした焼餅があったという。近年では群馬県の焼餅に長野県の焼餅の影響が見られるようになった。長野県には概して餡入り焼餅が多く見られ、小豆餡と並んで、カボチャ餡・切干し大根・ナスの味噌炒め・野沢菜の油炒めなどの野菜餡が一般的である。そして、これらが群馬県各地の農産物直売所でもしばしば見られるのである。それは、こうしたものが消費者に好まれるからである。例えば、平成十二（二〇〇〇）年十月二十一日の上毛新聞の記事によれば、榛東村の農村女性加工研究グループでは長野県の焼餅を視察研修に行ったというから、今後こうした傾向には拍車がかかるかもしれない。

このように、饅頭や焼餅のような地域性豊かな伝統食・郷土食も、昔ながらのものがいつまでも変わらずに作り続けられているわけではない。様々な影響を受け、時代とともに絶えず変化しているのである。したがって、地域に見られる伝統食・郷土食を取り上げ、それらが変化していく様子を記録し、さらにその背景を調べることで、地域の生活史の一端をうかがい知ることができるのである。郷土食は「食べられる民俗資料」あるいは「食べられる文化財」といってよいだろう。

さて、饅頭や焼餅を買って来ると、まず写真を撮り、その特徴をノートに記録してから食べることにしている。写真撮影は専ら自然光に頼って行っているので、夜や雨天時にはできない。そのため、翌日になって撮影を済ませてから食べることもしばしばである。ただ、そうすると、作りたてに比べて味が落ちてしまうのが残念である。しかし、記録することを優先して我慢している。また、包装のポリ袋やラップに貼られているラベルなどには、重要な情報が記載されているから、丁寧に剥がしてクリアファイルに整理しておく。こういう食品は永久保存することはできないし、食べてしまえばそれで終わりであるから、コレクションしようと思ったらこれくらいしか方法がない。それでも、こつこつと続けているうちに、クリアファイルは一〇冊になり、撮影フィルムも一〇〇本を超えた。親がこういうことをしているせいで、我が家の子供たちはあんこの入った饅頭が大好きである。

これまでに記録してきた資料や写真などを、既刊の市町村誌や民俗調査報告書などの記述と比較してみると、現在までのところ、各地の農産物直売所に置かれた饅頭や焼餅には、地域の伝統的な特色を残したものが多く見られる。しかし、農産物直売所に置かれたものは商品であるから、前述したように、より消費者に好まれる形に変化してきている。今のうちに記録しておかないと、どの地域の饅頭・焼餅もみな同じようなものになってしまうかもしれない。あるいは、逆に差別化を図るために、地域性が大切にされるようになるだろうか。まだ当分の間、私の農産物直売所巡りは続きそうである。

付記

平成十五（二〇〇三）年に書いた文章である。すでにデジタルカメラの時代であったが、私は当時、まだフィルムカメラを使って写真撮影をしていた。理由は、使い慣れていることと、その頃のデジタルカメラの性能がまだあまり高くなかったためである。フィルム写真は粒子が細かくてきれいなので、今でも基本的にはフィルムカメラの方が好きである。

祭りの露店を歩く

この夏も妻と二人の子供を連れて、吉井まつりに行って来た。吉井町の夏祭りは、いくつかの町内から山車《だし》や御輿《みこし》が出されるもので、もとは祇園《ぎおん》祭りと呼ばれた病魔を払うための祭りである。現在は、会場（産業文化会館前の町営駐車場）に設置されたステージで、歌や踊りを中心にした様々なイベントが行われるようになって、昔に比べるとだいぶ様変わりした。しかし、我が家ではまだ子供が小さいので、そうした華やかなイベントよりも、会場に並ぶ露店を見て歩くのを楽しみにしている。吉井まつりの露店を見ると、かき氷・たこ焼き・焼きそば・お好み焼き・焼き饅頭《まんじゅう》・唐揚げ・綿菓子といった食べ物や、金魚すくい・射的・面・ヨーヨー・ビー玉などの玩具を扱っている店がほとんどである。期日が七月二十四日で、ちょうど夏休みに入ったばかりだから、子供や家族連れを相手にした露店が多く、幼稚園児の我が子は二人とも大喜びであった。

祭りや縁日の露店は、いつでもどこでも同じようなものが並ぶかというと、そうではない。例えば、高崎市の新後閑町《しごかまち》にある琴平神社の縁日（毎月十日）には、乾物・七色唐辛子・金太郎飴《あめ》・掛け軸・衣類・竹細工・木工品などの露店が立ち並び、吉井まつりとは全く様相が異なる。実は、この違いは客層の違いを反映したものである。つまり、子供客の多い吉井まつりとは異なり、琴平神社の縁日には参詣目的の人々が集まり、中高年の客が大半を占めるため、こうした露店が多いのである。

時代による変化もある。田中友次郎著『大手前の子』によると、明治末期頃の高崎の大手前に出た露店には、ブッキリ飴・カルメ焼き・新粉細工《しんこざいく》・松皮煎餅《せんべい》・ふかし饅頭・煮込みおでん・とうもろこし・かき氷・提灯・鈴虫・海ほおずき・薬・植木などの店があったという。今ではもう見られなくなってしまったものも多い。変わったところでは、カラスのろうそく焼きというのがある。前沢辰雄著『倉賀野物語』によると、高崎市倉賀野町では十二月二十四日の松市にサザエの壺焼きやカラスのろうそく焼きの露店が出て、名物になっていたという。カラスの肉は普通は臭くて食えたものではないが、ろうそくの火で時間をかけて焼いたものはうまいのだという。やはり明治期の話らしい。

昔ながらの懐かしい露店が見かけられるのは、少林山達磨寺（高崎市鼻高町）の七草市（一月六・七日）である。ここには張り子だるまや熊手などの縁起物の露店に混じって、べっこう飴や新粉細工などの露店が、まだ時々は出ている。それから、どういうわけか最近めっきり少なくなってしまったものに、甘栗や鯛焼きの露店がある。私が子供だった昭和四十年代には、こういうものは祭りのときに露店で買って食べるもので、普段はお目にかかれなかった。しかし、今ではスーパーマーケットなどで普通に売っているので、これを扱う露店商が少なくなってしまったのかもしれない。逆に、最近非常に増えたものに、お好み焼きとたこ焼きの露店がある。いずれも関西系の食べ物で、「大阪焼き」とか「広島風お好み焼き」などという暖簾《のれん》も見られる。たこ焼きなど、今ではしっかりとたこが入っているけれども、私が子供の頃にはたこの入っていないものがよくあったものである。

地域による違いもある。群馬県に特徴的なのは、焼き饅頭の露店である。「上州名物焼きまんじゅう」などという暖簾を出して、饅頭を蒸す蒸籠《せいろう》と饅頭を焼くコンロ、それに焼き上がった饅頭を並べるガラスケースを備えている。注文すると、竹串に刺した饅頭に味噌《みそ》を塗りながら焼いてくれる。群馬県内ならどこにでも出ていて、夏でも冬でも人気があるが、県外に出かけるとまずほとんど見かけることはない。まさに上州名物なのである。

一見無秩序に立ち並んでいるように見える露店だが、実は露店の出店にはいろいろな決まりがある。平成二（一九九〇）年のことだから、もうだいぶ前になるが、『新編高崎市史』の編纂《へんさん》に関わって、露店商の仕来《しきた》りについて調べるために高崎の露店商組合を訪ねたことがある。そこで聞いた話では、露店商には商売をする上での縄張りがあり、これをニワ（庭）と呼ぶ。そして、縄張りの親分衆をニワヌシ（庭主）という。露店を出すためには、まず、地元のニワヌシに対して事前に挨拶に行かなくてはならない。正月に酒二升を持って行くのが普通で、「お頼ん申します」と仁義をきる。その上で、露店市の開かれる日が近づくと改めて出店の申し込みをする。これをネタヅケといい、用紙に所属する一家名・氏名・扱う商品名などを記入して、露店商組合に提出する。

露店市の開かれる数日前になると、ショバ（出店場所）の割付が行われる。これをテンワリ（店割り）という。平成二年の高崎まつりのテンワリに同行させてもらったのだが、およそ五〇人が参加し、二七五軒の露店のショバを決めるのに、正午から始めて二時間半ほどかかった。テンワリには出店を希望する露

吉井まつりに出ていた焼き饅頭の露店

店商が参加し、組合役員の立ち会いのもとに、路上を歩きながら一つ一つショバを決める。参加回数の多い露店商のショバはだいたい決まっており、毎年同じ場所に優先的に出店することができる。したがって、新規の参加者は、常連の露店商がショバを取った後、残った場所に出店することになる。テンワリは、同じような品目の露店が並ばないようにして行われ、食べ物の露店は原則として食堂の前には出さないようにするなど、一般の商店に対する配慮もなされる。

露店商の商売はサントブチ（三十打ち）と呼ばれる。一〇日のうち三日晴れれば金がとれるという意味で、天候しだいの商売ということである。商売のすべてが終わると、ニワヌシのところへ行き、「おかげさまで、いっぱいとらせてもらいました」と挨拶をして帰る。露店商の世界では、こうした仕来りが現在もきちんと守られているのである。

さて、我が家では吉井まつりの露店で何を買ったかというと、綿菓子とかき氷を二つずつ、それにたこ焼き・焼きそば・唐揚げを一つずつである。それから、金魚すくいとビー玉すくいを二回ずつやった。綿菓子なんて一つ五〇〇円もして決して安いものではないのに、子供にせがまれるままに買ってしまうのは、やはり祭りの雰囲気というものであろう。祭りの露店市はハレの場であって、そこには一種独特の熱気と解放感がある。それにしても、我が子がこんなことを無邪気に喜んでくれるのは、一体いつ頃までだろうか。子供の笑顔を見ながら、ふとそんなことを思った。

付記

平成十六（二〇〇四）年に書いた文章である。吉井まつりは、筆者の住んでいる高崎市吉井町（当時は多野郡吉井町）の祭りである。この頃は、毎年家族そろって祭りに出かけていた。結局は、それも子供が小学生の頃までのことで、それ以降は、子供たちは友達と出かけるようになった。

また、少林山達磨寺の七草市も平成二十八（二〇一六）年から大きく様変わりし、以前ほどだるまの露店が出なくなってしまった。翌二十九年からは、ＪＲ高崎駅西口駅前通りで「高崎だるま市」（一月一・二日）が開かれるようになった。

マルメモノを求めて群馬県を歩く

平成十七（二〇〇五）年度は群馬大学の大学院（教育学研究科）に通わせていただき、二十年ぶりに学生生活を過ごした。前期は必要な単位取得のために、ひたすらゼミに出席する毎日であったが、後期は自分の修士論文執筆のための調査活動に集中することができた。私の専攻は社会科であり、地理学研究室に所属している。

研究テーマは「群馬県におけるマルメモノ食慣行とその地域差」である。どうしてこんなテーマを選んだかといえば、大学時代に農業地理や民俗学をかじっていたためと、食文化に興味をもっていたためである。マルメモノというのは、団子・餅《もち》・ボタモチ・饅頭《まんじゅう》・焼餅《やきもち》など、穀物を材料にして丸めて作る伝統的な食品のことである。このような食品は、地域によって異なった材料で作られ、様々な年中行事に供されたり、日常の食事に用いられたりして、それぞれに特色をもっている。そこで、群馬県各地でその実態を調べ、地域差の要因を考えようというのである。したがって、これは沢山の文献を読み込むような研究ではなく、専ら聞き取り調査を中心とするフィールドワークに頼った仕事である。

そのために、私はまず、平成の大合併以前の群馬県の全市町村（七〇市町村）に合計一〇九か所の調査地を設けた。それから、カメラと地図とフィールドノートを入れたリュックサックを背負い、それぞれの地域に出かけて行って、そこに住むお年寄りから伝統的な食生活の様子を聞き取って歩いた。調査地の数が多く、事前に交渉することなどとても不可能であるから、行った先で農家を訪ねてはお願いするのである。言うまでもなく、こういう調査は決して効率的なものではない。午前・午後にそれぞれ一か所ずつ、一日に二か所を歩くのが精一杯である。しかも必ず話が聞けるとは限らず、一日足を棒にして全く成果なしということさえある。犬に吠えられたり、訪問販売と間違えられたりしたこともある。結局、聞き取り調査に平成十七年九月から十八年一月まで丸五か月を費やすことになった。しかし、全体としてみれば群馬県の農村部には親切な方が多く、見ず知らずの相手であるにも関わらず、座敷に上げて丁寧に応対して下さる場合がほとんどであった。ちょうど作ったところだからと、炭酸饅頭やジリヤキを御馳走して下さった方もある。そして、そうやって歩いた結果は、私にとって大変興味深いものであった。

ご馳走になったジリヤキ（沼田市利根町平川）。オタラと呼ばれていた

地域の食文化に影響を与える要因には様々なものがあるが、最も顕著なものは、地形や気候などの自然条件と伝統的な農業の形態である。簡単に言ってしまえば、山地であるほどアワやヒエなどの雑穀に依存する割合が高く、山麓から平野部に下っていくに

したがって米に依存する割合が高くなる。麦類は山間部から平野部まで見られるが、積雪の多い地域と土地の低湿な地域では栽培が難しい。例えば、利根郡旧水上町藤原では冬の積雪のために大麦や小麦が栽培できなかったし、邑楽郡邑楽町中野では低湿なために水田での二毛作ができず、麦類は畑で若干作られたに過ぎなかった。

こうした穀物栽培の違いは、マルメモノの材料に反映される。例えば、私たちの住む吉井町のような平野部では、餅はモチ米で作られるのが普通である。しかし、吾妻郡草津町前口や利根郡片品村花咲《はなさく》などの山間部では、昭和三十年代頃までアワやキビで餅が作られることが多かった。同様な傾向は団子やボタモチにも見られる。団子の一種である小正月のマユダマは、平野部ではウルチ米の粉で作られるが、利根郡、吾妻郡、多野郡などの山間部ではヒエ・シコクビエ・アワ・ソバ・トウモロコシなど様々な雑穀の粉で作られていた。また、吾妻郡中之条町山田に残る「盆のボタモチゃ、シンから米だ」という言葉は、盆にはボタモチがモチ米で作られるが、それ以外の機会にはアワで作られたことを示している。焼餅の材料もバラエティに富んでいる。吉井町では専ら小麦粉で作られるが、山間部の多野郡上野村楢原《ならはら》では小麦粉の他にソバ・トウモロコシ・シコクビエなどの粉で作られていたし、平坦部の邑楽郡大泉町古海《こかい》にはウルチ米の焼餅があった。

民俗信仰が食文化に影響を与える場合もある。盆や彼岸に作られるボタモチは、小豆餡《あん》を使ったものが普通であるが、その他にキナコやゴマを使ったものも一緒に作られることが多い。ところが、利根郡や吾妻郡など北毛山間部には、ゴマを使わず、代わりにエゴマを使ったボタモチがしばしば見られる。群馬県ではエゴマをイグサと呼ぶところが多く、このボタモチはイグサボタモチと呼ばれる。ボタモチにゴマを使わないのは、この地域にゴマ栽培を禁忌とする習慣があるためである。ゴマを作らない理由としては、先祖や氏神がゴマで目を突いて怪我《けが》をしたからだと説明する場合が多く、とくに白根山の神を氏神とする地域にゴマ作禁忌が多く見られる。

また、シトギと呼ばれる団子のような食品の見られる地域がある。シトギは神への供え物で、材料は主にウルチ米である。水に浸したウルチ米を臼と杵で搗《つ》いて作る。そして、加熱せず生のまま供えるのが特徴である。シトギの分布は非常に限られ、利根郡旧水上町藤原、旧新治村東峰《ひがしみね》須川《すかわ》、勢多郡東村座間《ざま》、多野郡旧鬼石町坂原、上野村楢原《ならはら》・野栗沢《のぐりさわ》などの山間集落で確認できたに過ぎなかった。米以外の穀物でシトギが作られる場合もあり、多野郡旧中里村神ケ原《かがはら》や平原《へばら》にはウルチ米と大豆のシトギが、利根郡片品村土出《つちいで》にはソバのシトギが見られた。シトギは山の神の祭りに供されることが多く、山の神信仰と結びついた食品となっている。

県境に近い地域の場合には他県との関連も考えられる。五月の節句に柏餅が作られることは群馬県下で一般的であるが、多野郡上野村・旧中里村・旧万場町・旧鬼石町などではツトッコあるいはカシワッパモチなどと呼ばれるチマキに似た食品が作られていた。これは、モチ米と小豆を栃、朴《ほお》、柏などの葉で包み、ゆでたものである。これと同様な食品は隣接する埼玉県秩父地方にもあり、『皆野町誌』によれば、秩父郡皆野町門平ではシバヅツミと呼ばれている。奥多野地方と秩父地方とでは古くから通婚などの社会的交流が行われており、そうしたことが食文化にも影響していると考えられる。

以上のように、食文化は各地の伝統的な生活様式を反映しており、マルメモノの地域分布を調べることによって、地域を特徴づけることができる。平成十七年度は資料収集に終始したが、来年度は各地で聞き取った内容を整理して、群馬県のマルメモノ食慣行分布地図を作成し、修士論文を執筆していきたいと考えている。現地調査では一〇〇人を優に超える大勢の方々にお世話になった。心から感謝申し上げたい。

付記

平成十七（二〇〇五）年度、群馬県教育委員会による現職教員の大学院研修で、群馬大学大学院に通っていた時に書いた文章である。五か月の間、毎週三日から五日くらい調査に歩き、県内のあちこちで伝統的な食文化について聞き取りを行った。それを元にこの翌年度に修士論文を書き、大学院を修了した。筆者にとって、この二年間は本当に貴重な経験となった。

忘れられない粉ものの思い出

一　米粉の焼餅《やきもち》（吾妻郡東吾妻町）

昭和五十九（一九八四）年、私の学生時代の話である。群馬県の民俗学の第一人者だった故都丸十九一《とまるとくいち》先生が、私の通っていた群馬大学教育学部で非常勤講師をされていた。都丸先生は大正六（一九一七）年のお生まれ。群馬県師範学校を卒業された後、小・中学校勤務の傍ら、柳田國男に師事され、県内の民俗を精力的に研究されてきた方である。その都丸先生が中学校長を退職後、昭和五十八年度から六十年度まで、群馬大学で「郷土史研究特講」や「民俗学」の講義を受け持たれていたのだった。

当時、私は友人が主宰する民俗学研究会に入り、輪読会を中心に民俗の勉強をしていた。もちろん、研究会のメンバーは都丸先生の講義に出席。先生と親しくお話しする機会を得た私たちは、夏休みに泊まりがけで民俗調査をご指導していただくことになった。

調査地は、吾妻郡東吾妻町（当時は吾妻町）三島の唐堀《からぼり》地区。古くから良質な麻の生産で知られた土地だ。伊勢神宮などに納めるため、現在も特別に許可を得て、岩島麻保存会の人たちが麻の生産を続けている。宿泊場所は、浄清寺《じょうしょうじ》という浄土宗のお寺。地元の研究者の方々と都丸先生がお知り合いだったことから、ご住職が快く宿を提供してくださったのだ。おかげで、私たちは二泊三日の調査期間中、朝から晩まで、麻作りや養蚕、年中行事や民俗信仰、人形芝居などの話を地元の方々からお聞きしたり、地域の様子を見学したりして、本当に充実した時間を過ごすことができた。

その際、ご住職の息子さんの奥さんが、おやつにと作って出してくださったのが、米粉の焼餅だった。私は、初めそれを見たときに、大福餅を焼いたものかと思ったのだが、そうではなかった。粳米粉《うるちまい》を熱湯でこねて皮の生地とし、それで小豆餡《あん》を包み、いったん蒸籠《せいろう》で蒸したものを、さらに網の上で焼いたものだったのだ。粳米粉だから糯米《もちごめ》の餅よりも歯切れがよく、また焼いてあるので香ばしかった。中の小豆餡はほどよい甘さで、聞き取り調査で疲れた頭と体には、うれしいおやつだった。

それまで私が知っていた焼餅は、小麦粉に味噌《みそ》を練り込んで、丸めて焼いたものだった。風味付けに刻んだシソやネギが練り込んであったりしたが、餡は入っていなかった。私の住む高崎市吉井町地区では、焼餅といえば大体そういうもので、それが当たり前だと思っていた。だから、同じ群馬県でも随分違うものだと、つくづく思ったものである。

後で唐堀地区の方々に昔の食生活について伺ってみると、米粉の焼餅は間食品の中でも、どちらかといえば御馳走《ごちそう》の部類に入り、普段食べる焼餅には小麦粉やソバ粉が使われることが多かったということであった。焼餅に普段食べるものと、御馳走用のものがあるということも、学生だった私には初めて耳にする話であった。

これが、言ってみれば、食の地域的な違いを実感した原体験であり、私はこの時のことがきっかけとなって、各地の食文化に興味をもつようになったのである。

二　おきりこみ（甘楽郡甘楽町）

群馬に生まれながら、私は二十歳を過ぎるまで、おきりこみを食べたことがなかった。中学生の頃（一九七〇年代後半）、友達と雑談をしていて、話題が自分の家の食事のことになった時、夕飯にご飯と味噌汁を食っていると話したら、お前んちは変わっているなあ、俺んちは毎晩うどんだぞと言われた。その時は、変わってなぞいるものか、お前んちの方がよっぽど変わっていると言い返したのだが、大学生になって民俗調査をやるようになり、私の家の方が例外的だということに気が付いた。

群馬の農村部の伝統的な食事では、まず、朝食にご飯を炊いて味噌汁を作る。昼間は農作業で忙しいから、昼食は朝の残りものを食べて済ます。そして、夕食におきりこみやうどんを作って食べるのが一般的であった。私の家は農家ではない。父親が高校の教員で勤め人の家庭だったせいもあり、自宅でおきりこみを打つ習慣がなかったのである。

初めておきりこみを食べたのは、大学四年のとき。昭和六十（一九八五）年のことだった。地理学を専攻して、農業地理で卒業論文を書くことになり、甘楽郡甘楽町大字秋畑の最奥にある那須という地区に調査に入っていたときのことである。ここはかつて、養蚕やコンニャク栽培、薪炭生産や紙漉《す》きなどで生活をしてきた山村であり、その生業形態が高度経済成長期を経て、どのように変わってきたのかというのが、私の研究テーマだった。

九月の終わり頃のこと。民宿を兼業する一軒の農家で聞き取り調査をしていて、少し遅い時間になってしまい、ご主人は刺身を肴に日本酒で晩酌を始めた。あんたも一杯どうかねと勧めてくださったのだが、飲んでしまっては調査にならないので（しかも私は下戸なので）、あと少しだけと話を伺っていた。すると、奥さんが夕飯におきりこみを作って、出してくださったのである。この季節、この辺りは日が暮れると結構冷え込むので、できたての熱いおきりこみは、大変ありがたかった。小麦粉はもちろん地粉で、一センチ以上もある幅広の麺《めん》。味噌仕立ての汁にジャガイモやネギ、シイタケ、油揚げなどが入っていた。打ち粉がついたままの生麺を汁に入れて煮込むので、汁にとろみがついており、食べると体が温まった。うまい、と思った。

だが、見ず知らずのお宅に上がり込んで、長々とお話を伺った上に夕飯まで御馳走になるなんて、考えてみれば図々しい話である。しかし、地域の方々は、学生が勉強のためにやっていることだというので、快く受け入れてくださったのだろう。私も、たくさんの方から話を聞き、その土地の様子がわかってくるのが、楽しくて仕方がなかったのだ。聞き書きを記録したフィールドノートは、今でも私の宝物である。

三　ヒエ焼餅《やきもち》（多野郡上野村）

これも学生時代の話。ヒエ焼餅、つまりヒエを粉にして作った焼餅のことだが、これは私が実際に食べたわけではなく、聞いた話。それも土地に伝わる昔話である。場所は、多野郡上野村の住居附という集落。これで「すもうづく」と読むのだから、地名は難しい。話してくださったのは、明治生まれのＴさんという男性。今は既に故人である。

昔々、ある山深い集落に、駕籠《かご》に乗った殿様が通りかかった。ちょうど昼時でもあり、お腹の空いた殿様は食事を所望した。家来は早速、一軒の百姓家に入って行き、何か食べるものを出して欲しいと頼んだ。頼まれた家の主人は驚き、そして困ってしまった。こんな山の中の村で、しかもいきなり来られたって、殿様のお口に合うものなどあろうはずがない。丁重に断ると、家来は、何でもいいから大急ぎで出してくれ、と強い口調で言う。

そこで、仕方なく、大慌てで石臼でヒエを碾《ひ》いて粉にし、これをこねて丸め、焙烙《ほうろく》で焼いてヒエ焼餅を作った。それはなんと、キラキラ光る焼餅だった。実は、あまりに急いだので、ヒエを脱穀せずに、殻の付いたまま石臼に入れて碾いたため、砕けたヒエの殻が粉に混じってしまい、それがキラキラ光って見えたのだった。こんなものをお出ししたら、それこそお手討ちになるのではないか。主人は恐る恐るヒエ焼餅を差し出した。しかし、お腹の空いていた殿様は、「うまい、うまい」と言って、その焼餅をみんな食べてしまった。そして、さも満足した様子で駕籠に乗ると、機嫌良くお城へ帰って行った。

さて、後日のこと。再びこの集落を通りかかった殿様は、あの時のヒエ焼餅をまた食べたいと言った。今度は、脱穀したヒエの粉があったので、百姓家の主人はそれを使ってヒエ焼餅を作って差し出した。ところが、その焼餅を見た殿様は変な顔をして、「これは、この前のものと違うではないか。あのキラキラ光る焼餅が食べたいのだ」と言った。

腹が減っておれば、どんなにまずいものでも、うまく感じるという笑い話。ちょっと、落語の『目黒のさんま』にも似たところのある話だ。こんな昔話も、そのままではいずれ忘れ去られてしまうので、ここに書き留めておく次第である。

四　ナマズのてんぷら（邑楽郡板倉町）

唐突だが、てんぷらは粉ものと言えるだろうか。衣を主役と見るか、中の食材を主役と見るかで意見は異なってくることだろう。だが、結論から言えば、私はてんぷらは粉ものだと思っている。中身が何であろうとも、水溶きした薄力粉を付けて油で揚げることで、初めててんぷらになるからだ。つまり、主役は衣＝小麦粉と考えたいのである。野菜、山菜、魚介、肉類。何でもてんぷらになるし、皆それぞれにうまいが、とくに私の印象に残っているのは、ナマズのてんぷらである。

私が教職に就いてまだ間もない、昭和の終わりか平成の初め頃のこと。邑楽郡千代田町にある川魚料理店で、学生時代の友人と飲み会をやったことがある。そこは、館林市出身の文豪・田山花袋ゆかりの店であった。大学を卒業して何年かは、数人の友達と年番で幹事を回しながら、年に一回集まりをもっていたのだ。私は酒が全然飲めないのだが、食べることは大好きなので、この集まりには必ず参加していた。たまたま、東毛地域の高校に勤めていた友人が幹事役だったことから、今回はそこが会場となった。

東毛は、利根川本流が流れるところで、群馬県内では最も標高が低く平坦な地域である。昔から川魚漁が盛んな土地だったから、今回は川魚づくしと聞いて楽しみにしていた。出てきた料理は、鯉《こい》の洗い、鮒《ふな》の甘露煮、鮎《あゆ》の塩焼き、鰻《うなぎ》の蒲焼き、丸揚げにした鯉のあんかけなど。どれも皆うまかったが、とくに鰻の蒲焼きは絶品だった。そうして、私たちは心ゆくまで川魚を堪能《たんのう》し、酒を飲み、語り合ったのだった。

しかし、である。その晩のメニューには何か一つ欠けているものがあった。そう、ナマズのてんぷらである。かねてより、幹事役の友人からそのうまさを聞いていた私たちは、ぜひともナマズを食べてみたいと思った。また、友人もそのつもりだったらしい。翌日、千代田町を出た私たちは、車で板倉町へと向かった。この町には、何軒かのナマズを食べさせる店がある。途中あちこち寄ったので、県東端にある板倉町に到着したのは、ちょうど昼時だった。私たちは一軒の食堂に入り、そこでナマズのてんぷらと鯉こくを注文した。どちらも昨夜のメニューには無かったものだ。しかし、あれだけ川魚を食べたのに、まだ食べようというのだから、若い頃の食欲と好奇心は実に大したものだと思う。

出てきたナマズのてんぷらは、子供の握り拳くらいの大きさのものが二つ。食べてみると、サックリとした衣の中に、肉厚の、意外にあっさりとした白身が詰まっていた。ナマズのグロテスクな外見からして、ちょっと泥臭いものを想像していたのだが、そんなことは全くなく、ふんわりとした歯応えの、上品な味わいの魚だった。この時は天つゆで食べたのだが、塩でもいけると思う。案内してくれた友人は、「どうだ、うまいだろう」と言わんばかりに、得意げだった。

あの頃の友達とは、その後も県内の研究会や民俗文化財関係の仕事で、いろいろとつきあってもらった。現在は、忙しさにかまけて年賀状のやり取りばかりになってしまったが、退職してお互いに時間が取れるようになったら、またゆっくり会いたいと思っている。

五　ずりあげうどん（埼玉県秩父市大滝）

これも平成の初め頃の話。当時私は、群馬大学地理学研究室の恩師・菊地俊夫先生と、同じ研究室を卒業した後輩と、三人で山村研究会というのをやっていた。理由は単純で、三人とも山村の伝統的な生活について調べるのが好きだったからだ。菊地先生がいろいろと面倒をみてくださって、三人で一緒に調査をやったり、連名で論文を書いたりしていた。

研究会を始めて何年目かの夏休み、私たちは埼玉県秩父市大滝（当時は秩父郡大滝村）に、二泊三日の予定で調査に入ることになった。そして、まず土地利用調査から始めることにした。土地利用調査というのは、田畑にどんな作物が栽培されているか、調べて記録するものである。大縮尺の地図か空中写真を持ち、耕地の一筆ごとに栽培されている作物を見ながら、作物名を記入していく。畑に作物のある時期でなければばやる意味がないから、真夏に実施することが多く、暑さに耐え、蚊と戦いながらの過酷な調査である。

残念なことに当日は雨になってしまい、仕方なく合羽を着て傘を差し、土地利用調査をすることになった。合羽のおかげで蚊には刺されず、雨にも濡れなかったが、一日中段々畑を歩き回って汗だくになってしまった。「これじゃあ、雨に濡れるのと大して変わらないや」と思いながら、泊まっている民宿に戻って来ると、その家の奥さんが夕食の準備をしてくれていた。そして、にこにこしながら「風呂が沸いてるから、入ってきて。夕飯はずりあげでいいかね」と言った。タオルで顔や頭を拭きながらその言葉を聞いたとき、私は「ああ、ここにもやっぱり、ずりあげうどんがあるのだな」と思った。

ずりあげうどんというのは、釜揚《かまあ》げうどんによく似たうどんの食べ方である。手打ちの生うどんを鍋《なべ》に入れてぐつぐつとゆで、ゆだったところで鍋から直接箸で椀《わん》に取り、そこに薬味をのせ、さっと生醤油《きじょうゆ》をかけ回して食べる。私はこの時まで、ずりあげうどんを食べたことはなかったのだが、話を聞いたことはあった。

その話をしてくれたのは、私の父である。場所は多野郡上野村。父は長く高校の教員をしていたのだが、若い頃の数年間、中学校に勤めていたことがあった。その最初の赴任地が上野村だったのだ。昭和三十（一九五五）年頃のことである。当時、山間僻地に赴任した若い教員は、教員宿舎に住むか、一般の農家に下宿することが多かった。私の父は農家に下宿していたのだが、そこへ夜になると、村の若い衆が食べ物の入った鍋を下げて、遊びに来ることが時々あった。多くの場合、鍋で煮た肉などで、それを温め直してつつきながら、他愛もない話をするのであった。父は、熊・犬・リスなど、それまで食べた経験のないもの食べたという。

あるとき、父を含めた数人でうどんを食べることになり、「簡単だから、ずりあげうどんにしよう」ということになった。囲炉裏《いろり》にかけた鍋でうどんをゆでている間に、ほぐしたサケ缶や生卵、刻みネギなどを各自が椀に入れ、生醤油をかけて適当に味付けする。そこに、ゆだったうどんを鍋から直に箸で取って入れ、食べるのだった。上野村を含めた多野郡と、大滝を含めた埼玉県旧秩父郡は、いくつかの峠道で結ばれて隣り合っており、昔から県境を越えて行き来が盛んだった。だから、食文化も互いによく似ているのだ。

わが家のずりあげうどん

さて、大滝の話に戻る。民宿の奥さんは、卓袱台《ちゃぶだい》の上にカセットコンロを置くと、鍋をかけた。私たち三人は、大皿に盛られたうどんを鍋に入れ、ゆだってくるそばから椀に取り、生醤油をかけて食べた。薬味には刻んだネギ・シソ・ミョウガ・海苔《のり》・花かつお・七味唐辛子などが並んでいた。具として、ゆでたナスや、鶏《とり》のささみを蒸してほぐしたものもあった。味付けは生醤油だけなのに、具と薬味の組み合わせを適当に変えながら食べると、あれだけ大量にあったうどんも、飽きることなく完食してしまった。

その後、菊地先生は東京都立大学（現・首都大学東京）に異動され、私たちも群馬地理学会の創設に関わったりする中で、山村研究会は発展的解消を遂げたのだった。今でも、自宅で家族とずりあげうどんをやることがあるが、食べる度に楽しかったあの頃のことを思い出すのである。

六　そばがき（利根郡片品村）

私がそばがきを初めて食べたのは、小学校四年生くらいの時だから、昭和四十七（一九七二）年頃のことである。あまりに昔のことなので、よく覚えていないのだが、ある日、父がどこからか大量のソバ粉をもらってきて、さて、どうしようかということになった。多分、そば打ちは難しいので、とりあえず、そばがきにして食べることになったのだと思う。それは、椀に入れたソバ粉に熱湯を注ぎ、箸で素早く掻《か》いただけのもので、生醬油《きじょうゆ》を付けて食べた。ねっとりとしていて、まずくはないが、それほどうまいとも思わなかった。新そばの良い香りがしたはずなのだが、子供だったので香りのことなど全く意識していなかった。今考えると、碾《ひ》き立てのソバ粉だったのに、もったいない話である。

大学生の頃、友達と雑談をしていて、そばがきが話題になった時、友人の一人が「あれはザラザラしていて、うまくない」と言った。私はちょっと意外に思ったので、「ザラザラなんてしていないだろう」と反論したのだが、友人は「ざらっぽくて嫌いだ」と言って譲らなかった。実は、そばがきを作る時は、沸騰しているような熱い湯で、手早くソバ粉を掻かないと駄目なのだ。多分、その友人の場合は、使った湯の温度が幾分低かったのではないかと思う。このように、そばがきというものは手軽なのだが、おいしく食べるにはちょっとしたコツがあり、またあまり子供向きの食べ物とは言えないようだ。

さて、そばがきについて聞いた話を一つ紹介しておきたい。場所は沼田市利根町平川。話してくださったのは、大正十一（一九二二）年生まれで、りんご園を経営するYさんという女性。この方は、昭和二十一（一九四六）年に利根郡片品村から嫁いできた人なので、以下に紹介するのは片品村の実家のことである。

Yさんの実家は、十数軒しかない集落の一番奥の家だった。それより先に人家はなく、山林の中の石段を登って行くと観音様を祀《まつ》った洞穴があった。めったにここまで来る人はなかったが、それでも時たま、遠くから観音様参りの旅人がやって来て、一夜の宿を求めることがあった。集落の人たちは、見ず知らずの旅人をあまり泊めたがらない。困った旅人は歩き回ったあげく、集落最奥のYさんの実家にやって来るのだった。Yさんが子供の頃、そんなことが何度かあったという。

Yさんの父親は新潟県から来た人で、木挽《こび》きを生業《なりわい》にしていた。この辺りは昔、米麦があまりとれなかったので、アワ・ヒエ・ソバやジャガイモなどが重要な食糧だった。決して豊かな生活ではなかったが、父親は常々、「食べ物がないから旅の人を泊められないとは、絶対に言うな」と家族に言い聞かせていた。そして、旅人を泊めると、すぐに湯を沸かし、まず出すのが熱いお茶とそばがきだった。これならすぐに出せるし、夜の一食分くらいにはなる。旅人がそばがきを食べている間に、他の食べ物を用意することもあった。

昔のことでもあり、新潟出身の父親は、他所《よそ》から来た者ということで肩身の狭い思いをし、随分苦労をしてきたらしい。それだけに、旅の空の下で困っている人を放ってはおけなかったのだろう、とYさんは言う。宿を与えられた旅人は、どんなにか安堵《あんど》したことだろう。一椀のそばがきには、「困ったときは相身互《あいみたが》い」という気持ちがこもっていたのである。

七　もんじゃ焼き（伊勢崎市）

子供の頃、もんじゃ焼きが食べたかった。いや、「もんじゃ焼き」ではなく、正確に言えば、私の住む高崎市吉井町地区の子供達は「もんじ焼き」と呼んでいた。通っていた小学校のそばに文房具屋を兼ねた駄菓子屋があって、放課後になると、近所の子供達がそこで「もんじ焼き」を焼いていた。でも、その前を通ることはあっても、入ったことはなかった。私の両親は、必要に応じて子供に物を買い与え、決まった小遣いを与えなかったから、買い食いができなかったのである。そして、私はとくにそれを不満にも思わなかったのだが、ソースの匂いがしてくると、うまそうだなとは思ったのであった。

もんじゃ焼きを初めて食べたのは、高崎市の市史編さん室に勤務していた時だから、既に三十歳を越えていた。本来は子供の食べ物だから、随分と遅い出会いである。職場の飲み会の二次会で、高崎の中心街にある鉄板焼きの専門店で食べたのだが、ソースの味がかなり強く、キャベツがたくさん入っていたのが印象的だった。そして、小麦粉なのに、いつまで焼いてもなかなか固まらないのが不思議だった。

二度目にもんじゃ焼きを食べたのは、群馬県立歴史博物館に勤務している時だった。私は、平成二十二（二〇一〇）年に『粉もの上州風土記』という企画展を担当したのだが、その準備のための調査で、伊勢崎市のもんじゃ焼き店に行ったのである。そして、行ってみて驚いたのは、この店でも「もんじ焼き」と呼んでいたことであった。もともと「文字焼き」が語源なのだから、本来はそれでよいのである。しかし、一般には「伊勢崎もんじゃ」の名称が定着しているので、企画展では「もんじゃ焼き」で紹介した。

さて、展示する食品サンプルの製作のために、器に入ったもんじゃを用意してもらったり、焼いている様子をパネル展示用に写真撮影させてもらったりしたのだが、せっかく焼いたのだからということで、最後に私がいただくことになった。

伊勢崎もんじゃ（甘）

伊勢崎もんじゃは、「甘《あま》」と「辛《から》」というユニークなメニューで知られている。「甘」にはイチゴシロップが、「辛」にはカレー粉が入っているのだ（両方入った「甘辛」というのもある）。この日、私が食べたのは「甘」の方だった。切りイカ・刻みキャベツ・揚げ玉・青のりなどが入っており、ソースのしっかりした味が付いているのだが、それに混じって、でも、はっきりとイチゴシロップの味がした。ちょっと変わった味だが、素朴な感じで、これはこれで悪くないと思った。伊勢崎もんじゃの「甘」は、子供達の「甘いもんじゃが食べたい」というリクエストでできたものだそうである。

私が調査を終えて帰り仕度をしていると、小学生や中学生が店に入ってきて、楽しげにおしゃべりをしながらもんじゃ焼きを始めた。やっぱり、もんじゃ焼き店には、子供達の明るい声がよく似合う。

八　小豆ぼうとう（高崎市倉渕町）

平成二十五（二〇一三）年十月のことである。私は、ＮＨＫ前橋放送局の制作キャスター・熊谷彩花さんからの依頼で、『ほっとぐんま640《ろくよんまる》』という番組の「ライフアップ」というコーナーに出演することになった。テーマは群馬の麺《めん》食文化。「ちゃんと学ぼうぐんまの麺」というタイトルである。

実は、熊谷さんと一緒に仕事をするのは、これが二度目。私は、前年の五月にも同じコーナーに出演した。この時のテーマは焼き饅頭《まんじゅう》で、「知りたい食べたい！　焼きまんじゅう」というタイトルだった。群馬県立歴史博物館で企画展『粉もの上州風土記』を担当して以来、私はさまざまな方面から群馬の粉ものに関する問い合わせを受けるようになり、熊谷さんからの依頼もそうした仕事の一つであった。当時の熊谷さんは、三月に大学を卒業したばかりの新人キャスターだった。

今回の「ちゃんと学ぼうぐんまの麺」では、二日間にわたってロケーションが行われた。一日目は、まず、館林市にある日清製粉の製粉ミュージアムで、群馬の小麦と麺食の歴史について概説。続いて、群馬の麺の最新事情として、同市で行われた食のイベント、麺－1グランプリの様子を伝えた。さらに、桐生市に移動。桐生名物の「ひもかわ」を紹介するために、ひもかわ作りに挑戦するという、盛り沢山な内容だった。それというのも、館林市の回と桐生市の回はそれぞれ別日程で放映される予定のものだったが、いずれも取材に行く方面が東毛なので、一日で二回分の収録を行ったからだった。撮影では、話の進行と、麺を食べてその感想を伝えるのが、主に熊谷さんの役割。それぞれの麺の特徴や作り方、麺食文化の歴史的・民俗的な背景などを解説するのが、私の役割だった。

二日目は、高崎市倉渕町から伝統的なおきりこみ作りの様子を伝えた。協力してくださったのは、地元で生活研究グループの代表を務める原田カヅ子さん。偶然ではあるが、原田さんは三年前、企画展『粉もの上州風土記』で、私がうどん作りなどで大変お世話になった方だった。そして、今回の撮影では、おきりこみだけでなく、「おきりこみの親戚」ということで、水団《すいとん》（倉渕町では「おつみっこ」と呼ぶ）と「小豆ぼうとう」も作っていただくことになった。

私はこれまでに、おきりこみと水団は何度か食べたことがあるのだが、小豆ぼうとうはまだ食べたことがなかった。ただ、企画展でも扱ったので、どんなものかは知っていて、ぜひ一度食べてみたいと思っていた。しかし、以前お会いしていたにも関わらず、この時まで原田さんが小豆ぼうとうを作れる方だということを把握していなかったのである。

小豆ぼうとうは、簡単に言うと、おきりこみの麺を甘い小豆汁に入れて煮込んだものだ。お汁粉の餅《もち》の代わりにうどんが入っていると思えばよい。「お汁粉に麺を入れてうまいのか？」と言う人もいるだろうが、食べてみると全く違和感はない。撮影後に御馳走になったのだが、ぜんざいや餡《あん》団子を食べるのと同じ感覚である。私は甘いものが好きなので、甘味処のような店で出してもよいのではないかと思ったほどである。

麺をお汁粉で食べるなんて、ちょっと風変わりに感じるかもしれないが、実は同じような麺の食べ方は、山梨県や長野県をはじめ日本各地にある。小豆汁を用いる方法は、麺の食べ方としてはかなり古く、奈良時代の「索餅《さくべい》(注)」にまで遡るという。そして、小豆ぼうとうもその系譜に連なる食品ではないかという説もあるのだ。

「おきりこみの親戚」とは言っても、群馬における小豆ぼうとうは、もともと普段の食事ではなかった。ちょっとしたお祝い、例えば、カブや大根などの種播きが済んだお祝いや、日照りの続いた後で雨が降ったことを喜ぶ「雨降り祝い」などの際に作られてきた行事食である。現在では、作られる機会もほとんどなくなったし、作れる方も少ない。群馬の小豆ぼうとうがテレビで紹介されたのは、おそらくこれが初めてだろう。価値ある映像資料であり、原田さんが貴重な伝承者だということも、伝えられたことと思う。

今回は、熊谷さんのおかげで原田さんにも再会できたし、念願の小豆ぼうとうも食べることができた。人と人との縁というものは、どこでどう繋《つな》がるかわからない。そして、本当にありがたいものである。私は、これからもたくさんの人と出会い、各地の生活を、食文化を、粉ものを知りたいと思っている。

（注）
奈良時代に唐から伝わった麺の一種。小麦粉に米粉を混ぜて作る。索餅が後に素麺となったという説がある。

第四章 群馬の粉もの文化とその特色

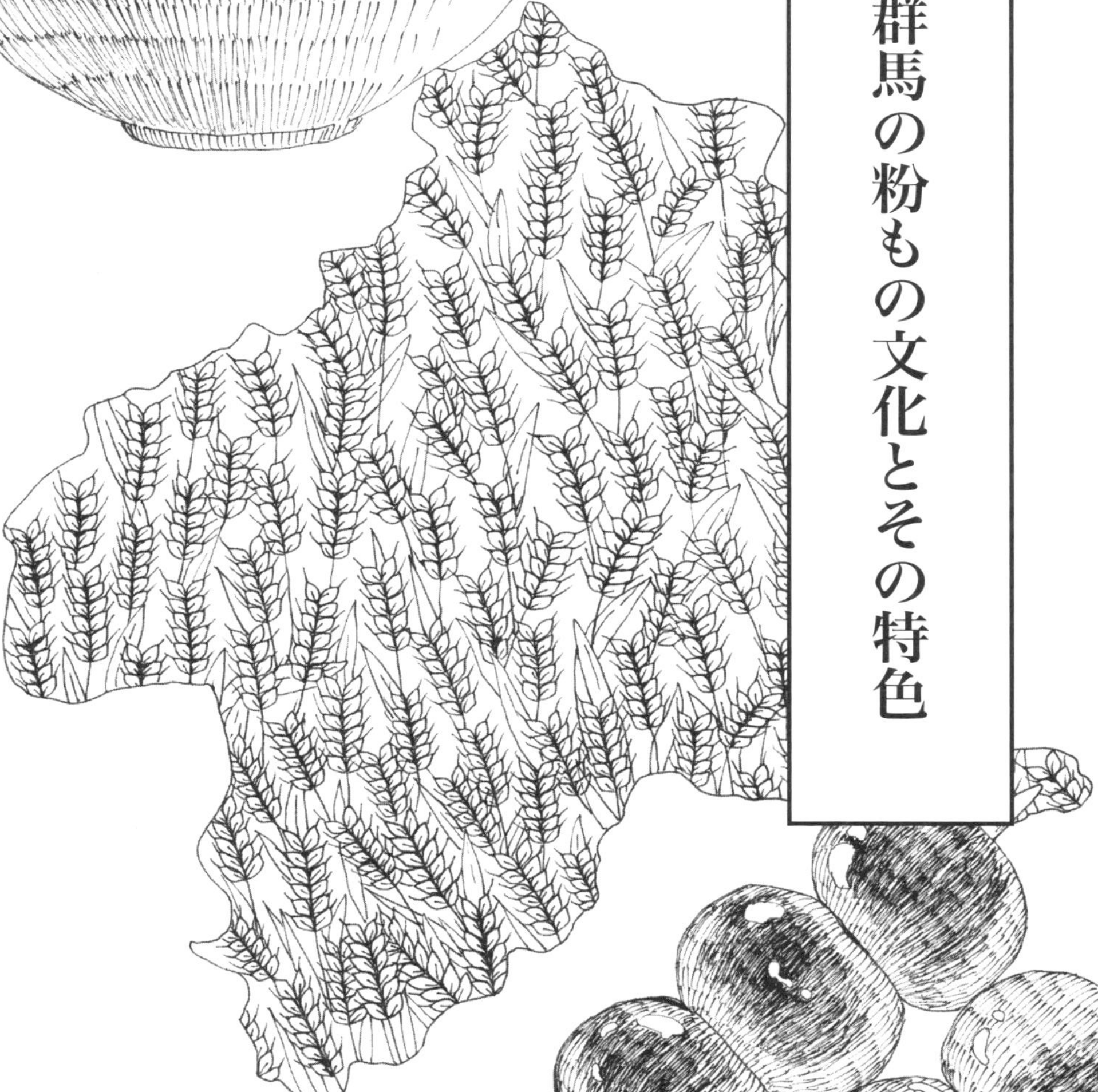

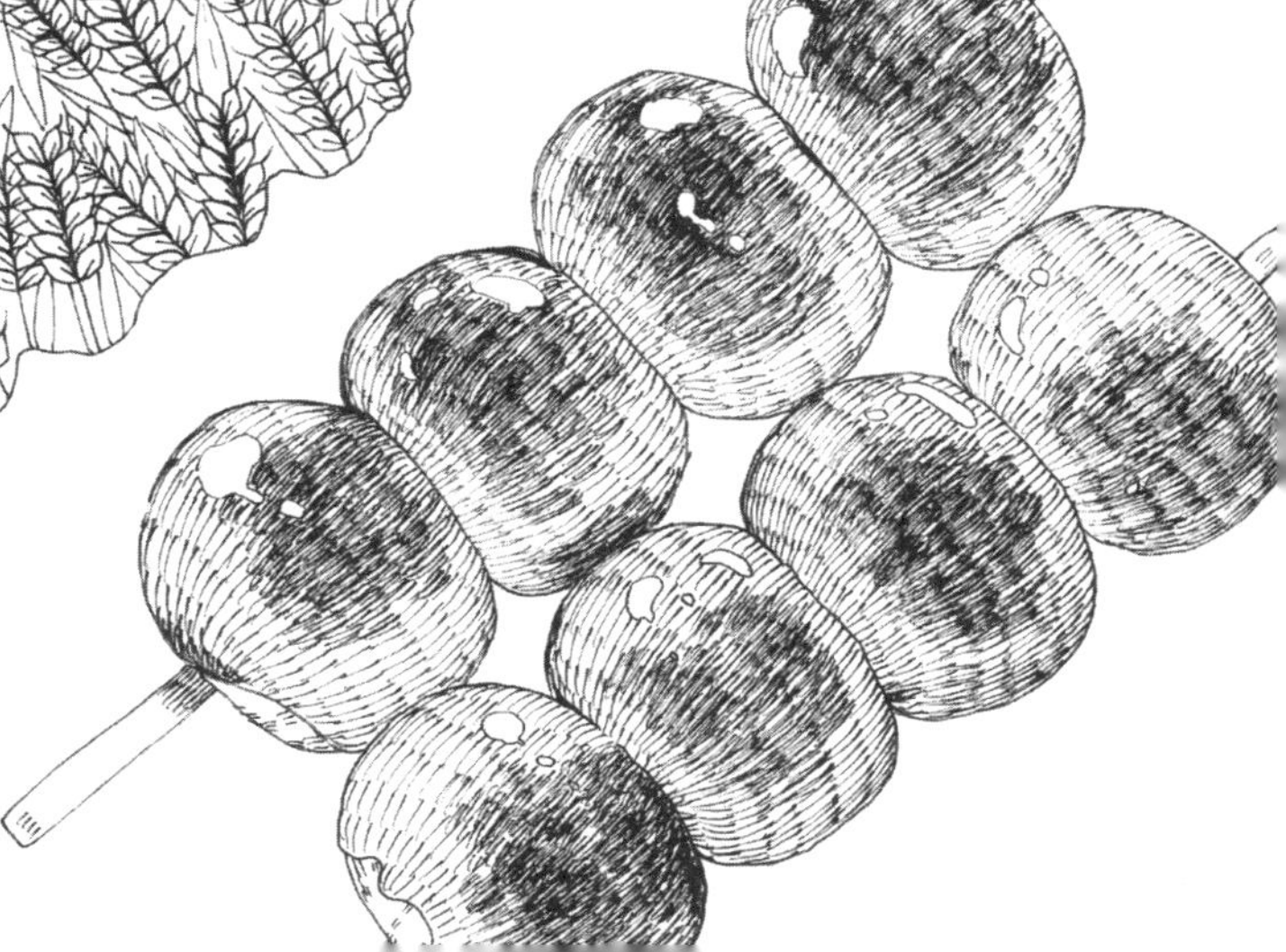

粉もの文化とその背景—おっきりこみと焼き饅頭《まんじゅう》を中心に—（講演原稿）

一　群馬県民と粉もの

食べ物で群馬県の名物といったら何でしょう。焼餅《やきもち》、饅頭、うどん、いろいろあると思います。桐生や館林、水沢のうどんのように、早くから地域のお店が商品として力を入れてきたものもあります。最近では、太田の焼きそば、伊勢崎のもんじゃ焼き、藤岡のラーメン、沼田の団子汁などのように地域おこしの起爆剤として期待を集めているものもあります。

さて、こうして見たときに気が付くのは、群馬で名物と言われている食べ物には、粉食、粉の食べ物が多いということです。私が大学生のときにお世話になった地理学の先生が、こんなことを話されたことがあります。それは「群馬県には床屋が多い。それからスーパーに置いているうどんの種類が多い」という話です。この先生は群馬県の出身ではない方なので、群馬に来たときに、まず、そのことに気づいたそうです。先生曰く、「群馬県には空っ風が吹くので、ボサボサに乱れた髪を整えるために床屋が多いのだ。

うどんの種類が多いのは、群馬県民がうどん好きだからだ」と。まあ、床屋さんの話の方はどうかなあと思いますが、うどんの方は確かにそうだとうなずける点があります。スーパーへ行くと、干しうどん・冷《ひや》麦《むぎ》・素麺《そうめん》と、乾麺だけでもいろいろな種類がありますし、その他にゆでうどんや生うどん、これからお話しするおっきりこみも置いてあります。ですから、群馬県民にうどんを多く食べる習慣があるということは言えるだろうと思います。その背景には、群馬県では小麦栽培が盛んだったこと、その小麦粉を材料にした食べ物が、伝統的に多く食べられてきたことがあります。

ところで、粉というと、小麦粉の他に米の粉や雑穀の粉もあります。ですから、粉食というと、米の粉や雑穀の粉で作られた食べ物も指すのですが、種類の多さから言えば、やはり小麦粉が一番と言えます。ちょっと挙げただけでも、うどん・おっきりこみ・水団《すいとん》・ジリヤキ・焼餅・饅頭と、様々なものがあります。そこで、今日は、小麦粉で作られる食べ物の中でも、群馬県の名物として誰もが認めるだろうと思われる、おっきりこみと焼き饅頭を取り上げて、群馬の食文化の一端についてお話ししようと思います。

二〇〇七年十二月十八日に農林水産省が発表した「郷土料理百選」で、群馬県の料理として「おっきりこみ」と「生芋こんにゃく料理」、それから「ご当地人気料理特選」の二三品中に「焼きまんじゅう」が選ばれましたので、今回の講座はちょうどタイムリーな話題になったと思っています。内容はトリビアみたいな話なので、「へぇ」と気楽に聞いていただけたら幸いです。

二　おっきりこみはうどんなのか？

（一）「おっきりこみ」という呼び名

まず、初めにおっきりこみのことからお話ししようと思います。群馬の代表的な家庭料理といえるでしょう。おっきりこみ、おきりこみ、どちらでもいいのですが、ここではこの話の演題として、ちょっと勢いのある「おっきりこみ」の方で呼ぼうと思います。この「おっきりこみ」という呼び名は、もともと「切り込む」という言葉、つまり切った麺《めん》をそのまま鍋《なべ》の汁に入れて煮込むということからきています。みなさんのお住まいの地域では何と呼んでいるでしょうか。群馬県で聞かれる呼び名には、おきりこみ、おっきりこみ、きりこみ、ほうとう、にぼうと、にこみうどん、にごみうどん、にこみ、にごみなどがあります。大きくは、オキリコミ系・ホウトウ系・ニコミウドン系の三系統に分けられます。その三系統の群馬県での分布を示したのが図8（78頁）です。これは、二年ほど前に群馬県中に一〇九か所の調査地点を設けまして、私がそこを歩き回って、調べた結果をまとめたものです。全体的には、オキリコミ系の呼び名が多いですが、そうでない所もあります。ホウトウ系の呼び名は東毛と北毛の一部に見られます。これにはちょっと違いがあって、北毛のは「ほうとう」で、東毛のは「にぼうと」です。ニコミウドン系の呼び名は、かなりばらついていますが、北毛を中心に中毛から東毛にかけて見られます。このように、同じ群馬県でも地域によって呼び名の違いがあります。

(二) 普通のうどんとおっきりこみの違い

①塩—ちょっとの違いが大きな違い

　ところで、おっきりこみが普通のうどんと違うところは何だかご存じでしょうか。幅の広いのがおっきりこみで、細いのがうどんでしょうか。まあ、確かにそうなのですが、実はそれだけではないのですね。おっきりこみは、うどんと比べたときに、作り方の上で大きな違いが二つあるのです。その一つは、麺を打つときに塩を加えないことです。小麦粉に水を加えてこね鉢でこねるところは、うどんもおっきりこみも同じですが、うどんの場合はこの時にコシを強くするために塩を加えてこねます。ですから、うどんをゆでた後のお湯はしょっぱいので、蕎麦湯《そばゆ》のように飲んだりはしません。一方、おっきりこみの場合は塩を加えずにこねます。こねた後は、うどんと同じように麺棒《めんぼう》と麺板《めんばん》を用いて伸ばし、折りたたんで麺切り包丁でうどんよりも幅広く切ります。

　もう一つ違うところは、ゆでないことです。うどんの場合は、切った麺を鍋や釜《かま》でゆでて、水嚢《すいのう》で上げて、丸めて、いったんざるなどに並べます。その後でつけ汁で食べたり、汁をかけて食べたり、煮込んで食べたりします。一方、おっきりこみの場合は、野菜などの具をたっぷり入れて味噌《みそ》や醤油《しょうゆ》で味付けした汁の中に、切った麺をそのまま入れて一緒に煮込んでしまいます。うどんのように、いったんゆで上げるということをしないわけです。だから、おっきりこみの汁の中には、麺を伸ばしたり切ったりするときに打ち粉として使った小麦粉がかなり入るので、汁が濁ってとろみがつきます。これを食べると温まりますから、おっきりこみは主に寒い季節の食事として作られるわけです。今日のお話の付録として、おっきりこみのレシピ（３０９頁）をお配りしましたので、ご家庭で作るときの参考にしていただければ幸いです。

このようにして作られるおっきりこみは、群馬県では夕食として食べられることが多いです。日常の食事では、朝食はご飯と味噌汁。昼食は朝食の残りご飯で、足りない場合に水団などで補います。そして、夕食はおっきりこみというのが一般的なパターンです。この夕食のおっきりこみが残った場合、翌朝に温め直して食べることがよくあります。これを「おっきりこみの立てっ返し」などと呼びます。「立てっ返し」という言葉は、本来風呂の沸かし直しに使うのですが、それをおっきりこみにも当てはめて呼ぶのです。それから、一晩たったおっきりこみは、汁を吸い尽くして鍋の中で固まっていたりするのですが、それをご飯にかけて食べるという食べ方もあります。

最近、スーパーなどで、袋入りにされたおっきりこみが売られているのをよく見かけます。しかし、その原材料名を見ますと、ほとんど例外なく塩が使われています。おそらくコシを出すためだろうと思います。また、そういうおっきりこみは、生麺のものもありますが、中にはご親切にゆで麺になっているものもあります。先程申しましたように、おっきりこみには、こねるときに塩を使わないという特徴と、ゆでないという特徴がありますので、その点から見ますと、スーパーに並んでいるのは残念ながら、昔ながらのおっきりこみとは違うわけです。言ってみれば「おっきりこみ風のうどん」ということになります。

②材料――小麦粉だけとは限らない

それから材料ですが、おっきりこみとうどんとでは、昔は材料の小麦粉の質が違いました。もともとおっきりこみは普段の食事、うどんは年中行事や人寄せなどの特別な日の食事です。民俗学では、普通の日すなわち日常のことを「ケ」、特別な日すなわち非日常のことを「ハレ」といいます。おっきりこみはケの食事、うどんはハレの食事だったわけです。ですから、おっきりこみにはふすまが多少含まれているような普段用の小麦粉を使い、うどんにはふすまなどは入らないきれいな白い小麦粉を使うのが普通でした。

また、昔のおっきりこみは小麦粉だけで作られるとは限りませんでした。藤岡市の高山などでは、小麦粉にトウモロコシの粉や大麦の粉を混ぜておっきりこみを作っていました。それから、ソバ粉で作るおっきりこみというのもあって、これは多野郡神流町の旧中里村地域や吾妻郡嬬恋村などに見られました。ソバ粉で作るのでは、おっきりこみではなくて幅の広いそばではないかとも思えますが、材料がソバ粉だというだけで、作り方は小麦粉のおっきりこみと同じです。要するに、おっきりこみというのは穀物の粉の調理方法の一つであって、材料は必ずしも小麦粉だけと限ったわけではなかったようです。

③汁の味付け―味噌vs醬油

さて、おっきりこみの汁の味付けですが、みなさんのご家庭では味噌を使うでしょうか。それとも醬油を使うでしょうか。おっきりこみの味付けの分布を示したものが図6（73頁）です。ごく大まかに言って、北毛から西毛の山間部の方では味噌を使う例が多く、東毛の平坦部の方では醬油を使う例が多く見られました。そして、その中間に当たる中毛地域では味噌と醬油のどちらも使うという例が多く見られ、中には味噌と醬油を混ぜて使うという家庭もありました。

では、おっきりこみの味付けでは、味噌と醬油のどちらが古いものかというと、それはどうも味噌のようです。というのは、味噌と醬油の両方とも使うという地域で聞いてみると、「昔は味噌を使っていた」とか、

「醤油は戦後になって使うようになった」とかいう話がよく聞かれたのです。そして、その逆、つまり醤油から味噌に変わったという話は聞かれませんでした。

もともと味噌は、群馬県の農村の家庭で昔から作られてきたものです。しかし、醤油の方は、古くは家庭で作るものではなく、店から買うもので、普段は使わない贅沢品でした。何かの行事のときでないと、醤油は使わなかったのです。ですから、行事のときのご馳走《ちそう》であるうどんやそばは、昔から醤油で食べる家庭が多かったわけです。大正から昭和の戦前期にかけて、地域によっては戦後まもなくの頃までの間に、醤油造りの業者が指導者として農村を歩いて、醤油造りを広めていきました。その結果、普段の食事の味付けにも、次第に醤油が使われるようになっていったのです。ただ、この醤油造りは醤油搾りのジャッキなどの大掛かりな道具が必要だったために、個人ではなかなか行いにくく、主に隣保班《りんぽはん》などの共同作業で行われました。そして、戦後に物が豊かになると、まもなく造られなくなってしまいました。しかし、日常の食事に醤油を使うことは家庭に定着したわけです。

では、日常の食事の味付けに醤油を使う習慣は、どこから広まっていったかというと、それは東毛の方からだったようです。東毛地域は、小麦栽培の盛んな群馬県の中でも若干事情が異なりまして、もともと湿地が多いという土地条件から水田裏作の小麦栽培が盛んではありませんでした。ですから、群馬県の他の地域に比べると、おっきりこみを食べることはそれほど盛んではありません。冬場の夕食でもひき割り飯を食べることが多く、小麦粉をたくさん使ううどんのような食事は行事などの際に食べる程度でした。つまり、小麦粉の食べ物はかえってご馳走だったわけです。また、館林をはじめ東毛には明治時代から多くの醤油業者がありましたから、その影響で他の地域よりも早くから一般家庭に醤油が普及し、醤油が普段の味付けや、うどんの汁などに使われていました。農家の醤油造りも他の地域より若干早くから行われたようです。そして、たまにおっきりこみを食べるような場合にも、味付けに醤油が使われていました。

そんなわけで、群馬県ではおっきりこみの味付けにはもともと味噌が使われていたのが、東毛の方から次第に醤油が広まっていったようです。味噌と醤油の分布の様子からもそのことが言えます。

④豊富な具―野菜中心の健康食

おっきりこみの特徴の一つに、具が多いということがあります。ご存じのように、野菜をたくさん入れて煮込むわけです。もともと、おっきりこみという呼び名は、初めに申しましたように、野菜たっぷりの汁の中に麺を「切り込む」という言葉からきています。野菜を大量に入れるのは、麺、すなわち小麦粉を節約するためです。野菜が増量材になっているわけですが、これが結果的におっきりこみをとてもヘルシーな食事にしています。まず、小麦粉は消化がよいので胃に優しい。それから、野菜をたくさん入れるので食物繊維がたっぷりです。また、野菜から旨味が出るので、味付けがそれほど濃くなくてもおいしく食べられます。おっきりこみは、汁にとろみが付いているので、野菜の旨味が麺によくからみます。昔から、群馬の食べ物は味付けが濃いと言われていますが、それでも若干は塩分を控えることができるわけです。

おっきりこみに使われる主な野菜は、大根・ニンジン・ゴボウ・ネギ・白菜などで、夏から秋ですとこれにインゲンやナスなども加わります。ただし、白菜は群馬県では大正時代くらいから普及したものなので、それ以前はカブとか小松菜とかしゃくし菜とか、違う菜っ葉を入れていたことと思います。また、腹もちがよいようにイモ類も入れます。これには地域性があって、赤城や榛名の山麓ではサトイモ、吾妻郡や多野郡の山間部などではジャガイモが多く使われます。しかし、サツマイモを使うという話はあまり聞きません。多分、甘いので敬遠されるのだろうと思います。同じような理由で、カボチャもおっきりこみに入れるという例をあまり聞きません。この点は、カボチャが具の定番になっている山梨県のほうとうとは対照的だろうと思います。関西圏へ行くとカボチャは汁の実としてよく登場しますが、群馬では煮物として食べる方が一般的なようです。

さて、野菜が増量材になって小麦粉を節約する食べ物というと、おっきりこみの他に水団があります。水団は群馬ではツミッコとかネジッコ、オツケ団子などと呼ばれます。水団とおっきりこみというのは、非常に似通ったところがあるのですが、このことについてはあとでお話しします。それから、野菜が増量材になっている食べ物に、長野県の名物になっているオヤキがあります。あれは、食べてみるとわかるのですが、皮が薄くて、その中に餡《あん》として野菜がものすごくたっぷり入っています。やはり、小麦粉を節約するためです。このような食品は、小麦粉を節約するために生まれたものなのですが、野菜をたくさん使うことで、おいしくて健康的な食品になっています。生活の知恵というべきものでしょう。

(三) おっきりこみのルーツを探る

①水団《すいとん》・餅との類似性

さて、ここでおっきりこみのルーツを探るといいますか、おっきりこみはただのうどんではない、ということについてお話しします。

先ほど、おっきりこみは水団と似通ったところがあると申しましたが、それは、まず一つには作り方です。水団というのは、小麦粉のこね方がちょっと違って、おっきりこみほど力を入れる必要がありません。耳たぶほどの柔らかさにこねたものを、ちぎったり、スプーンなどですくって鍋に入れて煮ます。しかし、こねるときに塩を使わないので、おきりこみと水団は、形は違っても食感がとてもよく似ています。また、こねたものを直接鍋に入れて煮てしまいますので、汁がどろっとして濁るところも同じです。次に、野菜と一緒に煮込むという食べ方が同じです。県内各地で話を聞いてみますと、おっきりこみも水団も、入れる野菜は全く同じです。さらには、その味付けも同じで、おっきりこみに味噌を使うところでは水団にも味噌、おっきりこみに醤油を使うところでは水団にも醤油を使います。

小豆ボウトウ（高崎市吉井町上奥平）

つまり、おっきりこみと水団は形が違うだけなのです。おっきりこみの方が伸ばしたり切ったりするだけ手間がかかりますので、主に夕食に、水団はどちらかというと忙しいときや、お昼ご飯の補いなどに作られます。

おっきりこみと水団の似ているところは、これだけではありません。水団の食べ方の一つに、小豆を甘く煮て作ったお汁粉の中に入れるという食べ方がありまして、甘い水団という意味で、「甘ネジ」とか「砂糖ネジ」、または「ススリ団子」などと呼ばれます。これは、おやつの一つとして、麦播きの後のアナップサゲという行事のときなどに作られます。実は、これと同じ食べ方がおっきりこみにもあって、「小豆ボウトウ」などと呼ばれています。小豆の汁粉で煮た甘いほうとうというわけです。こういう食べ方は、普通のうどんにはありません。このことからも、おっきりこみはうどんよりもむしろ水団に近いことが分かります。そして、おっきりこみや水団の食べ方は、うどんとは別な、ある物の食べ方と共通しています。

その食べ物は何かというと、餅です。餅は、しょっぱい汁で野菜と一緒にお雑煮にして食べたり、甘く煮てお汁粉にして食べたりします。それと同じ食べ方が、水団にもおっきりこみにもあることになるのです。水団はもともと小麦の団子です。団子と餅の食べ方はよく似ていますから、水団の食べ方が餅と似ているのは、それほど不思議なことではないかもしれません。

さあ、このように見てくると、おっきりこみがただのうどんではないことがわかります。私は、多分おっきりこみは、単なるうどんの食べ方のバリエーションの一つではなく、むしろ水団から発展して生まれたものというべきで、もともとうどんとは別の食べ物だったろうと考えています。食べ方を比較したときに、おっきりこみがうどんよりも水団に近いのはその証拠といえるのではないかと思います。

②おっきりこみ食文化圏

さて、呼び名は異なりますが、群馬県の周辺にもおっきりこみと同じような食べ物が広がっています。その分布は関東から中部にかけて見られます。中心地は、まず群馬県、そして埼玉県・長野県・山梨県の四県です。その周辺に位置する栃木県・東京都・神奈川県、それから静岡県や岐阜県の一部にも若干見られます。これらの県から外れると分布が見られないようです。

おっきりこみの仲間が分布する地域は、いずれも台地や丘陵・山間部などの麦作の盛んな地域で、水田稲作の盛んなところや、山間部であっても小麦よりもソバの栽培の方が盛んな地域にはあまり見られません。そして、面白いことに、おっきりこみの分布地域というのは、小麦粉の焼餅の分布地域とほぼ重なっています。

呼び名は地域によって様々です。『日本の食生活全集』（農山漁村文化協会）から紹介しますと、埼玉県では「おきりこみ（秩父郡吉田町）」「打ちいれ（入間市）」「にぼうと（大里郡岡部町）」「にこみうどん（加須市）」。栃木県では「ばっとう汁（西那須野）」「どじょうむぐり（葛生町）」。長野県では「お煮かけ（堀金村）」「おはっと（飯田市）」「ほうとう（諏訪市）」「おほうとう（佐久市）」「おぶっこ（更級郡稲里村）」「ぶっこみ（長野市）」。山梨県では「ほうとう（甲府市）」「おほうとう（北巨摩郡高根町）」「のしこみ（南巨摩郡身延町）」「のしいれ（同前）」「煮ごみうどん（北都留郡上野原町）」。東京都では「ひもかわ（久米村）」「のしこみ（奥多摩町）」。神奈川県では「煮ごみうどん（相模原市）」「煮こみうどん（足柄上郡山北町）」。岐阜県では「ほうとう（大野郡白川村）」。静岡県でも「ほうとう（御殿場市）」です。

これらを分類しますと、まず一つ目は「ほうとう」という言葉に関連するもの。ほうとう・おほうとう・にぼうと・おはっと・ばっとう汁などがこれに含まれます。二つ目は打った麺をそのまま鍋に入れることを示すもの。おっきりこみ・打ち入れ・ぶっこみ・おぶっこ・のしこみ・のしいれなどがこれに含まれます。三つ目は麺を煮込むことを示すもの。にこみうどん・お煮かけなどがこれに含まれます。四つ目は、以上の三つに入らない、その他。どじょうむぐり・ひもかわ（東海道芋川の地名に由来）などがこれに分類されます。

これらの中で、おっきりこみのルーツの問題に関わるのは、「ほうとう」という言葉です。伝承料理研究家の奥村彪生《あやお》さんによりますと、平安時代に中国から伝わった食べ物に餺飩（ハウトン）というものがありました。それは、小麦粉をこねて親指大に切り、水を張った盆の中でやや長めに押し広め、ゆでたもので、熱いスープに浮かせたり、きな粉をまぶしたりして食べました。今で言えば、水団とかワンタンのようなもので、平安貴族の女性たちの夏のおやつだったということです。これがほうとうの起源だといわれています。それが後の時代になって民間に伝わり、作り方がより簡単になって現在の水団になったようです。

今のほうとうやおっきりこみは、うどんと同じ切り麺スタイルです。うどんというのは、もともと中国の切麺（チェミエン）という食べ物が日本に伝わったものです。それが、鎌倉時代末期以降、仏教の禅宗文化の広がりとともに、うどんとして徐々に定着していきます。

小麦を粉にするための石臼が農村にまで普及したのは、江戸時代になってからといわれていますから、一般の人々が水団やうどんを食べるようになったのも江戸時代のことだろうと思います。ただ、どちらが時期的に早かったかといえば、より簡単な水団の方が早くに広まっただろうことは容易に想像できます。そして、その後になって、より高度なうどんの技術が広まり、うどんの切り麺スタイルの影響を受けて、水団の形が変化して生まれたのがほうとう、すなわちおっきりこみだろうと思います。実際、宮城県の東和町（登米郡東和町相川）には「はっと」という食べ物があって、これは切り麺ではなく、指先で薄く大きく伸ばしたものです。また、千葉県千倉町（安房郡千倉町南朝夷）には「ほうちょう」という食べ物があって、こちらは手でちぎって作った水団です。「はっと」も「ほうちょう」も、ほうとうが変化した言葉です。おそらく、こういうものが切り麺スタイルに変化していったのだろうと思います。

以上のように、おっきりこみは、単なるうどんの一種としてしまうには、ちょっと惜しいような特徴をもっています。分類するなら、「うどん」と「水団」の間に、「おっきりこみ」あるいは「ほうとう」という項目を新たに設けても良いように思います。なぜなら、そのルーツをたどっていくと、平安時代に伝わったハウトンと鎌倉末期以降に伝わったチェミエンとの中間的な、伝統ある食べ物と言えるわけで、上州名物として、この点をもう少し強調してＰＲしてもよいのではないか、と思っています。

三　焼き饅頭の独特のスタイルは、どうしてできたのか？

（一）焼き饅頭は酒《さか》饅頭

①焼き饅頭の作り方

さて、お次は焼き饅頭です。同じ上州名物でも、こちらは普通、家庭では作りません。専らお店で買って食べるものです。群馬県の方なら、焼き饅頭を知らない方は、まずいないでしょう。ところが、群馬県外に出ると、ああいう形の饅頭はほとんど見られません。考えてみますと、饅頭に餡が入っていなくて、それを串に刺して、味噌だれを塗って焼いて食べるというのは、饅頭としてはかなり変わっています。そこで、焼き饅頭というのは、一体何なのか、どうしてああいう独特なスタイルのものができたのか、ということについてお話ししようと思います。

まず、分類上の位置付けを申します。饅頭は、生地の膨らませ方から大きく三つに分類することができます。一つ目は、重曹《じゅうそう》などの膨らし粉を使う饅頭。二つ目は山芋を用いる薯蕷《じょうよ》饅頭。三つ目は甘酒やどぶろくの発酵を利用する酒饅頭です。焼き饅頭は、この酒饅頭の一種です。

焼き饅頭の一般的な作り方を簡単に紹介しますと、まず、蒸した糯米《もちごめ》に水とコウジを加えて甘酒を作ります。米糀《こめこうじ》を使う店が多いのですが、麦麹《むぎこうじ》を使う店もあります。夏場は三日、冬場は一週間程度で甘酒ができます。甘酒を布などで漉《こ》し、そこに小麦粉を加えてこねます。これを平たく丸めて一晩寝かせますと、発酵作用で膨らみます。発酵させたものを蒸籠《せいろう》でふかすと、餡なしの酒饅頭ができます。この焼く前の白いままの饅頭を、焼き饅頭屋さんでは「す饅頭」と呼んでいます。す饅頭を竹串に刺して、味噌だれを塗って焼いたものが焼き饅頭です。

ところで、今、焼き饅頭には餡が入っていないと申しましたが、皆さんご存じのように、実は餡の入っているものもありまして、最近は餡の入っている焼き饅頭をあちこちで見かけるようになりました。ただ、餡入りの焼き饅頭というのはどちらかというとやや新しいものであるらしく、やはり餡の入らないものが焼き饅頭の基本のようです。そんな中で、沼田市や利根郡など県の北部、それと伊勢崎市では、割合、古くから餡入りの焼き饅頭が食べられていたようです。

それから、「焼き饅頭」という呼び名ですが、沼田市を中心とした群馬県北部では「味噌饅頭」という呼び方をしていまして、それ以外の地域では「焼き饅頭」という呼び方をしています。どちらもその実態を表す呼び名なのですが、「味噌が付いている」ということにポイントを置くか、「焼く」ということにポイントを置くかによって、呼び名が変わってくるわけです。

これには、歴史的な変遷があるようで、前橋市の原嶋屋総本家によると、古くは「味噌付け饅頭」と呼んでいたということです。それが、「味噌を付ける」というのは「失敗する」という意味で使われますから、これはあまりいい言葉ではないというので、明治三十三（一九〇〇）年頃から「味噌饅頭」と呼ぶようになった。ところが、「味噌饅頭製造卸小売」と名刺の肩書などに書いたところ、お客さんから「お宅では味噌と饅頭を扱っているのですか」というような勘違いをされてしまったので、昭和の初めに「焼き饅頭」と呼ぶことにしたということです。

②「す饅頭」をめぐる解釈

ところで、焼き饅頭の焼く前のもの、つまり「す饅頭」についてですが、この「す饅頭」という呼び名の語源については、現在、知られているだけで三つの解釈があります。一つは、香りに酸味があり、酸っぱいので「酸饅頭」。二つ目は、中に鬆《す》が入っているので「鬆饅頭」。よく、大根などを切ったときに、中に空洞ができている状態を「鬆が入った」などと言いますが、す饅頭を割ると穴ぼこだらけなので、そういうのではないか、という解釈です。三つ目は、餡も入らず、味噌も塗っておらず、味噌付け饅頭としては未完成の状態であるので、「素のまま」という意味で「素饅頭」。この三つの解釈といいましても、実はこれ、前橋の原嶋屋さんの三代目の原嶋熊蔵さんの書いた『焼まんじゅうあれこれ』という、昭和四十五（一九七〇）年に出された本に全部出ているんです。豊富な資料に基づいた立派な本です。それで、焼き饅頭に関してその後に出された本は、まず大抵『焼まんじゅうあれこれ』を引用して、この三つの解釈を紹介しています。

しかし、私は、あえて四つ目の説として、「ス」を使って作るから「ス饅頭」だと申し上げたいと思います。それと、いいますのは、酒饅頭を作るための甘酒が、どうも古くは「ス」と呼ばれていたらしいのです。それは、群馬県の農村の家庭に伝わる酒饅頭の作り方を調べていてわかりました。

酒饅頭の作り方は、先ほど焼き饅頭の作り方のところで申しましたように、まず、甘酒を作るところから始まります。家庭では、ご飯の残りなどをお粥のように軟らかく煮て、これに米糀や麦麹を加えて甘酒を作ります。発酵して初めのうちは口当たりも良くて、甘酒として飲んだりするのですが、日が経つと発酵が進んで、アルコール分が強くなって辛くなり、さらに発酵が進むと酸っぱくなってきます。そうなったものを酒饅頭に使います。この、いくらか酸っぱくなった甘酒を、先ほども申しましたように、古くは「ス」と呼んでいたようです。

例えば、高崎市上里見町、もとの榛名町上里見ですが、そこでは、酒饅頭を作る際に、甘酒に小麦粉を混ぜてこねたものを一部乾燥させて粉箱の中に保存しておき、次に甘酒を作る際の種麹として使います。これを「万年ズ」と呼んでいます。いつでも使える「ス」という意味です。万年ズは、使うときに水で戻して、コウジとして使います。

また、高崎市阿久津町の川鍋家に伝わる『萬事覚《よろずことおぼえ》』という江戸時代の古文書には、文政十三（一八三〇）年の記述として、「一　まんぢうはすでこねてハできづ、べつニ酒ヲつくりこね拵《こしらえ》ル」と書かれています。これは、当時、酢の物に使う調味料の「お酢」と、酒饅頭に使う甘酒が、どちらも同じように「ス」と呼ばれており、これらを区別するために書かれたものと思われます。さらに、埼玉県大里郡岡部町には、酒饅頭に使う甘酒のことを現在も「ス」と呼んでいるところがあります。

こうしたことから見て、焼き饅頭の「す饅頭」は、「ス」すなわち発酵が進んで酸っぱくなった甘酒を使って作るので「す饅頭」と呼ばれると考えられるわけです。実際、群馬県内には、酒饅頭のことを「ス饅頭」と呼んでいる地域が多くあり、それは、餡が入っている、いないに関わらず、そう呼んでいます。ですから、おそらく焼き饅頭のす饅頭も、もともとは単に酒饅頭を意味する言葉だったのだろうと思います。

ちなみに「ス饅頭」と呼んでいた地域はどこかというと、図4（56頁）をご覧いただきたいのですが、高崎・安中・渋川・伊勢崎、私の住んでいる吉井もそうです。その他の呼び名としては、「さけ饅頭」とか「あまざけ饅頭」というのがありまして、県内にはそういう呼び方をしている地域もあります。しかし、私は「ス饅頭」が酒饅頭の古い呼び名だろうと考えています。

(二) 焼き饅頭の歴史

次に、焼き饅頭の歴史について簡単に紹介しておきます。焼き饅頭の店で古いものとしては、前橋市の原嶋屋総本家があります。このお店では、安政四（一八五七）年に初代の原嶋類蔵さんという方が焼き饅頭を作り出したと伝えられています。原嶋屋さんによると、焼き饅頭の味噌だれは、初めの頃は味噌だけで作る辛味噌だったのが、その後、明治十（一八七七）年の西南戦争の後に黒蜜が輸入されるようになり、やや苦味があったそうなんですが、比較的安かったので、これを入れた甘辛味噌も使われるようになった。すると、甘辛味噌の評判が良かったので、甘辛味噌が主になっていったということです。ただし、砂糖がふんだんに使われるようになったのは日清戦争（一八九四～九五年）以後、台湾などの植民地からの砂糖の輸入が盛んになってからのことですから、甘辛味噌が主流になったのは早くても明治時代後半以降のことと思われます。

もう一つ、古い店として、沼田市の東見屋《とうみや》饅頭店があり、こちらは文政八（一八二五）年の創業です。このお店では、甘辛の味噌だれを使って、餡なしと餡入りの二種類の焼き饅頭を焼いていますが、餡の入らないものを味噌饅頭、餡の入ったものを京饅頭と呼んでいます。県北部に餡入りの焼き饅頭を扱う店が多く見られるのは、このようなお店の影響があるだろうと思います。

また、伊勢崎市にも古い店があり、田中屋が江戸末期の創業、大甘堂が明治十三（一八八〇）年の創業と伝えられています。こうしたことから見て、焼き饅頭の歴史は江戸末期頃までは遡れるようです。

それで、その後の焼き饅頭の歴史というのは、群馬県ですから、蚕糸業や機業の発展とともにあったと言えると思います。前橋とか沼田とか伊勢崎とか、町場ですと、機屋《はたや》の織り子さんとか、製糸工場の女工さんとか、たくさんの人が働いています。焼き饅頭はそういう人たちのおやつになりました。上州では、おやつのことを「コジョハン」といいますね。昔の焼き饅頭は、今のものよりもかなり大ぶりで、しかも一串に五個刺してありましたから、一串食べると結構お腹にたまったんです。だから、コジョハンとしては十分でした。今は全体的にちょっと小ぶりになっていて、餡のないものですと一串が四個刺し、餡入りですと、やや大きめになるので一串が三個刺しというのが普通ですね。

また、繭《まゆ》や絹などの市が開かれる日になると、周りの農村部から繭や絹を運んで来た人たちが、帰るときに町のおみやげとして焼き饅頭を買って帰りました。繭の出荷は夏場が中心でしたから、焼き饅頭は夏でもよく売れました。そういうわけで、焼き饅頭に限らず、饅頭屋さんとかお菓子屋さんというものは、町のど真ん中よりもちょっとはずれの方、町の入口なんかにある場合が多いようです。

それから、最初の方で、焼き饅頭は群馬県外にはほとんど見られないと申しましたが、実は、一か所、埼玉県飯能市の新島田屋《しんしまだや》という店が焼き饅頭を作っています。このお店の創業は明治八（一八七五）年だということです。餡の入った焼き饅頭で、「味噌付け饅頭」と呼ばれてまして、一串に二個刺しで売られています。さあ、こうなると、焼き饅頭は群馬県独特のものだとは言い切れなくなるのですが、これが群馬から飯能へ伝わったものか、あるいはその逆であるかということは、今のところなんとも言えません。

したがいまして、焼き饅頭の発祥の地がどこで、どこの店が最初に作り出したかというようなことは、残念ながら私にはわかりません。ただ、焼き饅頭の誕生には、その下地となった食文化があったようで、どうも、全くのゼロの状態から誰かが独自に考え出したというものではないようです。次にそのことについてお話しいたします。

(三) 焼き饅頭のルーツを探る

①県内に分布する酒饅頭

群馬県の農村家庭では、古くから酒饅頭が作られていました。私は、家庭で作る酒饅頭が、焼き饅頭の誕生に関係があるだろうと考えています。だいたい饅頭というのは夏場の食べ物でして、麦の収穫後、農休みや釜の口開け、七夕などの行事の際に、新しい小麦粉を使って作られていました。吾妻郡などの方へ行きますと、お盆に饅頭を作る例もあります。なぜ夏場の行事には饅頭かというと、その理由はいくつかあります。まず第一の理由として、農休みなどの夏場の行事は、麦の収穫に感謝するという収穫祭の性格をもっていました。だからとれたての新しい小麦で饅頭やうどんなどを作って神様や仏様に供えたわけです。それから第二の理由として、夏場は餅がすえやすく、傷みやすいということがあります。だから、餅に代わって饅頭を供え物にしたわけです。そして第三の理由として、とくに酒饅頭を作る場合は、夏場の方が甘酒の発酵がうまくいきやすいということがありました。家庭で作られた饅頭には、鍋釜でゆでて作るゆで饅頭、重曹を入れて蒸して作る炭酸饅頭、それに甘酒を使って作る酒饅頭の三種類がありましたが、このうち最も古い作り方は酒饅頭だったろうと思われます。このようなことから、夏場の行事には今でも饅頭が作られています。

さて、農村の家庭で作る酒饅頭というのは、県内の多くの地域に分布しています。図3（52頁）をご覧いただくと、とくに分布が多いのは、吾妻郡・安中市・富岡市・甘楽郡・多野郡・群馬郡・伊勢崎市・太田市などであったことがわかります。

ところで、酒饅頭というのは分布の仕方に特徴がありまして、一つの集落の中でも作り方を伝えている家と伝えていない家とがあります。同じ饅頭でもゆで饅頭や炭酸饅頭ですと、ある程度のご年配の方がいらっしゃる家ならば、作り方を知らないということはまずありません。ところが、酒饅頭の場合は、作り方を知っている家がそれほど多くありません。それは、酒饅頭の作り方が他の饅頭に比べて難しいからだろうと思われます。酒饅頭の出来不出来は、甘酒の発酵がうまくいくかどうかにかかってくるからです。県内では一般に、甘酒の発酵によって饅頭が膨らむことを「もえる」と表現するのですが、よく「もえない」と饅頭がうまく膨らまず、うまい酒饅頭ができないことになります。発酵には、気温や湿度など微妙な条件が影響してくるようです。

②餡なしの酒饅頭の食べ方

次に、餡を入れない酒饅頭についてですが、農村の家庭では、餡なしの酒饅頭も作られていました。例えば、伊勢崎市馬見塚《まみづか》町や吾妻郡旧六合《くに》村の入山では、餡なしの酒饅頭を焼いて味噌を付けて食べていました。これは、砂糖などを入れないしょっぱい味噌です。この、味噌を付けるという食べ方は、今ほど砂糖が豊富でなかった戦前までは、よく行われていたようです。

砂糖などを入れた味噌だれを付けるという食べ方も多く見られます。例えば、去年（二〇〇七年）の九月十八日付の上毛新聞の「ワイド版ぐんまの伝統食」という記事で紹介されていたのですが、吾妻郡中之条町の伊勢町では、祇園《ぎおん》祭りの時に餡入りと餡なしの酒饅頭を作り、餡なしの方には砂糖や蜂蜜を混ぜた味噌だれを付けて食べるそうです。作りたては焼かずに、時間がたったものは焼いてから味噌だれを付けたそうです。これと似たような食べ方は、高崎市上《かみ》小塙《こばな》町や渋川市有馬にもあって、やはり餡なしの酒饅頭に砂糖を入れた甘味噌をつけて食べていました。串に刺したかどうかは分かりませんが、これなどは焼き饅頭そのものといって良いような食べ方です。

醤油に砂糖を加えた砂糖醤油を付けるという食べ方もあります。例えば、太田市の新田《にった》花香塚《はなかづか》町では餡なしの酒饅頭を作り、焼いて砂糖醤油を付けて食べていました。同様な食べ方は、桐生市新里町の板橋にもありました。

このように、焼き饅頭につながるような酒饅頭の食べ方が県内の各地に見られます。私はこれらが焼き饅頭のルーツではないかと考えています。

③焼き饅頭の誕生に影響を与えた食物

さあ、それにしても、酒饅頭を串に刺して味噌を塗って焼くという、焼き饅頭のあの独特のスタイルというのは、一体どこから来たのでしょう。

a．饅頭と味噌―焼餅の食べ方

まず、饅頭に味噌という取り合わせはどこから来たかというと、それはおそらく焼餅の食べ方に由来するのではないかと、私は考えています。焼餅に味噌や甘味噌が塗られたり、餡として入れられたりするのは一般的なことですし、薄く焼いた焼餅を細かく切って、胡麻《ごま》味噌で和えて食べるなどという例もあります。焼餅の生地に味噌を練り込むということもあります。このような味噌を使った焼餅の食べ方が、饅頭の食べ方に影響を与えたことは十分に考えられることです。

といいますのは、焼餅と饅頭というのは、焼く・蒸すという加熱の方法こそ違いますが、どちらも小麦粉で作る食品ですし、丸めるという形はよく似ています。その上、主に夏場の行事食として用いられるなど、年中行事での用いられ方も大変似通っているのです。実は、農休みや釜の口開けや七夕など、饅頭の用いられる年中行事では、古くは焼餅が用いられていた形跡が認められます。神様仏様に焼餅を供えていたのですね。そして、饅頭と焼餅を比べてみますと、味噌を付けたりからめたり、様々な種類の餡を中に入れたりと、食べ方にもよく似た点が見られます。それは、古くからあった焼餅の食べ方と、その後に登場した饅頭の食べ方とが、お互いに影響を与え合った結果ではないかと思われるのです。先ほど紹介したような、酒饅頭に味噌を付ける食べ方は、焼餅の食べ方につながるものと考えられます。酒饅頭だけでなく、ゆで饅頭や炭酸饅頭にも味噌を入れたり塗ったりする食べ方があるのですが、それらも同様に、焼餅の食べ方につながるものと思われます。

また、先ほど申しました夏場の行事、特に八月一日の釜の口開けに仏様に供える饅頭というのは、必ず焼いてから供えるというところが多く見られます。これはなぜかと申しますと、やはり焼餅に由来するものだろうと思われます。釜の口開けというのは、お盆のために地獄の釜の蓋が開いて、仏様がこの世に出てくる日だと言われていて、この日は、特に硬く焼いた焼餅を仏壇に供えます。そうすると、仏様がこの焼餅を地獄の釜の蓋にぶっつけてぶち壊して出てくると言われています。この習慣が饅頭にも引き継がれていて、釜の口開けの饅頭は焼いてから供えるということが行われているわけです。こういう習慣も焼き饅頭の誕生に関係があっただろうと思います。

芋串（多野郡神流町）

b．串に刺す食べ物―田楽《でんがく》・芋串《いもぐし》・五平餅《ごへいもち》

では、饅頭を串に刺して焼くというスタイルは、一体どこから来たかというと、これはおそらく、田楽や芋串、五平餅などといった、串に刺して味噌を塗って焼く食品の影響が考えられるだろうと思います。田楽はご存じの通り、豆腐などを串に刺し、味噌を塗って焼いたもの。芋串は、田楽の仲間と考えてよいかと思いますが、サトイモやジャガイモをゆでたり蒸したりしてから、串に刺して、味噌を塗って囲炉裏の周りに立てて焼いたものです。榛名山麓周辺では主にサトイモが使われ、多野郡の山間部などでは主にジャガイモが使われます。ちなみに、前橋の原嶋屋総本家には、初代の類蔵さんが屋台で売っていたサトイモの芋串にヒントを得て焼き饅頭を考案したという話が伝わっています。

それから、五平餅は、炊いた粳米《うるち》をつぶして串や細い板に平たく付けて、味噌を塗って焼いたもので、木挽《こび》きとか炭焼きとか猟師とか、主に山仕事をしていた人たちが、山の神などを祭る行事の際に食べていたものです。ヤマボタとか、バンダイモチ、レンショウボウなどと呼ぶ地域もあります。

焼き饅頭はこうした食品に外見がとてもよく似ています。もともと酒饅頭は冷めると硬くなりやすい饅頭で、硬くなった場合は餡入り・餡なしに関わらず、囲炉裏《いろり》などの火であぶって食べたものでした。火であぶる際には、一般的にはワタシ（渡し）という金網に載せたり、焙烙《ほうろく》の上で焼いたりしました。しかし、囲炉裏であぶる際に味噌を塗るのであれば、田楽のように串に刺すのが手が汚れなくて便利でしょう。そのように考えると、焼き饅頭が串に刺さっているのは理にかなっていると思われます。

このように、焼き饅頭は、酒饅頭に味噌を付ける食べ方や、串に刺して火にあぶって食べる食べ方などがもとになって生まれてきたものと考えられます。そして、そのもとになったものは農村の食文化の中にあったと言えると思います。

四　小麦と味噌の食文化

さて、最後にまとめです。群馬県の食文化の特徴を一言で言うなら、「小麦と味噌の食文化」と言えるだろうと思います。昔の自給的な生活では、自分の家でとれたものを食材の基本にしていましたから、水田裏作の小麦でおっきりこみや饅頭を作り、畑でとれた大豆で味噌を作ってきたわけです。焼餅・ジリヤキ・水団・おっきりこみ・焼き饅頭と、いずれもそうした群馬の農村の生活の中から生まれてきたものです。

そして、おっきりこみは、野菜を豊富に入れることで小麦粉を節約したり、ゆでずに煮込むことでとろみをつけて体が温まるようにしたり、寒い冬の日常の食事として工夫されてきた食べ物です。また、焼き饅頭は、夏の年中行事の食べ物がもとになって生まれ、養蚕や機業を背景に上州名物にまで発展したものだといえます。このように、地域に根付いた伝統的な食べ物、郷土食というものは、地域の歴史や民俗を反映しています。その意味で、郷土食は食の文化財というべきものだと思います。

今回はおっきりこみと焼き饅頭を例にしましたが、郷土食を詳しく見ていくと、お話ししたようないろいろなことがわかってきます。しかし、まだわからないこともたくさんあります。例えば、おっきりこみも焼き饅頭も、どちらも「小麦と味噌の食文化」から生まれたものでありながら、おっきりこみは群馬県を越えてかなり広い範囲に分布が見られるのに対して、焼き饅頭は群馬県以外にはほとんど見られません。こういう分布の違いはどうして起こるのか、そういうことも考えてみると面白い課題だろうと思っています。そんなことを考えながら食べると、食べ慣れた郷土食の味も、また、ひと味違ってくるのではないかと思います。

以上で私の話を終わります。最後までお聞きくださって、ありがとうございました。

付記
本稿は、二〇〇八年二月九日（土）に群馬県立歴史博物館で行われた、「歴史博物館講座④」の講演原稿である。本書の「酒饅頭と焼き饅頭」（41頁）や「おきりこみと水団」（66頁）の元になった考え方は、ほぼこの中に出そろっている。

粉ものみやげと名産品

一　石臼で「粉もの」開花

誰もが認める群馬の郷土食と言えば、何でしょうか。おきりこみに焼きまんじゅう？　なるほど、一方は上州を代表する家庭料理、もう一方は上州みやげの定番となった名物ですね。そして、そのどちらもが「粉もの」です。民俗学的な用語で言えば「粉食」。ご飯のような「粒食」に対する言葉です。

ご存じの通り、群馬は全国有数の小麦生産県。伝統的に小麦粉を中心とした粉食が盛んでした。粒のままご飯に炊いて食べられる米と違って、外皮の堅い小麦は、粉にしなければ食べられないからです。けれども、その歴史は、実はそんなに古いものではありません。一般庶民が回転式の石臼を使えるようになったのは、江戸中期ころのこと。ですから、群馬の粉ものの伝統も、せいぜい三〇〇年くらいのものなのです。

しかし、その間に上州の粉もの文化は一気に花開きました。うどん・水団《すいとん》・焼餅《やきもち》・ジリヤキ・まんじゅう・かりんとう。これらは、小麦粉を使った伝統的な食品です。粉にする技術は、それまで粒で食べていた、米や豆や雑穀にまで広がります。大麦や大豆を煎ってひいた、麦香煎やきな粉。そばがきやそば切り。米粉の団子・草餅・柏餅など。いずれも皆、農村の家庭で作られてきました。

そして、その伝統の延長線上にあるのが、さまざまな店売りの食べ物。焼きまんじゅうを始め、鉱泉せんべい・乾麺《かんめん》・麦落雁《むぎらくがん》・ラーメン・焼きそば・パスタ……。ちょっと待って！　鉱泉せんべいや乾麺はともかく、ラーメンやパスタは外来の食べ物では？　そう、確かにその通りですが、とんカツやカレーライスと同様に、今や立派な国民食。そして、それらがスムーズに受け入れられていったのも、その下地として、粉もの好きの食文化の伝統があったからなのです。

上州のソウルフード「粉食」。あなたにとって、心に残る「粉もの」は何ですか？

二　粉ものみやげ

(一)　焼きまんじゅう――江戸末期から商品化

群馬の祭りで、必ずと言ってよいほど見かけるのが、露店で売られる焼きまんじゅう。味噌《みそ》の焦げる匂いがたまりませんね。焼きまんじゅうは、竹串に刺したまんじゅうに甘辛い味噌だれを塗って焼いたもの。実は、甘酒の発酵を利用して作る酒まんじゅうの一種です。群馬の農村家庭には、古くからあんなしの酒まんじゅうを作って味噌や砂糖味噌を付けて食べる食習慣があり、それが元になって焼きまんじゅうが生まれたようです。

商品としての焼きまんじゅうの起源は江戸末期にまでさかのぼることができ、前橋市の原嶋屋総本家が一八五七（安政四）年、沼田市の東見屋《とうみや》饅頭店が一八二五（文政八）年の創業と伝えられています。呼び名は「焼きまんじゅう」が一般的ですが、沼田市を中心とした北毛地域では「味噌まんじゅう」と呼ばれています。また、焼きまんじゅうはあんの入らないものが基本ですが、沼田市や伊勢崎市を中心にあんの入ったものも見られ、近年はそれが広まる傾向にあります。

私たち上州人には大変なじみの深い焼きまんじゅう。しかし、どうしたわけか、県外の人にはあまり知られていません。そもそも県外には焼きまんじゅうの店がほとんど分布しないのです。例外的に、県外の老舗《しにせ》として知られているのは、一八七五（明治八）年創業の埼玉県飯能市の新島田屋《しんしまだや》くらいです。ですから、焼きまんじゅうは群馬で独自に発達した食品と言っても過言ではないでしょう。

ところで、串に刺して焼くという、焼きまんじゅうのあの独特のスタイルは一体どこからきたのでしょうか。考えられるのは、豆腐の田楽《でんがく》や芋串《いもぐし》、五平餅《ごへいもち》といった食品からの影響です。このような味噌を塗って焼く食べ物は、串に刺した方が扱いやすいといえます。焼きまんじゅうのスタイルも、おそらくそれにならったものでしょう。原嶋屋総本家には、初代店主が芋串をヒントに焼きまんじゅうを思いついたという言い伝えが残っています。

(二) 温泉まんじゅうと鉱泉せんべい──分布は対照的

お次は、群馬の温泉みやげの話題を二つ。温泉まんじゅうと鉱泉せんべいです。

ご存じのように、温泉まんじゅうは小さな茶色のまんじゅう。これを名物とする温泉街は県内のあちこちにあります。しかし、この温泉まんじゅう、作る際に温泉のお湯を使うわけでも、温泉の蒸気で蒸すわけでもありません。では、一体どこが温泉と関係あるのかというと、それはまんじゅうの色なのです。

代表的な温泉まんじゅうの一つ、伊香保温泉（渋川市）の「湯の花まんじゅう」は明治の末に作られました。その際に工夫されたのは、まんじゅうの皮の色を伊香保源泉の湯の花（温泉の沈殿物）の色に似せること。試作段階では温泉の湯を使って茶色にしましたが、より良い方法を求めて工夫を重ねた結果、温泉の湯を使うことをやめ、黒砂糖を使うようになったということです。

もう一方の鉱泉せんべいは、サクサクとした軽くて甘い小麦粉のせんべい。こちらには、生地をこねる際に鉱泉水が使われています。ただし、その泉質は炭酸水素塩泉（重曹を含むもの）でなくてはなりません。あの独特のサクサク感は重曹によるものなのです。だから、これが名物になっている温泉は、八塩《やしお》温泉（藤岡市）など一部に限られています。

代表的な鉱泉せんべいの一つ、磯部温泉（安中市）の「磯部せんべい」は、明治の前半ころに作られました。そのヒントになったのは、湯治客が持参の小麦粉と鉱泉水でまんじゅうを作る様子だったと言われています。

温泉まんじゅうと鉱泉せんべい。どちらも明治以降、温泉地の観光地化が進む中で生まれたものですが、その分布の様子は対照的です。温泉まんじゅうは、温泉の湯を使わないため、泉質に関係なく作ることができ、多くの温泉地でポピュラーな観光みやげとなりました。一方、鉱泉せんべいは、鉱泉水を使うため、限られた温泉地で作られる「地域限定」の観光みやげになったのです。

（三）乾麺と麦落雁―気候風土が名品生む

館林市を中心とする東毛平坦部は、県内ではよく知られた麦作地域。伝統的に水田の裏作として、大麦・小麦の栽培が盛んでした。そして、その豊富な小麦を原料に発展したのが干しうどんなどの乾麺の生産、大麦を原料に発展したのが麦落雁の生産です。

この地域で乾麺作りがいつから始まったかははっきりしませんが、明治の後半には館林で早くも機械製麺が行われていました。

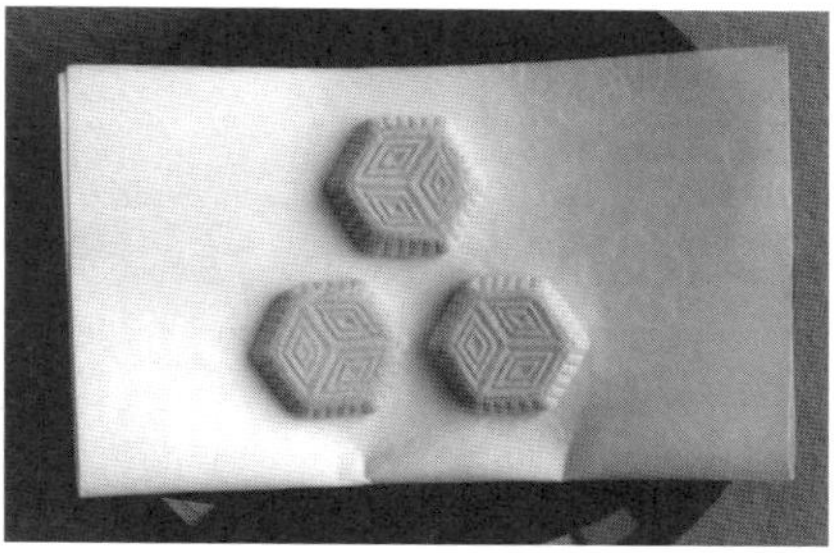

麦落雁（館林市）

うどん作りに必要なものは、小麦粉と塩と水だけ。しかし、原料は単純でも、製品の乾麺はとてもデリケートなものです。とくに気を遣うのが乾燥の工程。急激な乾燥は麺の折れやねじれを招くので、適度な湿気を与えながら徐々に乾燥させなければなりません。

館林で乾麺作りが盛んになった理由の一つとして、沼地が多く、空気の湿度が麺の自然乾燥に適していたことが挙げられます。

干しうどんの命は、ゆで上げたときの透明感とコシ。それを出すために、さまざまな小麦粉の配合が研究され、現在では地粉よりも、オーストラリアなどからの輸入小麦が多く使われています。

さて、もう一方の麦落雁。茶席の高級和菓子として知られています。その始まりは江戸後期と言われており、館林藩主・秋元家の御用菓子にもなりました。

麦落雁の主な原料は、大麦を皮ごと煎って粉にひいた麦香煎。これに砂糖を加え、木型に打ち込み、型から抜いたものを熱して乾燥させます。麦香煎の香ばしさと砂糖の上品な甘さが、麦落雁の身上。原料の大麦には、とくに香りの良いものを選ぶそうです。

もともと麦香煎は、この地域の家庭で伝統的に作られていた、ごく素朴な食べ物。これに讃岐和三盆のような上質の砂糖を組み合わせたところに、館林城下の菓子司の洗練された感覚がうかがわれます。

乾麺と麦落雁。どちらも東毛の気候風土が生んだ名品といえるでしょう。

三　粉もの外食産業

(一) うどん―異なる歴史的背景

うどん好きの多い群馬県。農村部では、伝統的に家庭でうどん打ちが行われてきました。一方、都市部や観光地では、外食産業としてうどん店が発達しました。現在では、うどんで町おこしを行っている地域もあり、代表的な例として、水沢、桐生、館林を挙げることができます。

水沢うどんは、水沢寺（渋川市伊香保町水沢）参道の茶店が、水沢観音の参拝者にうどんを食べさせるようになったのが始まり。歴史は古く、天正年間（一五七三～九二年）から続くと伝えられる店もあります。透明感とコシの強いことで知られる水沢うどんは、つけ汁で食べる「ざるうどん」の形が一般的。ごまだれを用いる店が多く見られます。二〇〇三年に「日本三大うどんのＰＲ構想」が発表されてから、稲庭、讃岐とともに日本三大うどんの一つに数えられています。

桐生うどんは、桐生の織物業とともに発展。織物工場の忙しい女性従業員が、出前のうどんで食事を済ませることが多かったため、工場周辺にうどん店が多く見られます。織物工場から夜食用にゆで麺の注文が入るので、うどん店ではゆで麺を常備しており、一般家庭にもそれを買って食べる習慣がありました。桐生うどんは、柔らかな食感ながらコシがあり、ゆでてから時間がたってもおいしく食べられるのが特長と言われます。また、幅の広い「ひもかわ」を扱う店が多いのも、桐生うどん店の特徴の一つ。元は秋の彼岸から春の彼岸までの季節メニューでしたが、今では一年を通して食べられます。桐生麺類商組合は、新名物としてカレーうどんのＰＲにも力を入れています。

館林のうどんは、地元の小麦栽培を背景に、明治以降盛んとなった製粉業や醤油醸造業とともに発展してきました。先ほど紹介したように、館林市は乾麺の生産地。そのため、手打ちうどんばかりでなく、名産の乾麺を使ったうどん料理を提供する店もあります。二〇〇九年には、麺のまち「うどんの里館林」振興会が、「分福茶釜の釜玉うどん」と「しょうゆ焼きうどん」を発表。同会初の統一メニューとして話題となりました。

歴史的な背景がそれぞれに異なる三つの上州うどん。ドライブの途中に立ち寄って、食べ比べてみるのも楽しいですね。

（二）だんご汁―家庭の味から名物に

「だんご汁」とは、利根・沼田地域で水団を指す言葉です。伝統的な家庭のだんご汁は、小麦粉をこねて団子を作り、野菜をたくさん入れた汁で煮込んだもの。味付けは、基本的におきりこみと同じ。古くは主に自家製の味噌が使われましたが、近年は醤油も多く使われています。

高度経済成長期以前の農村では、おきりこみが主に夕食として作られたのに対し、だんご汁は夕食だけでなく昼食としてもしばしば作られました。日常生活では、昼間は農作業で忙しいので、朝食にご飯を多めに炊き、それを昼食にも食べるのが普通でした。しかし、ときどき昼のご飯が足りなくなることがあります。そんなとき、補いとして食卓に登場したのがだんご汁。粉をこねて適当にちぎって煮るだけなので、手早く作れたのです。

ちょっと目先を変えた食べ方としては、小豆を甘く煮た汁で食べるだんご汁もありました。えっ、小豆？と思うかもしれませんが、もちの代わりに小麦団子を入れたお汁粉と考えればよいでしょう。こちらは主に間食として用いられ、「砂糖ヅメッコ」とか「ススリ団子」などと呼ぶ地域もあります。

沼田市では、町おこしにだんご汁を活用。名物として、積極的に売り出しを行っています。二〇〇四年から〇七年まで、沼田市観光協会青年部の主催で「沼田名物だんご汁」コンテストを開催。コンテストには、新しい味の開発を目指して、さまざまにアレンジされただんご汁が出品されました。

コンテストに参加した店では、各店オリジナルのだんご汁を提供しています。「沼田名物だんご汁あります」と書かれたのれんが目印。伝統的な醤油味のほか、カレー味あり、中華風あり。団子も小麦粉だけでなく、白玉あり、ジャガイモのニョッキありと、実にバラエティーに富んでいます。

沼田のだんご汁。家庭の味から地域の名物が生まれた好例と言えるでしょう。

㈢ もんじゃ焼き─東京から伝わって定着か

もんじゃ焼きは、ゆるく溶いた小麦粉に切りイカなどの具を入れて混ぜ、ソースなどで味付けして、鉄板の上で焼きながら食べるもの。水分が多く粘り気が少ないので、焼いても生地がしっかり固まらず、軟らかいものを小さなヘラですくって食べます。

もんじゃ焼きの元になったものは、江戸時代の「文字焼き」と言われます。液状の生地を鉄板に垂らして文字などを書いたことからこのように呼ばれました。実は、群馬でも「もんじ焼き」と呼んでいた地域が多く、「もんじゃ焼き」という呼び名は、県内では比較的近年になって使われ出したようです。

現在、もんじゃの町として知られる東京の月島などには、さまざまな具の入った豪華なものがありますが、戦前の下町のもんじゃ焼きはいたってシンプル。漫画家・滝田ゆう氏の『昭和夢草紙』には、生地をソースで味付けしただけの「ソーステン」、切りイカ入りの「イカテン」、干しエビ入りの「エビテン」、こしあん入りの「アンコテン」などが紹介されています。

群馬でも伊勢崎市などには、戦前からもんじゃ焼き（もんじ焼き）の店がありました。伊勢崎市には東武伊勢崎線が通っており、東京の文化が入りやすかったためで、一説には東京へ伊勢崎銘仙の商いに行った人たちが伝えたとも言われます。昭和三十年代には、駄菓子屋で子どもたちの人気メニューでした。

生地に加える具は、切りイカ・刻みキャベツ・揚げ玉・青のりなど。伝わった当時を思わせる素朴な形を残しています。味付けの基本はソースですが、それに加えてイチゴシロップを入れた「あま」や、カレー粉を入れた「から」などがあり、伊勢崎もんじゃの特色になっています。食文化が定着する過程で、地域独自に発展した例と言えるでしょう。

この特色あるもんじゃ焼きを伊勢崎名物にしようと、二〇〇三年から毎年、参加者みんなでもんじゃを焼く「もんじゃ祭り」が、伊勢崎商工会議所青年部の主催で開かれています。

(四) ラーメン―鶏がら醤油が主流?

明治以降に伝わった外国起源の新しい粉ものが、各地に根付いた例はいくつかありますが、その代表格と言えば、やはりラーメンでしょう。ラーメンの元になったものは中国の「拉麺《ラアミエン》」。手で引っ張って作る手延べ麺です。麺の色が黄色っぽかったり縮れていたりするのは、小麦粉をこねる際に加える鹹水《かんすい》の作用によるもの。これによって麺の弾力性が高まるのです。

日本のラーメンには、大きく三つの流れがあると言われます。一つ目は、明治の初めに横浜から始まり、明治の末に東京に伝わった醤油ラーメンの系統。二つ目は、明治後期に九州の長崎で始まった長崎チャンポン・豚骨ラーメンの系統。三つ目は、大正期に北海道で始まった札幌ラーメン（塩ラーメン・味噌ラーメン）の系統です。

群馬にラーメン店が現れ始めたのは、高崎市が最も早く大正期、前橋市が昭和初期と言われます。昭和十年代には安中市などにもラーメンの屋台が見られるようになりました。屋台のラーメンは「夜鳴きそば」などと呼ばれ、人々に親しまれました。当時のラーメンは東京系の醤油ラーメン。そのため、うどん・そばが大好きな上州人にも、スムーズに受け入れられていったようです。

ラーメン店の多い藤岡市では、一九九〇年に「上州藤岡ラーメン会」が結成されました。全国のご当地ラーメンが話題になり始めたのは、一九八〇年代の半ばころのこと。藤岡ラーメンも、そうした流れの中で注目されるようになったのです。同会では、自転車でラーメン店をめぐる「ラーメン駅伝」や、イベント用屋台の貸し出しなどを行い、話題となりました。群馬の食による町おこしとしては最も早いほうで、先駆け的な存在と言えます。

藤岡ラーメンに決まったスタイルはありません。しかし、手打ちの太い縮れ麺に、鶏ガラ醤油スープの店が多いと言われ、昔なつかしい味は今も健在です。

（五）焼きそば―麺・具・味、店の個性

焼きそばは、先ほど紹介したラーメンと同様、明治以降に伝わった中国起源の粉ものです。その元になったものは「炒麺《チャオミエン》」。いったんゆでた中華麺を、具と一緒に炒《いた》めて食べるものです。ただし、このような調理法は、中国ではあまり一般的ではないようで、その分布は東北部などに限られるそうです。

日本に炒麺が入ったのは、大正期の札幌が最初と言われ、札幌ラーメンの始まりとほぼ同時期。当時の

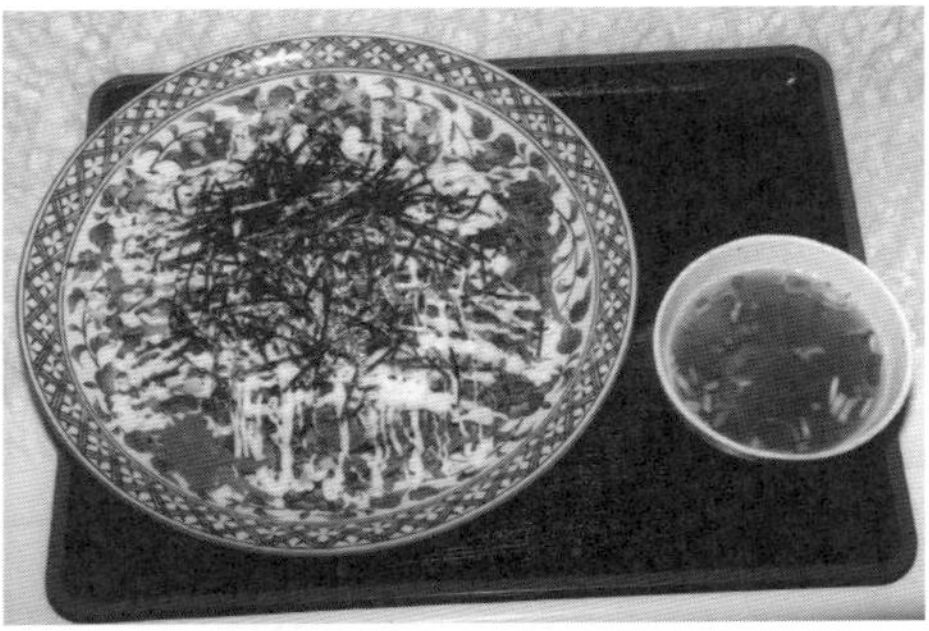

太田焼きそばの一例
ネギとマヨネーズをトッピングした「ネギマヨ焼きそば」

炒麺は、塩などで味付けした五目焼きそばに近いものだったようです。

現在見られるような、蒸した麺をウスターソースで炒めたソース焼きそばは、実は日本独自のもの。その始まりは、戦後の関東地方の闇市だったと言われています。ソース焼きそばも、ラーメンと同じように屋台などで扱われ、手軽な食事として普及していきました。太田市は、群馬の中でも焼きそば店の多いことで知られています。戦後、自動車とその関連工業で発展してきた太田市には、地方から多くの働き手が集まりました。工場で働く人たちに好まれたのが、安くてボリュームがあって、冷めても味の落ちない焼きそば。そのため、昭和三十年ころから、工場周辺に焼きそば店が増えていったと言われます。

この焼きそばを太田名物にと、二〇〇二年に「上州太田焼きそばのれん会」が発足しました。太田市では、同じ焼きそばの町として知られる秋田県横手市・静岡県富士宮市と「三国同麺協定」を結び、互いの交流も活発に行っています。

太田焼きそばに決まったスタイルはなく、地元では十人十色ならぬ「十麺十食」と言われます。太麺、細麺、濃厚ソース、塩味、ネギマヨ、ジャガイモの素揚げ入りなど、店によってさまざまです。また、日本コナモン協会会長の熊谷真菜さんによれば、ユニークなサイドメニューも、太田焼きそば店の特徴の一つ。ところてん、どら焼きなど、楽しいサイドメニューを提供する店があります。

(六) パスタ―バブル期に多種登場

パスタとは、ご存じの通り、小麦粉食品を指すイタリア語。代表的なものにマカロニやスパゲッティがあります。日本で紹介されたのは、マカロニのほうが早く、明治五（一八七二）年。一方、スパゲッティが一般に知られるようになったのは、戦後のことです。

初めのころのスパゲッティは、進駐軍の軍隊食が元になったと言われるナポリタンや、手軽なミートソース。これらが食堂や喫茶店のメニューに取り入れられ、次第に家庭にも広まっていきました。しかし、アルデンテの食感はすぐには受け入れられず、うどんのように軟らかくゆでたものが好まれました。

昭和四十年代に入ると、高崎市では、スパゲッティをメニューの中心に据える店が現れました。シャンゴは、そうした最も古い老舗の一つ。同店によれば、当初は、やはりナポリタンとミートソースが中心でしたが、一九七二年にはロースカツをのせたスパゲッティや、ボンゴレのスープスパゲッティなどの新しいメニューを開発。パスタは、ちょっとおしゃれなご馳走として定着していきました。

ボリュームがあっておいしいと言われる「高崎パスタ」の特長は、そのころからの伝統。そして、現在見られるような、さまざまな種類のパスタが普及するのは、バブル景気（一九八六～九一年）のころのイタリア料理ブームからです。

高崎市は人口に対するパスタ店の数が多いことから、「パスタの街たかさき」と言われます。一九九八年には、パスタ好きの有志が「高崎パスタの会」を結成。パスタパーティーなどを開催してきました。また、二〇〇九年八月の「高崎まつり」では、市内一〇店舗のパスタの人気投票を行うイベント「キングオブパスタ」が開催され、話題となりました。

地域に根付いた新しい粉もの、パスタ。高崎市では今、町おこしの素材として期待を集め、高崎パスタの「食のブランド化」を目指して、さまざまな工夫がなされています。

四　小麦と味噌の食文化

さて、最後に締めくくりとして、群馬の粉もの文化の特徴についてお話ししたいと思います。

ご存じのように、群馬の伝統的な粉ものには、味噌を使ったものが多くあります。おきりこみも水団も、基本の味付けは味噌味ですし、焼餅・飯焼餅・ジリヤ

高崎まつりで開催された第１回キングオブパスタ会場（2009 年）

キなども、味噌で味付けしたものが一般的。まんじゅうにも、皮に味噌を練り込んだもの、あんとして砂糖味噌や野菜の味噌炒めを入れたものなどがあります。そして、極め付きは、味噌だれを塗った焼きまんじゅうでしょう。

それでは、なぜ群馬では、このように味噌と粉ものが深く結び付いたのでしょうか？　それは、農村の家庭で、昔から味噌作りが盛んだったためです。伝統的な味噌の原料は、大麦こうじと大豆と塩。大麦は小麦とともに水田の裏作、大豆は畑や水田のあぜなどで栽培され、自給自足できたのです。

家庭で味噌作りが行われなくなった現在でも、味噌味の粉ものは好まれています。例えば、ラーメン店に入ってメニューを見れば、たいていの店に味噌ラーメンがあります。また、甘い味噌だれをサンドした味噌パン。焼きまんじゅうをヒントに作られたこのパンも、他県には見られない独特のものです。

こうして見てきたとき、上州の食文化をひと言で表すなら、「小麦と味噌の食文化」と言えます。しかし、その全国的な知名度は、残念ながらまだ高いとは言えません。

食による町おこしが盛んな今、私たちの誇るべき食文化を、もっと広くＰＲできないものでしょうか。例えば、信州のおやきに対抗して、上州の飯焼餅を売り出してみてはどうでしょう。新しい食感が受けて、ブレークするかもしれません。また、味噌煮込みうどんで知られた名古屋などと、食の文化交流をするのもおもしろいと思います。粉ものは、まだまだ未知の可能性を秘めているのです。

伝統的な粉もの文化の諸相

山がちで麦や雑穀の栽培が盛んだった群馬では、昔から粉で作る食べ物、粉ものがとても盛んでした。ここでは、豊かな群馬の粉ものの世界を紹介していきたいと思います。

一　間食の粉もの

(一) 粉かき—すぐ食べられる最も簡単な粉もの

最初のテーマは粉かきです。粉かきというのは、穀物の粉に熱湯を加えて掻いたもので、代表的なものにそばがきがあります。

ソバ粉の調理法はいろいろありますが、最も簡単な食べ方がそばがきでした。ソバ粉を丼や茶碗などの器に入れ、そこに熱湯を加えて箸などで手早くかき混ぜ、粘りが出てきたら、そばがきのでき上がりです。ぐらぐらと沸騰した湯を使うと、粘りが出てうまくできます。利根郡みなかみ町には、麦飯の残りご飯をぐつぐつと粥状に煮て、その中にソバ粉を入れてそばがきを作る例もありました。そばがきを食べるときには、小皿に醤油《しょうゆ》を入れ、これを付けながら食べます。好みによって砂糖醤油にすることもありました。

粉かきにして食べる穀物はソバだけではありません。シコクビエ（四石稗）もその一つです。シコクビエは、ヒエという名は付いていてもヒエの一種ではなく、赤っぽい実の着く別の穀物です。群馬ではチョウセンビエ（朝鮮稗）とかコウボウビエ（弘法稗）などと呼ばれ、山間部や山麓部で栽培されていました。多野郡上野村ではシコクビエの粉に塩を混ぜ、熱湯を加えて掻いて食べましたが、これを粉がきと呼んでいました。

そばがきやシコクビエの粉がきは、それだけで一回分の食事にされることは少なく、ご飯が足りないときの補いや、コジョハン（小昼飯）にされるのが普通でした。コジョハンとは昼食と夕食の間の間食のことで、現代風に言えば三時のおやつです。手軽に作れてすぐ食べられる粉かきは、農作業などで忙しいときに重宝されました。

(二) 香煎《こうせん》――食べ方のむずかしいおやつ

香煎とは、米や麦などの穀物を煎《い》ってから粉にしたもので、はったい粉ともいいます。麦作の盛んだった群馬では、大麦を材料にした麦香煎が多く作られました。作り方は簡単で、大麦を焙烙《ほうろく》で煎り、石臼で挽いて粉にするだけです。食べるときには、これに砂糖と塩少々を加え、さじなどですくって食べます。麦香煎は麦焦がしとも呼ばれ、大麦の収穫後に作られて、お茶請けや子どもの菓子として喜ばれました。

麦香煎は香ばしくておいしいのですが、粉状なので、上手に食べないと飛び散ったり、むせて咳き込んだりしてしまいます。そこで、子どもなどに与えるときには、麦香煎に湯を加え、半掻き程度に練ることがありました。また、邑楽郡大泉町では、麦香煎に熟柿を加えて練ったものを柿餅と呼び、茶碗などに盛って箸で食べました。柿餅は行事食の一つで、東毛地域を中心に、旧十月二十日のエビス講の供え物にされました。

ちょっと変わった香煎の使い方としては、ヘビやムカデよけのおまじないがあります。二十日正月（一月二十日）の行事の一つで、香煎を作って家の周囲に撒《ま》きます。そのときの唱えごとがユーモラスで、例えば安中市松井田町北野牧《きたのまき》では「ヘビもムカデもどーけどけ、槍も刀も持ってるぞ」などと言いました。

香煎はお菓子の材料にされることもあります。例えば、館林市の名物になっている麦落雁は、麦香煎に上質の砂糖を加え、木型に打ち込んで作ったもので、江戸後期以来の歴史をもっています。また、香煎棒という駄菓子がありますが、あれは麦香煎を棒状に固めたものです。それから、近年販売されるようになったものに、皮の生地に麦香煎を練り込んだ香煎饅頭《まんじゅう》があります。いずれも麦香煎の香ばしさを生かしたお菓子です。現在は粉状の香煎をそのまま食べることは少なくなりましたが、このように姿を変えて、香煎は今も私たちの生活に結び付いています。

(三) 薄焼き―呼び名いろいろ、味もいろいろ

薄焼きは小麦粉を軟らかくこねて、油をひいた焙烙の上にたらし、薄く平たく焼いたものです。主に日常の間食にされることの多かった粉ものです。

　薄焼きには地域によってさまざまな呼び名があって、実はウスヤキという名もその一つでしかありません。焼くとジリジリと音がするからジリヤキ。油で炒《い》るように焼くからイリヤキ・イリッケ。たらして焼くのでタラシヤキ・タラシモチ・ダラヤキ。小麦粉を水でゆるく溶くのでミズヤキ。煎餅のような形なのでセンベイヤキ。片面を焼くと、はがして裏返してもう片面を焼くのでヤキヘガシ・スキッケエ。その他にもホウロクヤキ・テンジンヤキ・グルヤキ・オベッタなど、県内に見られる主なものだけでもこんなにあります。

　食べ方もいろいろです。小麦粉と水だけで作ったシンプルな薄焼きには砂糖味噌《みそ》や砂糖醤油などを付けて食べます。山間部にはエゴマ味噌を付ける例もあります。蜂蜜を付けたり、玉砂糖をはさんだりすることもあります。また、厚めに大きく焼いた薄焼きを菱形に小さく切り、ごま和えにして食べることもあります。

焼餅のごまよごし（富岡市）
大きく焼いた焼餅を菱形に切り、ごま味噌で和えたもの。薄焼きよりもやや厚め。

　生地そのものに味付けをする場合には、小麦粉をこねるときに塩や味噌を加えます。風味を付けるために、ネギ・ミョウガ・シソ・フキノトウ・ニンジンなど、季節の野菜を刻んで入れることもあります。昭和初期に重曹が普及してからは、ふっくらさせるために重曹を使用する家庭が多くなりました。また、戦後の乳牛や山羊《やぎ》の飼育が盛んだった時期には、牛乳や山羊乳に砂糖を加えたホットケーキのような薄焼きも作られました。

薄焼きは小麦粉だけで作られるとは限りません。藤岡市坂原では小麦粉にトウモロコシ粉を混ぜたもの、吾妻郡嬬恋村ではソバ粉にジャガイモ粉を混ぜたものが作られていました。このように、薄焼きは時代により、地域により、また季節によってさまざまなものが工夫され、楽しまれてきたのです。

(四) 焼餅《やきもち》——群馬のコジョハンの定番

焼餅はオヤキとも呼ばれ、小麦粉などをこねて丸め、焙烙などで焼いたものです。表面を焼いた後、中までよく火を通すために、囲炉裏《いろり》やかまどの熱灰に入れて焼くこともあります。焼餅は腹もちがよく、持ち運びにも便利なので、主にコジョハン（間食）にされましたが、朝食などに用いる地域もありました。ブチ、チャガシなど地域によって異なった呼び方があります。

焼餅の材料は、小麦粉が主ですが、昭和初期ごろまでは大麦の粉(石臼でひき割り麦を作るときに出る粉)が使われることがありました。屑米《くずまい》の粉も使われました。また、山間部を中心にヒエ・シコクビエ・トウモロコシ・ソバなどの雑穀の粉が使われることもありました。小麦粉の焼餅には、昭和初期以降、薄焼きと同様に重曹を加える家庭が多くなりました。

味付けや風味付けにはさまざまな工夫がされました。焼餅には、餡《あん》を入れない場合と餡を入れる場合とがあります。餡なしの焼餅には、生地に味噌やゴマを練り込んだり、ネギ・ミョウガ・シソ・フキノトウ・ミカンの皮などを刻んで混ぜたりします。また、桑・ミョウガ・フキ・クズなどの葉で包んで焼き、香りを付けることもありました。

餡入りの焼餅は長野のものが有名ですが、群馬の焼餅も負けていません。最も多かったのは味噌餡で、その他には菜類の漬物、ナスや大根葉の炒《いた》め物、カボチャの煮物、黄粉《きなこ》なども餡にされました。多野郡の山間部には、ホオザシやイカの塩辛を餡にした焼餅もありました。餡と言えば小豆餡を連想しがちですが、高度経済成長期以前には甘い小豆餡は贅沢なもので、これが入るのは主に年中行事に作られる焼餅でした。

現在では、道の駅などで伝統的な焼餅と並んで、リンゴやブルーベリーなどを餡にした、お菓子のような焼餅も見かけるようになりました。

（五）飯焼餅―残りご飯の有効活用

焼餅の一種に飯焼餅というものがあります。残りご飯で作る焼餅のことで、地域によっては飯モチ・飯ヤキ・飯ブチなどと呼ばれます。昔は、朝食にご飯を多めに炊き、それをお昼にも食べました。それでもご飯が残ったとき、間食に飯焼餅を作りました。夏などはご飯が傷みやすく、少し臭いがすることがあります。しかし、そういうものも無駄にせず、ザルに入れて水洗いし、ぬめりを取ってから使いました。

作り方は簡単で、残りご飯に小麦粉と味噌を加え、こねて丸めて焙烙で焼けば飯焼餅のでき上がりです。風味付けのために、刻んだネギ・シソ・フキノトウなどを生地に混ぜることもあります。桐生市梅田町では刻んだニラを入れたので、ニラモチと呼ばれました。こねるときに生地に味噌を加えないこともあり、その場合は食べる際に砂糖醤油などを付けました。また、丸めるときに味噌餡や小豆餡を入れることもあります。

飯焼餅は群馬県各地で作られましたが、高度経済成長期以前には、その分布に地域的な違いがありました。吾妻郡など山間部の稲作の少なかった地域では、飯焼餅はあまり作られませんでした。一方、邑楽郡などでは、焼餅と言えば飯焼餅を指すほど盛んに作られていました。東毛の低地部では小麦栽培が少なく、小麦粉だけの焼餅はあまり作られなかったためです。

飯焼餅は、ゆでて作られることもありました。焼く場合と同様に形作ったものを、釜《かま》や鍋《なべ》の湯でゆでるのです。一度に数を多く作るときは、焼くよりもゆでる方が簡単でした。ただし、湯の中で崩れないように、ごはん粒が見えなくなるくらいしっかりこねる必要があります。また、ゆでる場合は生地に味噌を混ぜず、ゆでた後で砂糖醤油などを付けて食べることが多かったようです。しかし、ゆでても「飯焼餅」と呼ばれたのはおもしろいことです。

飯焼餅（館林市）

(六) ゆで饅頭—夏の行事に欠かせない

ゆで饅頭は、文字通りゆでて作る饅頭です。小麦粉をこね、餡を包んで丸め、鍋や釜の湯でゆでるのです。皮の生地にはふくらし粉などを入れませんから、膨らまずシコシコした団子のような食感です。

ゆで饅頭が用いられるのは主に夏の行事で、農休み・釜の口開き・七夕などに作られました。収穫したばかりの新しい小麦を使って作り、神仏の供え物にしたわけです。とくに、七夕にはゆで饅頭がつきもので、甘楽郡下仁田町などには「七夕や、いつ来てみても、ゆで饅頭」というユーモラスな言葉が残っています。群馬の農村では、稲の収穫後、晩秋から冬・春にかけての年中行事では餅や団子が作られることが多いのですが、小麦の収穫後、夏から初秋にかけての行事には焼餅や饅頭が作られる傾向がありました。

群馬でいつごろからゆで饅頭が作られるようになったかは、はっきりしません。しかし、江戸末期には作られていたようです。天保三（一八三二）年の『家内年中行事　嘉例食制書上』（高崎市東国分町、住谷修家所蔵）には「ゆでまんぢう」の記述が見られます。この文献によれば、ゆでまんぢうが用いられたのは六月十五日の朝と釜の口開き（七月一日）で、夏の行事であったことがわかります。

小麦粉だけでなく、粳米《うるちまい》や雑穀の粉でゆで饅頭が作られることもありました。粳米のゆで饅頭は日常の間食としても作られましたが、行事食としても用いられ、二月の初午などに作られました。雑穀のゆで饅頭は山間部を中心に作られ、行事食ではなく、日常の間食として用いられました。ソバ粉やシコクビエ粉、トウモロコシ粉などがゆで饅頭にされました。

ゆで饅頭は、製法的には餡入りの焼餅に近く、同じように形作ったものを焙烙などで焼けば焼餅になります。このことから、ゆで饅頭は餡入り焼餅が元になって生まれた食品と推測されます。

（七）炭酸《たんさん》饅頭―ゆで饅頭から発展

炭酸饅頭は、皮の生地をこねるときに小麦粉に重曹（炭酸）を加え、餡を入れて蒸して作る饅頭です。「ふかし饅頭」「田舎饅頭」などとも呼ばれ、重曹が入るために全体に薄黄色い色をしています。

炭酸饅頭の歴史は比較的新しく、重曹が一般家庭に普及した昭和初期ごろから作られるようになりました。それまでは、皮の生地に膨張剤を使わない団子のような食感のゆで饅頭が作られていたのですが、重曹を使うことでふんわりとした饅頭らしい食感の炭酸饅頭が作れるようになったのです。ですから、炭酸饅頭は、重曹の普及によってゆで饅頭から発展したものということができます。

各地で聞き取り調査をすると、炭酸饅頭が作られ始めたころは、せっかく重曹を入れたのに、ゆでてしまったためによく膨らまなくて失敗したという話や、重曹を使って蒸すようになってからも、しばらくは炭酸饅頭のことをゆで饅頭と呼んでいたという話が聞かれます。また、当初、重曹は貴重品でしたから、お客さんに出す饅頭は炭酸饅頭だったけれども、家の者が食べるのは相変わらずゆで饅頭だったという話もありました。

炭酸饅頭の材料は小麦粉です。ゆで饅頭のように粳米や雑穀の粉だけで作られる例はありません。小麦粉にモロコシやトウモロコシの粉を混ぜて作ることはありましたが、山間部に限られ、例としてはあまり多くありません。それは、粳米や雑穀の粉はこねてもグルテンを形成しないので、重曹で膨らませることに向かなかったためと考えられます。

安中市の磯部温泉の周辺地域では、炭酸饅頭を作るときに、磯部の鉱泉水を利用することがありました。

磯部の鉱泉水は重曹分を含んでおり、皮の生地をこねる際に膨張剤として使われたのです。重曹を入れ過ぎると饅頭の皮に苦味が出てしまいますが、鉱泉水にはそうした心配がなく、風味の良い饅頭ができるので重宝されたということです。

（八）酒《さか》饅頭―熟練の技が必要

酒饅頭は、皮の生地をこねるときに小麦粉に甘酒やどぶろくを加え、その発酵作用を利用して皮を膨らませる饅頭です。群馬では「す饅頭」「酒《さけ》饅頭」「甘酒饅頭」などと呼ばれます。酒饅頭は、ゆで饅頭や炭酸饅頭と同じように、農休み・釜の口開き・七夕など、主に夏の行事に作られます。吾妻郡などには盆に酒饅頭を作る地域もあります。

酒饅頭を作るには、まず甘酒を造ります。残りご飯を粥《かゆ》状に煮て、冷ましてからそこにコウジ（米コウジまたは麦コウジ）を入れると、二日ほどで甘酒になります。さらに発酵が進むとアルコール分が強くなり、酸味が出てきます。この酸っぱくなった甘酒のことを「す」と呼ぶことから、「す饅頭」の呼称が生まれたようです。次に、発酵の進んだ甘酒を布で漉《こ》し、そこに小麦粉を入れてこねます。そして、しばらくねかせた後、適当な大きさにちぎって餡を入れて丸めます。丸めたものをしばらくおき、甘酒の発酵作用で膨らんだら、蒸籠《せいろう》で蒸してでき上がりです。

このように、酒饅頭はゆで饅頭や炭酸饅頭に比べて、作るのに大変手間がかかります。また、甘酒の発酵がうまくいくかどうかで、饅頭のでき具合が決まるので、経験と勘が頼りになります。そのため、酒饅頭作りの技術を伝える人は、他の饅頭の場合に比べてずっと少なくなっています。

ところで、群馬では餡を入れない酒饅頭が作られることがあります。餡を入れない場合は、砂糖味噌や砂糖醤油などを付けて食べます。時間がたって硬くなった場合は、囲炉裏の火で焼いてから、砂糖味噌などを塗って食べます。こうした食べ方は、上州名物の焼き饅頭につながるものと考えられます。

また、生地に菜っ葉の漬物などを刻んで加え、餡なしの酒饅頭を作る例もあり、太田市の旧新田町地区などに見られます。これなどは、まるで焼餅のような作り方・食べ方で、焼餅からの影響が推測されます。

（九）団子—米だけではない、小麦も雑穀も

団子は、穀物の粉をこねて丸め、ゆでたり蒸したりしたものです。現在の私たちがよく知っているのは粳米の団子です。しかし、高度経済成長期以前には、地域によって小麦粉やアワ・キビ・ヒエ・シコクビエ・トウモロコシ・ソバなどの雑穀の粉も普通に使われていました。このような団子は、「小麦団子」「ヒエ団子」「ソバ団子」のように材料名を冠して呼ばれました。

また、粳米で作る場合でも、日常の間食用の団子には、屑米や陸稲《おかぼ》などが使われていました。屑米は籾《もみ》すりや精米の際に砕けてしまった米で、米選機で選《よ》り分けられるため、「米選下《べいせんした》」などと呼ばれます。陸稲は畑で栽培される稲で、水稲よりも粘り気が少なく味が劣りました。ご飯に炊くような上質の米をわざわざ粉にして使うのは、年中行事などの供え物にする団子を作るときでした。

呼び名も現在は「ダンゴ」が普通ですが、他に「ダンス」「マユダマ」「オテマル」「ネジ」などという

呼び方もありました。ダンスは団子の古い呼び名のようで、主に仏事に用いる団子をそう呼ぶ地域があります。マユダマは一般に小正月《こしょうがつ》の飾り物として知られていますが、神様に供える団子をすべてそう呼ぶ地域もあります。そういう地域では、ダンゴは仏様に供えるものとして区別しています。オテマルは十五夜や十三夜などに作られる団子で、手で丸めることを意味する言葉と考えられます。ネジは水団《すいとん》と共通した呼び方で、手でねじって作る団子を意味しています。

形も球形とは限りません。小正月のマユダマは、繭《まゆ》形や宝珠《ほうしゅ》形をはじめ、さまざまな形に作られます。葬式などの仏事に用いられる団子には、丸めたものの真ん中を凹ませた形のものがあります。また、十一月三十日ごろに作られるツジュウ団子という魔除けの団子は、握り拳のような形をしています。このように、団子は用途によって材料も呼び名も形も異なっていたのです。

（十）マユダマ―繭の豊産を祈る

マユダマは小正月の飾りの一つです。穀物の粉で団子を作り、木の枝に刺したもので、正月様をはじめ家の神仏に供えられます。形は、球形や真ん中のくびれた繭形が代表的ですが、その他にもさまざまな形のものがあります。若餅《わかもち》（小正月用につく餅）を繭形にしたり、小さな供え餅や切り餅にしたりして、一緒に枝に刺す地域もあります。

材料は、現在では粳米が一般的ですが、高度経済成長期以前には山間部を中心にヒエ・ソバ・トウモロコシなどの雑穀も使われました。米と数種類の雑穀を使ったマユダマは色とりどりできれいでした。マユ

マユダマ（甘楽郡下仁田町青倉）

ダマを刺す木の枝も地域によって異なり、ヤマグワ・ミズブサ・ニワトコなどが用いられました。

群馬では、マユダマは繭の豊産を祈願して作られます。そのため、とくに蚕神様に供えるものを「十六マユダマ」と呼ぶ地域が多くあります。十六マユダマは、その呼び名の通り十六個、あるいは倍の三十二個作られます。また、普通のマユダマが小さな球形であれば、十六マユダマは大きな繭形にするというように、他のマユダマと区別して作られます。形は繭形が比較的多いですが、宝珠形や算盤玉《そろばんだま》形、いろいろな野菜・綿花・鳥・小判をかたどるなど、地域により家によりさまざまです。繭形のマユダマの中に、蚕のサナギに見立てた生の小豆を一粒ずつ入れる例もあります。

マユダマのような小正月飾りは全国的に見られ、小さな切り餅や団子を木の枝に刺すことから餅花《もちばな》などと呼ばれます。餅花は稲が豊かに実った姿を表したもので、もともとは稲の豊作を祈って作られました。それが後に他の農作物にも広がり、地域の重要な作物の豊作を願って作られるようになっていったと考えられています。群馬では養蚕が盛んだったため、繭の豊産を祈願するマユダマになったわけです。マユダマは、群馬と同様に養蚕の盛んだった関東地方、中部地方や東北地方の一部にも分布しています。

（十一）シトギ―古い習慣を伝える神様のお供え物

シトギ（粢）は、水に浸した生米を臼に入れて杵でつき、濡れた粉状になったものを団子のようにまとめたものです。臼と杵の代わりに、すり鉢とすり粉木を使って作ることもあります。シトギは、山の神や屋敷神などの神様に供えるために作られ、しかも火を使わずに作られることから、団子や餅などよりも古いタイプの供え物と考えられています。

ただし、このような本来的なシトギの製法は次第に廃れていったらしく、県内には米粉を水でこねて作るという簡略化された方法が多く見られます。シトギの材料は米ばかりではなく、アワ・キビ・ソバなどの雑穀、大豆や小麦などを用いる地域もあります。

本来的な製法でシトギを作っていた地域としては、みどり市東町座間地区があります。ここでは、「十二様」と呼ばれる山の神の祭り（一月十二日）のときに、水に浸した生米を臼と杵でついてシトギを作り、笹の葉に包んで供えました。供えた残りのシトギは、焙烙で焼いて食べたということです。

簡略化された製法としては、次のような例があります。多野郡神流町平原《へばら》地区では、十日夜（旧十月十日）の山の神祭りに、米粉と大豆粉を水でこねてシトギを作り、供え餅のように重ねて供えました。また、利根郡みなかみ町藤原地区では、オクンチ（旧九月九日）に米粉を水でこねて供え餅形のシトギを作り、村の神社や屋敷稲荷などに供えました。

シトギを作る際に火を使わない理由についてはいくつかの説があり、その一つが生米を食べる習慣の名残ではないかというものです。現在の私たちは米を生で食べることはありませんが、古くは生米をかんで食べる習慣があったと言われています。本来シトギは生で供えられ、生で食べられたものでした。しかし、生米を食べる習慣が廃れてからは、焼いたりゆでたりして食べるようになったようです。このように、シトギは、古い時代の習慣の名残を留める食品と考えられています。

（十二）草餅《くさもち》と柏餅《かしわもち》―季節の香りを楽しむ

草餅や柏餅の材料は主に粳米の粉です。草餅は糯米《もちごめ》で作ったり、粳米と糯米を混ぜて作ったりすることもありますが、柏餅はたいてい粳米で作ります。群馬では、このような粳米の粉で作られる餅をコモチとかコナモチ（粉餅）などと呼びます。

草餅はさまざまな年中行事に用いられます。よく知られているのが雛《ひな》祭りの供え物としての草餅です。紅・白・草の三色の菱餅の一つとして作られますが、中でもとくに重要なのが草餅でした。草餅に入れるヨモギには独特の芳香があります。この香気は季節の香りとして楽しまれる一方で、古くから邪気を払う力をもつと考えられてきました。そのため、山間部などには、ヨモギの芽吹くのを待って四月に雛祭りを行う地域もかつては多くありました。また、邑楽郡や館林市などには、菱餅を作らずに草餅だけを作る例が多く見られます。こうしたことからも、草餅が特別な意味をもっていたことがわかります。

ところで、草餅に用いられる草としては、ヨモギの他にオヤマボクチがありました。この草は山間部に多く自生し、群馬ではヤマゴボウとかゴンボッパなどと呼ばれ、そばを打つ際のつなぎとしても知られています。オヤマボクチにも芳香があり、四月から五月ころに草餅の材料にされました。

端午の節句の柏餅も、雛祭りの草餅と似たような意味をもっていました。柏の葉は枯れても新芽が出てくるまで落ちないことから、家系が絶えない、子孫繁栄につながると考えられたのです。現在では、柏餅は菓子店から買うのが普通になっていますが、かつては山林から柏の若葉を採って来て家庭で作ったものでした。柏餅作りのために庭先に柏の木を植えた例もあります。また、柏餅の作られる機会は端午の節句に限られたわけではありませんでした。例えば、甘楽郡の山間部で七月半ばの農休みに柏餅が作られたように、季節の食べ物として親しまれてきたのです。

(十三) ゆべし──お祝いのお菓子

ゆべしは、漢字で「柚餅子」と書くことからもわかるように、ユズを使ったお菓子です。庭先のユズが収穫できる十二月ころに作られました。ゆべしと言えば東北地方のものが有名ですが、各地に分布しており、もちろん群馬にもあります。群馬ではユベス・エビシ・イブシ・イビスなどと呼ばれます。

ゆべしの主な材料は粳米の粉です。米粉に味噌・砂糖・刻んだユズの皮を加えてこね、棒状にして竹の皮で包んで縛り、蒸して作ります。家庭によってさまざまに工夫され、ユズの代わりにミカンの皮を使ったり、ゴマ・クルミ・青のり・トウガラシ、細切りにした干し柿などを加えたりすることもあります。藤岡市本郷では、ユズの中身をくり抜いた皮の中に、米粉・味噌・砂糖をこねたものを詰め、蒸して作ったということです。こうして作られたゆべしは、ユズと味噌の香りが混じり合った独特の風味をもっていました。

地域によっては、粳米以外の穀物の粉でゆべしを作ったところもあります。とくに山麓部や山間部では、小麦粉やソバ粉などが用いられました。例えば、甘楽郡南牧村や多野郡神流町、渋川市小野子などでは小麦粉でゆべしを作りました。また、吾妻郡長野原町ではソバ粉でゆべしを作っていました。平坦地にも小麦粉でゆべしを作ったところがあり、邑楽郡大泉町には粳米の粉を使う例と小麦粉を使う例がありました。

ゆべしは竹の皮で密封されているので保存がきき、正月から三月くらいまでお茶菓子として食べられました。食べるときには竹の皮を取り、適当な大きさに輪切りにします。また、聞き取り調査を行うと、昔は結婚式の膳には必ずゆべしを用意したという地域が多く見られます。例えば、多野郡神流町船子《ふなこ》では結婚式の参加者各人に銘々盆を用意し、それに煮物や羊羹などと一緒にゆべしを盛ったということです。このように、ゆべしはお祝いのお菓子にもされていたのです。

二　ごちそうや食事の粉もの

(一)　そば―ハレの日のごちそう

そばは打つのに手間がかかります。そのため、高度経済成長期以前には、そばを打つのは来客をもてなすときなど、特別な場合に限られていました。結婚式にそばを出す地域もあります。また、年中行事の食事にそばが用いられることもあり、代表的な例として正月のそば家例があります。これは、正月の三が日に餅や雑煮を食べず、そばを食べることを家例（家のしきたり）にすることとです。このように、そばはハレの日の食べ物でした。

ソバ粉には小麦粉のような粘りがないため、そばを打つ際にはソバ粉につなぎを加えるのが一般的です。つなぎには小麦粉を使うことが多いのですが、その他に山芋や卵、トロロアオイ、ヨモギやオヤマボクチの葉などを用いることもありました。

そばは、ゆで上げたものを水にさらし、ひとかたまりずつのまとまりにしてショウギ（ザルの一種）に上げます。これをつけ汁につけて食べたり、椀に入れて汁をかけて食べたりするのが普通です。汁に入れて煮るとばらばらに切れてしまうので、うどんのように煮込むことはありません。また、そばの量を増やすために、大根の千切りをゆでて混ぜることがあり、大根そばと呼ばれました。

そばを食べるときの汁は醤油味のものが一般的ですが、かつては味噌のたまりを用いた地域もありました。また、多野郡や甘楽郡の山間部にはクルミを使った「かけしょう」という汁があります。クルミをすり鉢でよくすり、それをそばのつけ汁でのばしたもので、白っぽく濁ったコクのある汁です。エゴマでも似たものを作ることができます。

とくにごちそうとされたものに、「しっぽこそば」があります。雉子《きじ》や山鳥の肉と骨をよくたたきつぶして団子にし、これを入れて醤油味の汁を作ります。この汁で食べるのがしっぽこそばです。鳥のだしのきいた大変おいしいもので、雉子や山鳥の獲れたときにだけ食べられる贅沢な逸品です。

(二) うどん――こねて、踏んで、のばして

うどんは打つのに手間がかかるので、主に改まったときに食べるものでした。「うどん振る舞い」という言葉があり、来客に振る舞うごちそうでもありました。結婚式にうどんを出した地域もあります。また、うどんは夕食にされるのが普通でした。「昼うどんはごちそう」と言われ、昼食にうどんを食べるのは盆などの特別な日に限られていました。県内の各地で、盆の昼食のうどんのことを「盆のヒルバテイ」などと呼びますが、その意味はよくわかっていません。

うどんを作るには、まず小麦粉に水と塩を加えてこねます。次に、こねたかたまりの上にゴザを載せ、その上から足で踏みます。よく踏むと粘りとコシが出ます。その後で麺棒でのばし、包丁で切って、ゆで上げます。それを水にさらし、ひとかたまりずつのまとまりにしてショウギに上げます。

これをつけ汁につけて食べたり、椀に入れて熱い汁をかけて食べたりします。冬などには鍋の汁に入れて煮込むこともあります。また、夏には、すりゴマと味噌で味付けした冷たい汁に、キュウリの薄切りなどを加えた「冷や汁」でうどんを食べることもあります。

ゆで上げたものを水にさらさずに食べる方法としては、ユデアゲやウチコミがあります。ユデアゲは、ゆで上げたものをそのまま生醤油などのつけ汁につけて食べるもの。ウチコミは、ゆで上げたものをすぐに汁に入れて煮込んだものです。

群馬では、うどんと一緒につけ汁につけて食べる別添えの具のことを「うどんのコ」と呼びます。コにされるのはゆでた野菜などが多く、青菜・インゲン・ナス・大根やニンジンの千切りなどが代表的なもの

です。薬味には、ネギ・シソ・ミョウガ・ユズなどを刻んだもの、すりゴマや七味トウガラシなどが用いられました。うどんは一年を通して食べられましたが、コや薬味を工夫することで季節の味を楽しむことができたのです。

（三）おきりこみ──お腹の中から温まる

おきりこみは、地域によってホウトウ、ニボウト、煮込みなどとも呼ばれます。うどんが主にハレ（非日常）の食事に用いられたのに対して、おきりこみはケ（日常）の食事に用いられました。

おきりこみは普通のうどんと異なり、小麦粉をこねるときに塩を加えません。また、うどんより幅広く切ったものを、ゆでずにそのまま汁に入れて煮込みます。そのため、汁の中には、麺をのばしたり切ったりするときに打ち粉として使った小麦粉が入り、汁が濁ってとろみがつきます。これを食べるとお腹の中から温まりますから、おきりこみは主に寒い季節の夕食として作られたわけです。また、小麦粉を節約するために、汁に具として野菜をたくさん入れますので、栄養バランスのとてもよい食事になります。

おきりこみの汁の味付けには味噌か醤油が使われますが、それには地域的な違いが見られます。ごく大まかに言って、北毛から西毛の山間部では味噌を使う例が多く、東毛の平坦部では醤油を使う例が多く見られます。その中間に当たる中毛地域では味噌と醤油のどちらも使う例が多く見られ、中には味噌と醤油を混ぜて使うという家庭もあります。群馬で古くからおきりこみの味付けに使われていたのは味噌でした。そこへ、明治期から醤油醸造業者の多かった東毛から、次第に醤油が普及していったようです。

ところで、おきりこみの材料は小麦粉だけとは限りませんでした。山間部には、小麦粉に大麦の粉やトウモロコシの粉を混ぜて作る例や、ソバ粉でおきりこみを作る例がありました。また、地域によっては、小豆を甘く煮たお汁粉でおきりこみの麺を食べることがあり、小豆ボウトウと呼ばれて、主に間食に用いられました。こうした作り方・食べ方は普通のうどんにはないものです。このように、おきりこみはうどんよりもむしろ水団に近い一面をもっています。

おきりこみは群馬を代表する郷土料理ということで、二〇一四年三月二十日に県選択無形民俗文化財となりました。

(四) 水団—手軽なご飯の補い

水団は、小麦粉などの穀物粉をこねて団子を作り、野菜を多く入れた汁で煮込んだものです。味付けはおきりこみと同様で、味噌または醤油が使われます。水団は、戦中戦後の食糧難のときの代用食というイメージが強いですが、それ以前からあった立派な郷土食です。ツミッコ・ネジッコ・トッチャナゲ・オツケ餅・オツケ団子・団子汁など、地域によってさまざまな呼び名があります。

高度経済成長期以前の伝統的な生活では、おきりこみが主に夕食として作られたのに対して、水団は主に昼食として作られました。普段の生活では、昼間は農作業で忙しいので、朝食にご飯を多めに炊いておき、それを昼食にも食べるのが普通でした。しかし、時々昼のご飯が足りなくなることがあり、そういうときに水団が作られました。粉をこねて適当にちぎって煮るだけなので、手早く作れたのです。水団の材料は小麦粉ばかりでなく、地域によってモロコシ・トウモロコシ・シコクビエなどの雑穀の粉や、屑米から作った米粉などが用いられることもありました。

また、小豆を甘く煮たお汁粉で水団を食べることがあり、ススリ団子・甘ネジ・砂糖ネジ・小豆ネジなどと呼ばれます。こちらは主に間食に用いられました。このような食品は江戸時代にはすでに作られており、享保三（一七一八）年に京都で刊行されたお菓子作りの文献『古今名物御前菓子秘伝抄』にも「すゝりたんこ」の名称で掲載されています。

ところで、最近では水団をめぐって新しい動きがあります。沼田市では、水団のことを団子汁と呼びますが、これを地域の名物にしようと積極的に売り出しているのです。沼田市観光協会青年部の主催で、二〇〇四年から〇七年まで「沼田名物だんご汁」コンテストが開かれました。コンテストには、新しい味の開発を目指して、カレー味・トマト味・中華風などさまざまにアレンジされた現代風の団子汁が出品され、商品化されました。この他、二〇一六年から高崎市吉井町でも、水団を名物にしようと公民館主催の水団作り講座などが行われています。

伝統食としてのお菓子―柚餅子《ゆべし》を中心に―（講演要旨）

一　柚餅子というお菓子

本日は、この後みなさんがお作りになる柚餅子について、お話しいたします。柚餅子は、言うまでもなく和菓子の一種です。

和菓子の起源は、大きく分けて四つあります。それは、①シトギ・チマキ・餅・団子のように、稲作の伝来とともに伝わったと考えられるもの。②飛鳥～平安時代に中国から朝鮮半島を経て伝わった唐菓子の類。③鎌倉～室町時代に中国に留学した禅僧によって伝えられた点心・茶の子。④戦国～安土桃山時代にヨーロッパから伝わった南蛮菓子です。柚餅子は、これらの中でも最も古い①のグループに入るのではないか、と推測されます。

和菓子が発展するのは、茶道が流行し、琉球などで砂糖の生産が始まった江戸時代のことです。現在見られる地方銘菓の柚餅子は、この頃に成立したと思われます。

お菓子は昔から、私たちの信仰・年中行事・人生儀礼などさまざまな場面で用いられてきました。その中で、柚餅子は年中行事や人生儀礼に関わるお菓子に分類することができます。

ところで、「ゆべし」という呼び名の語源は、よく分かっていません。「ゆ」はユズのことですが、「べし」は一体何を表すのか。これについては、後ほど近世の文献で説明したいと思います。

二　全国の柚餅子

まず、各地の家庭で作られた伝統食としての柚餅子を見ていきましょう。柚餅子は、丸柚餅子と棒柚餅子の二つに分けられます。

丸柚餅子は、ユズの果肉をくり抜いて皮を器とするものです。奈良県十津川村の例では、柿の皮・唐辛《とうがら》子《し》・胡麻《ごま》・シソ・昆布《こんぶ》・鰹節《かつおぶし》などを粉にして、砂糖・ソバ粉・もち米粉と合わせ、味噌《みそ》を加えて練ります。これをユズの皮の中に詰めて蓋をし、一時間ほど蒸してから、軒下で二〇日以上陰干しにします。一年あるいはそれ以上長持ちする保存食です。

他の地方の丸柚餅子も似たような作り方ですが、コショウを入れたり、穀物粉や砂糖を使わなかったりする例もあります。

食べ方を見ると、皮ごと薄く切って弁当のおかずにする、酒の肴にする、お湯をかけて味噌汁のようにするなどというもので、お菓子というよりは、副食、珍味として食べられていたようです。

棒柚餅子は、棒状にした材料を竹の皮等に包んで作るものです。宮崎県都城市の例では、もち米粉に刻んだユズの皮・味噌・黒砂糖・唐辛子・胡麻などを混ぜてこね、棒状にして、竹の皮に包んで蒸し上げます。丸柚餅子と大きく違うのは、干す工程がないところです。それでも、竹の皮で密閉されているため、冬場の三か月程度は持ちますから、保存食とされます。食べるときは、竹の皮をはがして切って食べます。

他の地方の棒柚餅子も似たような作り方ですが、味噌の代わりに醤油を使う例や、米粉の代わりに小麦粉やソバ粉を使う例などがあります。そして、いずれも砂糖を多く使っており、かなりお菓子らしくなっています。

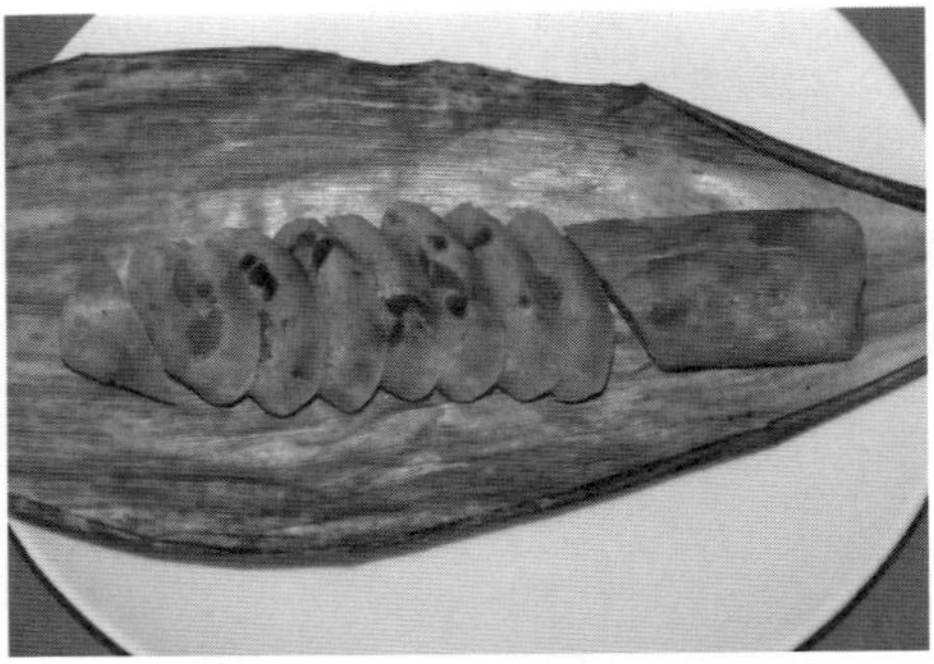
米粉の棒柚餅子（吾妻郡東吾妻町松谷）

また、食べる機会も、稲の収穫祝い、正月、結婚式など「晴れ」の日の食事とされます。これも、丸柚餅子が弁当のおかずなどにされているのとは異なります。

棒柚餅子の中には、ユズを使わない柚餅子もあります。秋田県田沢湖町の例は、もち米粉・うるち米粉・小豆粉に塩少々とたっぷりの砂糖を入れ、こねて棒状にして、布に包んで蒸したものです。

実は、ユズの北限は福島県の相馬あたりと言われていて、それより北の秋田ではユズがとれなかったわけです。東北地方には、このようなユズの入らない柚餅子がところどころに見られます。

現在、全国各地にあるさまざまな地方銘菓の柚餅子は、以上のような家庭で作られた伝統食としての柚餅子から、発展してきたものということができます。

三　群馬の柚餅子

次に、群馬県の家庭で作られてきた柚餅子を見てみましょう。群馬の柚餅子にも、丸柚餅子と棒柚餅子があります。

丸柚餅子の例は少ないのですが、西毛に若干の報告例があります。藤岡市本郷の丸柚餅子は、冬至にとったユズを使い、米粉・味噌・砂糖を混ぜてこねたものをユズの皮に詰め、蒸して作ります。これは正月用のお茶菓子として、薄く切って食べたそうです。富岡市妙義町のものは、ソバ粉や米粉を使って作り、食べるときは輪切りにして焼いたそうです。

棒柚餅子の報告例は県内各地にあります。渋川市北橘町の棒柚餅子は、米粉に砂糖・味噌・刻んだユズの皮などを混ぜてこね、棒状にして竹の皮に包み、蒸して作ります。吾妻郡長野原町のものは、ソバ粉に味噌のたまり・ユズの皮・裂いた串柿・クルミ・エゴマなどを混ぜて作ります。また、多野郡神流町では、小麦粉に醤油《しょうゆ》・ユズの皮・その他の具材を混ぜて棒柚餅子を作ったそうです。

群馬の棒柚餅子は、正月の祝いの膳や婚礼の膳に出されたり、正月から三月頃までのお茶菓子に出されたりしました。総じて、「晴れ」の日のお菓子として用いられることが多かったようです。

四　文献から見た柚餅子

さて、柚餅子は文献的にはどこまでさかのぼれるのでしょうか。現在分かっているところでは、『御湯殿上日記』の文明十六（一四八四）年三月十八日の「ゆへしなどまいる」の記述が最も早い例だということです。

江戸時代に入ると、柚餅子の作り方を紹介する文献がいろいろ出てきますが、そのほとんどは丸柚餅子について書かれたものです。このことから、柚餅子の古いタイプのものは丸柚餅子であったと、一応は言えそうです。

人見必大の『本朝食鑑』（一六九七年）には、丸柚餅子を作る際に、蒸し上がった柚餅子を片木板で押してから乾燥させることが書かれています。このことから、「ゆべし」の「べし」は「へす」こと、すなわち押すことが語源であったという説があります。

また、柚餅子の作り方には、文献によって多少の違いが見られます。例えば、『日本歳時記』（一六八八年）には、米粉・味噌・砂糖・胡麻・クルミ・カヤの実などを使った標準的な丸柚餅子が紹介されていますが、『古今名物御前菓子秘伝抄』（一七一八年）には、味噌を使わない丸柚餅子が出ており、輪切りにして醤油を付け、焼いて食べると書かれています。

上州の古文書にも、柚餅子の登場するものがあります。高崎市東国分町の住谷修家文書の一つ『家内年

中行事　嘉例食制書上』（天保三・一八三二年）には、味噌・ユズ・糯米粉《もち》・粳米粉《うるち》・黒砂糖を使った柚餅子が出てきます。これは、使われるユズの量が「耳かき三つ」と少ないことから、棒柚餅子であったと推測されます。このように、群馬でも江戸後期には柚餅子が作られていたのです。

五　柚餅子の起源

はじめに、柚餅子は稲作の伝来とともに伝わった食品ではないかと申しました。その根拠は、柚餅子の作り方が古い食品であるシトギやチマキによく似ているということです。シトギは、水に浸した生米を臼と杵でついたもの。チマキ（シトギタイプのチマキ）は、それを竹の皮や笹の葉に包んで蒸したものです。これらは、ヒマラヤから中国南部、さらに日本にまで及ぶ照葉樹林帯に広く分布する食品です。そして、ユズは中国揚子江流域原産の果物なのです。

都丸十九一《とまるとくいち》先生は、『群馬の食文化』（一九九〇年）の中で、中国南部福建省の少数民族、シェー族の村で棒柚餅子を食べたことを報告しています。このようなことから、柚餅子はシトギタイプのチマキから発展してできたもので、中国南部に起源をもつものではないか、と推測されます。

六　文化的背景の広がり

ここまでのことをまとめると、①柚餅子の語源は、「へす（押す）」にあること。②副食・珍味から菓子へと発展したこと。③照葉樹林文化（照葉樹林帯に特徴的な文化）の要素であるシトギ・チマキに関連のある食品であること、などが言えるだろうと思います。

柚餅子一つを取ってみても、そこには歴史的・文化的背景が広がっているということをご理解いただければ幸いです。

以上で、私の話を終わります。

付記

ＮＰＯ法人「群馬の食文化研究会」の平成二十四年度第三回研究会で行った講演の要旨である。講演要旨という性格上、煩雑になるのを避けるため参考文献の全てを明記していないが、文中に掲げた書名以外にも多くの研究書を参考にしている。

＊冬のヘルシーメニュー＊

おっきりこみ

〈4人分〉

小麦粉	250 g	白菜	200 g
(打ち粉用に小麦粉を若干余分に用意しておく)		ねぎ	1本
		しいたけ	2枚
大根	150 g	油あげ	2枚
にんじん	50 g	みそ	50 g
里芋	200 g	煮干し	6 g

＊1人分の栄養素＊

エネルギー：353kcal　たんぱく質：11.1 g　塩分　1.7 g

〈作り方〉

①小麦粉に水を加え、耳たぶよりややかためにこねる。こねたものを玉にして、ふきんをかけてしばらくねかせる。

②ねかせた玉をビニール袋に入れ、袋の口を縛って、足で踏む。

③踏んだものを袋から取り出して麺板に置き、打ち粉をしてから、麺棒で2mmくらいの厚さにのす。

④のしたものを「びょうぶだたみ」にして、うどんより太めに切り、麺にする。

⑤野菜と油あげを切る。切り方は「短冊切り」「いちょう切り」など、好みの切り方でよい。里芋は皮をむいて厚さ3mmくらいの小口切りにする。

⑥鍋に10カップほどの水を入れ、煮干しを入れてだしを取る。

⑦野菜と油あげを鍋に入れ、やわらかくなるまで煮る。

⑧みそを入れ、みそ汁よりも濃く味付けする。

⑨煮立った汁の中に、④の麺をそのまま入れて煮込む。

※里芋の代わりにジャガイモ、白菜の代わりに他の青味野菜を用いてもよい。

※油あげの代わりに鶏肉や豚のこま切れ肉などを用いてもよい。

※好みでみその汁にしょうゆを少々加えてもよい。また、しょうゆ味の汁にしてもよい。

このレシピは、次の資料を参考にしています。

・「日本の食生活全集　群馬」編集委員会（1990年）『日本の食生活全集10　聞き書　群馬の食事』農山漁村文化協会

・武藤典（1979年）『群馬のたべもの』みやま文庫

地域おこしと粉もの　関連年表

・この年表は、粉ものを活用した地域おこしの大まかな流れを示したものであり、県内の粉もの関連のすべての団体・イベント・商品を網羅しているわけではない。
・毎年継続して行われている事業やイベントについては、第1回目のみを掲載した。
・できごとのあった日が記事に明記されていないものは、文末の（　）内に記事の掲載日を付記した。
・資料：上毛新聞、朝日新聞　ほか

区分	年次	粉ものに関連する出来事
粉もの組織の創設	1990（平成2）年	・「上州藤岡ラーメン会」が結成される。 ・「群馬の食と農と健康を考える会」（志田俊子会長）が発足。
	1994（平成6）年	・5月、「麺のまち『うどんの里館林』振興会」が結成される。
	1995（平成7）年	・12月、桜山公園（鬼石町）で開かれた「冬桜祭り」で、「とっちゃなげ汁」（水団）が振る舞われる。
	1996（平成8）年	・8月、甘楽町秋畑那須地区がソバ畑のオーナー制度「ちぃじがき蕎麦の里」を開始。 ・12月31日、「上州藤岡ラーメン会」が、市内浅間神社で「年越しラーメン」を販売。
	1997（平成9）年	・3月、甘楽町秋畑那須地区が地場産そばを販売する「那須庵」を建設。
	1998（平成10）年	・高崎市内のパスタ愛好者により、「高崎パスタの会」が結成される。 ・渋川市の「行幸田麦作組合」が「豊秋そば」の復活を目指し、ソバの栽培を開始。 ・9月、「桐生うどん会」が結成される。

	・「上州藤岡ラーメン会」が第1回ラーメン駅伝を実施。
1999（平成11）年	・吉岡町の「銀杏加工グループ」が地域おこしを目指し、「吉岡船尾まんじゅう」を開発。 ・4月、JR東日本高崎支社が「めん街道両毛線スタンプラリー」を実施（9月末まで）。 ・9月、渋川市行幸田地域で「みゆきだそば祭り」開催。 ・11月14日、高崎市のもてなし広場（高松町）で開かれた「ようこそ高崎人情市」に「人情まんじゅう」が登場。無料配布される。 ・12月、勢多郡東村（現みどり市）の東村食文化研究会が、童謡ふるさと館の喫茶コーナーで、モロコシ粉のすすり団子の提供を開始。
2000（平成12）年	・2～8月、「桐生うどん会」がスタンプラリーを実施。 ・4月、「上州藤岡ラーメン会」がイベント用出前屋台の貸し出しを開始。（13日） ・7月、まるへい（下仁田町下仁田）が、こんにゃく粉をパン生地に混ぜた「こんにゃくパン」を開発、販売。（6日） ・8月、「上州藤岡ラーメン会」が、道の駅らん藤岡（4月末オープン）で、醤油味の「上州藤岡ラーメン」と海鮮味噌味の「姫街道ラーメン」を発売。（8日） ・10月5日、県庁で開かれた「第1回ぐんまの菓子フェスティバル」で、妙見茶屋（群馬町引間）が、県産小麦「つるぴかり」100％使用の田舎饅頭とどら焼きを試食販売。 ・10月21・22日、榛東村の農村女性加工研究グループが、県庁で開かれた収穫感謝祭でおやきを販売。 ・11月5日、邑楽町中野の町立図書館で、「見直そう、群馬の食事―粉食文化を考える」をテーマに「第9回群馬の食を考えるシンポジウム」が開催され、学校給食のアンケート調査から、うどんやそばは子どもに人気がないという結果が報告される。

粉もの組織の創設

・この年、高崎食肉事業協同組合加盟店が、市制100周年と日蘭交流400周年を記念して開催された「オランダフェスタinたかさき」で、オランダコロッケを発売。

2001（平成13）年

・2月、県食生活改善推進員連絡協議会が、おきりこみ・まんじゅう・焼餅など「21世紀に伝えたいぐんまの味」のレシピ集『私たちの郷土料理』を作成。
・4月15日、前橋市職員の高橋秀男さんが、閉店した焼きそば店「あくざわ」の名物焼きそばを再現。
・6月、東京宝（静岡県熱海市）が、下仁田ねぎを原材料にした「下仁田ねぎ煎餅」を販売。（23日）
・7～10月、邑楽町が11月に開催予定の「食の文化祭」に向けて、「粉食料理コンクール」を実施。第16回国民文化祭・ぐんま2001「食の文化祭」にちなんだ企画。
・**11月10日、前橋・県庁、県民ホールなどで、第16回国民文化祭・ぐんま2001「食の文化祭」を開催。「食は生命の基本」をテーマに、群馬県の郷土料理や粉食文化などを紹介。**
・11月11日、邑楽町が「生命のリレー　未来へ伝えよう、おいしい記憶」をテーマに、邑楽町公民館で「食の文化祭」を開催。

2002（平成14）年

・1月27日、太田市と同市観光協会が、食を通して観光の活性化を図ろうと、市内の焼きそば店に協力を求め、「焼きそばの街」を目指すことを決める。
・4月6日、安中市中後閑の後閑城址公園桜まつり記念イベントで、地元老人会が「ごかんまんじゅう」を無料提供。
・5月6日、下仁田町と同町飲食店組合が、上信電鉄のイベント列車「ファンタジー2002号」の運行に合わせ、カツ丼、そば、うどんの駅弁を試作、販売。
・6月、富士宮市市制施行60周年記念イベントで、太田の焼きそばが富士宮（静岡）・横手（秋

組織の連携とイベントの拡大

田）の焼きそばと味の対決。「三国同麺協定」を結ぶ。
・6月、「群馬奥利根連合そば会」が、7団体と個人70人の会員で発足。
・9月7・8日、大光院（太田市金山町）の開山忌のイベントに、太田市内の焼きそば店が出店。
・9月、名古屋市で行われた「全国県人会まつり２００２」で、中京群馬県人会が焼き饅頭を販売。（26日）
・10月、焼きそばの街を目指し、28日に「上州太田焼きそばのれん会」、29日に支援組織「上州太田呑龍焼きそばの会」が発足。
・11月30日、ＮＰＯ法人群馬県スローフード協会が設立される。
・12月3日、「上州太田呑龍焼きそばの会」がオリジナル焼きそばを開発、試食会を行う。
・12月5日、ニラを食材に使う料理コンクール（県にら組合主催）がＪＡ前橋本所で開催され、前原照子さん（宮城村）の「味ニラの今風おやき」が知事賞を獲得。
・12月、渋川市行幸田地域に、そばの加工体験施設兼食堂の「みゆきだそば工房」が設置される。
・12月23日、「伊勢崎焼きまんじゅう愛好会」が「上州焼き饅祭《まんさい》」リハーサルを実施。

２００３（平成15）年

・1月11日、「伊勢崎焼きまんじゅう愛好会」が伊勢崎初市で第1回「上州焼き饅祭」を実施。長さ約50ｍの「長串まんじゅう」と1個の直径約60㎝の「大串まんじゅう」を焼く。
・4月、「伊勢崎焼きまんじゅう愛好会」が、発会式を兼ねて「第1回焼きまんじゅうの集い」を開催。（10日）
・**5月7日、「日本コナモン協会」（大阪市）が発足。**
・5月11日、「上州太田呑龍焼きそばの会」が、太田駅北口駅前に「焼きそば館　まちのえき」を開店。オリジナル焼きそば「上州太田呑龍焼きそば」を売り出す。ビール酵母入りの麺とソースを使用。太麺に黒めのソース、具にキャベツ・豚肉・コンニャクの細切りを入れ、

組織の連携とイベントの拡大

表面に白ごまをかけたもの。焼きそば乾麺も発売。

・6月20日、「群馬の食と農と健康を考える会」が「群馬の食文化研究会」として再出発、設立総会を行う。

・7月、桐生麺類商組合がカレーうどんを新名物にと、「カレーうどん」ののぼり旗を一斉設置。

・8月19日、「桐生うどん会」「麺のまち『うどんの里館林』振興会」「上州太田呑龍焼きそばの会」「佐野らーめん会」「足利手打ち蕎麦切り会」が、足利市で「両毛五市麺会談」を開く。

・9月4日、うどんを生かした観光戦略を考える「第1回桐生・館林地域連絡協議会」が開かれる。

・11月16日、太田市の産業環境フェスティバルで、桐生・館林のうどん、太田の焼きそば、佐野のラーメン、足利のそばの販売試食会が行われる。

・11月22日、伊勢崎商工会議所青年部が「もんじゃサミット大試食会」を開催。

・11月、「桐生うどん会」「麺のまち『うどんの里館林』振興会」「上州太田呑龍焼きそばの会」「佐野らーめん会」「足利手打ち蕎麦切り会」の5団体が共同組織「両毛五市めんぐるめ設立準備委員会」を結成、名称を一般公募。（24日）

・11月15日、前橋市の市街地活性化研究会が、新しい名物料理を目指して「とんカツうどん」を考案、発売。

・12月、伊香保町（現渋川市）が、水沢うどんを讃岐うどん（香川県）・稲庭うどん（秋田県）と並ぶ「日本三大うどん」の一つとしてPRする構想を発表。（26日）

・12月30日、群馬経済研究所が家計支出動向を分析した「群馬の『食』」を発表。県民はうどん・そば・ラーメン・パスタなどの麺類が好きな傾向が示される。

2004（平成16）年

・1月11日、伊勢崎商工会議所青年部が、いせさき初市で市内のもんじゃ焼き店を掲載した

	マップを配布。 ・1月30日、桐生・館林・太田・佐野・足利の麺関係5団体の共同組織の名称が「『麺の里』両毛五市の会」に決定。 ・2月12・13日、産学官連携によるベンチャー育成、産業活性化策を目指す「首都圏北部地域産業イノベーションフェスタ2004in桐生」が開催され、企業家フォーラムや粉食産業試食会などが行われる。 ・2月22日、沼田市観光協会が「沼田名物だんご汁」コンテストを開催。人気ナンバーワンにベラヴィータ・花萌（材木町）が選ばれる。 ・5月17日、太田市の太田焼きそば、静岡県富士宮市の富士宮やきそば、秋田県横手市の横手やきそばが、カップ麺として商品化され、コンビニ4社で発売。 ・5月27日、前橋市内の7つの小学校の給食に「とんカツうどん」が初登場。 ・10月、ねんりんピックの会場となった23市町村で、うどん、焼き饅頭などの郷土食が振舞われる。（20日） ・**10月23日、新潟県中越地震が起こる。** ・11月20・21日、深谷市産業祭で、「伊勢崎忠治だんべ会」（伊勢崎市）・「武州煮ぼうとう研究会」（深谷市）・「昇仙峡ほうとう会」（甲府市）が、おっきりこみ・煮ぼうとう・ほうとうの三つ巴の味対決を行う。 ・11月23日、いせさき焼きまんじゅう愛好会が、新潟県中越地震の被災者を励まそうと、長岡市内の避難所を訪れ、焼き饅頭1200本を振る舞う。 ・この年、中之条町のそば店や旅館でつくる食の研究会「中之条そば健」が発足。
2005（平成17）年	・2月13日、鬼石・神流・上野・下仁田・南牧の5町村が立地する「西上州」の観光振興を図ろうと、神流町万場で「西上州うまいもん祭り」が開かれ、「新しい食」の最優秀賞に

組織の連携とイベントの拡大

小金沢郁子さん（南牧村）の「炭入りじゃがまん」が選ばれる。

・4月15～25日、ほたかや（沼田市久屋原町）が、ロサンゼルスとシカゴにある日本食販売専門スーパーで、焼き饅頭や野沢菜饅頭など6品を実演販売。

・5月、藤岡市高山の椚山農産物加工組合が、ブルーベリーやリンゴのジャムを入れたおやきを開発。

・6月6日、山崎製パン（東京都千代田区）が、コッペパンに群馬県産の味噌を使った「コッペパンみそあん」を開発、関東4県で発売。

・6月、JR両毛線沿線で駅長お薦めの冷たい麺を紹介する冊子「めん街道両毛線―夏版」が完成。（30日）

・9月、「群馬奥利根連合そば会」が、「第1回老神温泉そば祭り」を開催。

・11月20日、伊勢崎商工会議所青年部が、いせさきもんじゃのPRのために、マスコットキャラクター「もじゃろー」を発表する。

・11月、榛名神社（高崎市榛名山町）門前の社家町で、榛名観光協会榛名神社支部が新そば会を開く。

・12月11日、「伝統食のつどい」（群馬の食文化研究会、上毛新聞社主催）が、上毛新聞社（前橋市古市町）で初めて開かれ、水団・お焼き・炭酸饅頭などの伝統食の展示や試食、講演などが行われる。

2006（平成18）年

・2月21日、尾瀬国体の大回転会場で、片品村婦人会が「切り干し大根入り饅頭」を無料配布。

・**2月18・19日、食による町おこしの祭典「第1回B―1グランプリ」が、青森県八戸市で開かれ、静岡県富士宮市の「富士宮やきそば」がグランプリを獲得する。**

・4月9日、熊野神社氏子会が、前橋市民フリーマーケット10年目を記念し、幻の菓子「八《や》咫《た》烏《がらす》御《み》影《かげ》焼き」（今川焼きに似た菓子）を半世紀ぶりに復活させる。

・6月15～19日、第5回ぐんま観光物産まつりが県庁県民ホールで開かれ、「小麦の里ぐんま」をPRしようと、農村女性による「ぐんま女性アグリ起業ネットワーク」が、饅頭・うどん・パンなど小麦を使った食品を販売。
・10月7日、「ぬまた市産業展示即売会」（沼田市、沼田商工会議所主催）で、一串180食分の「巨大みそまんじゅう」を焼く。
・10月、そば処けやき（中之条町の経営）が、オヤマボクチをつなぎに使った伝統的な「ぼくちそば」をメニューに加える。（25日）
・この年、梅田製作所（伊勢崎市喜多町）が、調理器具付きもんじゃセット「どこでももんじゃセット」を売り出す。

2007（平成19）年

・**1月30日、「富岡製糸場と絹産業遺産群」が日本の世界遺産暫定リストに記載される。**
・2月、渋川市の伊香保温泉旅館協同組合が、「石段ひなまつり」のために新しい饅頭を開発。（2日）
・2月14日、中部県民局地域ブランドプロジェクトが主催する「中部地域ブランドづくり交流会―農産物・農産加工品のブランド化に向けて」が、前橋テルサで開催。新品種の小麦「きぬの波」を使ったうどんが提供される。
・2月20・21日、県庁で開かれた「かあちゃんの天下一品フェア」で、県内14団体による「まんじゅう人気コンテスト」を実施。
・3月、「いせさき焼きまんじゅう愛好会」が、ハワイで開かれた「第13回ホノルルフェスティバル」で焼き饅頭をPR。（18日）
・3月17・18日、東京・渋谷のNHK放送センターと代々木公園並木通りで行われた「ふるさとの食にっぽんの食全国フェスティバル」に、沼田市の火群庵《ほむらあん》が焼き饅頭を出品。
・6月2・3日、静岡県富士宮市で開催された「第2回B―1グランプリ」に、「上州太田焼

組織の連携とイベントの拡大

きそばのれん会」が参加。

・6月28日、吾妻郡嬬恋村で、ジャガイモの発酵保存食品「くろこ」を村特産品にしようと、同村インタープリター会がプロジェクトを立ち上げる。

・11月25日、沼田市保健福祉センターで開かれた「元気が出る食活動成果発表会」に沼田市のだんご汁が出品される。

・12月25日、「ようこそまえばしを進める会」が、豚肉料理を前橋名物にする活動の一環として、「まえばし tonton まんじゅう」を開発。前橋物産館広瀬川（JR前橋駅構内）で無料試食会。

・**12月18日、農林水産省が発表した「郷土料理百選」で、群馬県の料理として「おきりこみ」と「生芋こんにゃく料理」、「ご当地人気料理特選」の23品中に「焼きまんじゅう」が選ばれる。**

2008（平成20）年

・**2月16・17日、県庁・県民広場で開催された「焼きまんじゅうサミット」に県内13店が出店。「利き焼きまんじゅう大会」や、直径70㎝の「巨大まんじゅう」3個の無料配布等を行う。**

・2月、ベイシア（前橋市亀里町）が、焼き饅頭味のスナック菓子「上州焼きまんじゅう味コーンスナック」を発売。（7日）

・3月8日、前橋物産館広瀬川（JR前橋駅構内）で「まえばし tonton まんじゅう」を正式発売。

・4月、高崎市下室田町の御菓子司お、みやが「かりんとうまんじゅう」を発売。

・6月8日、グリーンドーム前橋で開かれた第3回食育推進全国大会「ぐんま食育フェスタ2008」で、「いせさき長串実行委員会」が長さ102・3mの焼き饅頭作りに成功。

・6月、伊勢崎商工会議所青年部が「どこでももんじゃセット」のインターネット販売を開始。（16日）

・**7月、県が、首都圏における群馬県のイメージアップのための情報発信・収集拠点として、東京・銀座に「ぐんま総合情報センター（ぐんまちゃん家）」を設立。**

	・7月15日、セーブオンが「上州太田焼そばのれん会」監修の「上州太田焼そば」を発売。 ・10月12日、沼田市・沼田商工会議所の「ぬまた市産業展示即売会」の一環として行われた「沼田焼きまんじゅうサミット」に老舗8店舗が出店。約２００人分の大きさの「巨大焼きまんじゅう」を焼く。 ・10月、「麺のまち『うどんの里館林』振興会」が、手打ち麺の長さ世界一を目指すうどん作りイベント「ギネスに挑戦！　世界一長いうどん作り」が館林市役所で開かれる。長さ推定６３０ｍのうどんを完成させるが、計測方法などに不明な点があり、申請を見送る。（19日） ・10月28日、セーブオンが「上州太田焼そばのれん会」とのタイアップで、中華まんの「太田焼そばまん」を発売。 ・12月20日、水上温泉おかみの会が、温泉饅頭入りの駅弁「おかみの太鼓判弁当」をＪＲ高崎駅などで販売。 ・12月、前橋市の県立図書館で「ぐんまの食生活—群馬人は何が好きか」が開かれ、うどんや焼き饅頭、おやきなどの郷土料理を写真やレシピで説明（24日まで）。
２００９（平成21）年	・2月、餃子工房ＲＯＮ（前橋市野中町）が、前橋商業高校の生徒が企画し、みまつ食品（同市上大島町）が製造する「じゃがバタ風餃子」「ピザ風餃子」「ねぎみそぶたまん」の販売を開始。（15日） ・2月23・24日、東京・銀座のぐんまちゃん家で、川場村の特産品を一堂に集めた観光・物産キャンペーンが開かれ、小麦粉や米粉で作ったおやきが提供される。 ・3月1日、渋川地区物産振興協会加盟の饅頭をＰＲし、食べ比べてもらう「日本のまんなかまんじゅう博覧会in渋川」が渋川市役所第二庁舎で開催。市内13店と吉岡町の2店が参加。

組織の連携とイベントの拡大

・3月8日、東京・浅草のJA全農ぐんま「グッドぐんま旬の市」で、「いせさき浅草旬の市フェア」が開かれ、焼き饅頭の試食会が行われる。
・**3月18日、県観光物産課が県内の販売店情報をまとめた「焼きまんじゅうガイドブック」を作成、販売。**
・4月14日、「高崎市の名物をつくる会」が、「高崎うどん」と「豚白モツ」を組み合わせた新メニューの試食会を開催。
・4月、伊勢崎市の華蔵寺公園遊園地北駐車場内に、伊勢崎市の観光物産案内所がオープン。もんじゃセットなどを販売する。（24日）
・5月、釣堀「満寿池」（高崎市倉渕町権田）が、豚白モツを活用したうどんの新メニュー、洋風うどんの「ファンシークリームJパスタ」を提供。（24日）
・7月15日、「麺のまち『うどんの里館林』振興会」が、同会初の統一メニュー「分福茶釜の釜玉うどん」「しょうゆ焼きうどん」の2品を発表。
・7月末までに、県内25市町村の教育委員会が、小麦粉に米粉を混ぜた「米粉パン」を試験的に導入。
・8月1・2日、「高崎まつり」のイベントとして、高崎市内のパスタ店が味やアイデアを競うコンテスト「キングオブパスタ」を開催。
・8月8日、「高崎パスタの会」が8年ぶりに活動を再開。パッパーレ（高崎市緑町）でパスタパーティーを開く。
・8月8日、梅田製作所（伊勢崎市喜多町）が、「もんじゃ焼き素材セット」を発売。
・伊勢崎市教育委員会が、地元産米の消費拡大と米への理解を深めるため、2学期開始（8月下旬）から、県産ゴロピカリを使った米粉パンを小中学校の給食に定期的に取り入れる。
・9月、「たいやき本舗藤屋前橋店」（前橋市西片貝町）で、白い鯛焼きを売り出す。
・10月31日、「倉渕ふるさと公社」主催による「倉渕のお切り込みと紅葉祭り」が、わらび

群馬ＤＣとの連携と継承	
２０１０（平成22）年	
・1月、県東部県民局・太田市・館林市・桐生市・みどり市などが作る実行委員会主催の「東毛ご当地グルメグランプリ」で、B級グルメ部門で「もっちりマン」（太田市本町、もだん屋）、スイーツ部門で「焼きたてスフレ」（太田市藤阿久町、アマーティ）が総合ＧＰとなる。（7日） ・1月、桐生麺類商組合が、加盟店49店を紹介するパンフレット「桐生うどんまっぷ」を作成、無料配布。（11日） ・1月、セブンイレブンが「麺のまち『うどんの里館林』振興会」と共同開発した「分福茶釜の釜玉うどん」を発売。（14日） ・1月12日、セーブオンが、太田商業高校の生徒の意見を取り入れた商品「太田商業×のれん会監修　太田焼そば」、「ツナマヨポテト焼そばロールパン」を発売。 ・1月22日、館林市の善長寺（当郷町）が、市観光協会の依頼で、江戸時代（天明5年）の「大根そば」を再現。 ・1月、吾妻郡嬬恋村で、ジャガイモの発酵保存食品「くろこ」の継承とPRを目的に、「嬬恋村くろこ保存会」が結成される。	平森林公園（高崎市倉渕町川浦）で開催。 ・11月1日、「『麺の里』両毛五市の会」による「両毛5市麺バトルin桐生」が、有鄰館（桐生市本町）で開催。 ・11月7日、桐生市保健福祉会館（桐生市末広町）で「ぐんま食育フェスタin桐生」を開催。伝統食「ぎゅうてん」作りの体験コーナーが設けられる。 ・11月、グンイチパン（伊勢崎市除ケ町）が、もんじゃ焼きをアレンジした「もんじゃ焼パン」を開発。（8日） ・12月、高崎市が、市内で販売されている饅頭（34店舗の51品）を紹介するパンフレット「一服満腹　たかさきのおまんじゅう」を作成、無料配布。（23日）

群馬ＤＣとの連携と継承

・2月、前橋商工会議所青年部が、「前橋のB級グルメ」として、豚肉とうどんを使った「うTON飯」と「う豚（うどん）バーガー」を開発。（25日）

・3月21日、高崎市の榛名文化会館エコールで「榛名の梅祭り」が開催され、「梅うどん」の試食が行われる。

・4月4日、高崎市の中央銀座商店街で開催された「たかさき春まつり」で、高崎菓子業組合が「たかさき粉フェスタ」の目玉企画として、団子3つを串刺しにした巨大団子作り（全長110cm、重さ60kg）を行う。

・4月5日、吾妻郡嬬恋村で「嬬恋村くろこ保存会」が、ジャガイモの発酵保存食品「くろこ」作りを行う。

・**4月、県観光物産課が「THEまんじゅうガイドブックinぐんま」を発行。（8日）**

・4月10・11日、栃木県栃木市倭町の「小江戸ひろば」で、第1回「じゃがいも入り栃木焼きそばVS地域B級グルメin蔵の街」が開催され、館林市の「焼きまんじゅう」が出店。

・4月23日、セブンイレブンが「麺のまち『うどんの里館林』振興会」が考案した商品をアレンジし、「分福茶釜の冷やし釜玉うどん」として発売。

・**4月29日、群馬県立歴史博物館で、企画展「粉もの上州風土（フード）記―ヒルバテイから焼きまんじゅうまで―」が開催される（8月29日まで）。**

・5月、前橋市西片貝町の正幸が、「片原饅頭復元」と銘打って「ふくまんじゅう」を販売。

・7月12日、高崎シティギャラリー（高松町）で、高崎青年会議所によるシンポジウム「打ち出せ！　高崎の食観光『パスタの街たかさき』」が開催される。

・9月、みどり市大間々町の農業体験施設「浅原体験村」が、そばの栽培からそば打ちまでを楽しむ、そばオーナー制度を開始。（2日）

・9月、沼田市が市外在住者を対象に「田舎体験ツアー　そば編」を実施。（4日）

・9月5日、太田市の大光院境内で開催された「手づくり呑龍さま祭り」に、富士宮・横手・

太田の日本三大焼きそばが集結。

・9月、群馬ＤＣ（ディスティネーションキャンペーン）に協力するため、安中市の磯部温泉で磯部煎餅を販売する14店が、２袋１００円で食べ歩きを楽しめるキャンペーン「サクサク　磯部煎餅かじり歩き」を実施（30日まで）。（10日）

・9月26日、伊勢崎商工会議所青年部が、「いせさきもんじゃまつりとご当地Ｂ級グルメフェスタ」を開催。

・10月、高崎経済大学の学生４人が、おきりこみをアレンジした新名物「焼きおっきり」を考案。（14日）

・10月16日、群馬大学と中央工科デザイン専門学校が県内企業と組んで地域ブランドを創出する「産学連携プロジェクト２０１０」が、同専門学校で開催。うどん商品の提案などを行う。

・10月17・18日、太田市で、日本商工会議所青年部関東ブロック大会太田大会が開催され、物産展に「太田焼きそば」「伊勢崎もんじゃ」が出店。

・11月21日、埼玉県加須市で開かれた第7回埼玉Ｂ級ご当地グルメ王決定戦に、桐生のひもかわうどん、前橋の豚肉料理が参加。

・11月、太田青年会議所の郷土愛育成委員会が主催する「輪から郷土愛へ～太田新グルメ開発発表イベント！」が、太田市運動公園サブグラウンドで開催され、「太田つけめん塩焼きそば」「上州太田焼きそばサンド」「おおた巻き」の3品が披露される。（４日）

・11月13日、ＮＰＯ法人高崎やる気堂が、もてなし広場（高崎市高松町）で、市制施行１１０周年にちなんだイベント「１１０メートルの高崎うどんをつくろう」を開催。

・11月20日、高崎中部名店街さやもーると中央銀座商店街を会場に、高崎市の市制１１０周年を記念して、長さ１１０ｍのロールケーキ作りが行われる。

・12月、セブンイレブンが、桐生、みどり両市の26店舗で、「桐生の味　ポテト入り焼そば」

群馬ＤＣとの連携と継承

を販売。（2日）

・12月7日、セブンイレブンが、県産小麦１００％使用の「煮込んで食べよう！　鍋焼きおっきりこみ」を発売。

・12月11日、太田市北部運動公園で開催された「おおた食と光の祭典２０１０」に、「太田焼そば」「横手やきそば」「富士宮やきそば」ほか、県内や近県のＢ級グルメ17品が勢ぞろいする。

・12月12日、セーブオンが、県産小麦「きぬの波」を使用した「群馬の郷土料理　おっきりこみ」を商品化し、販売。

・12月、セーブオンが、高崎市で9月に開催された「キングオブパスタ２０１０」の優勝店、シャンゴ監修のパスタ、「赤城鶏と野菜のトマトスープパスタ」を商品化し、販売。（14日）

・12月24日、高崎麺類商組合が、そば店を中心とする55店を掲載した「高崎グルメマップおいしいそば・うどん」を作成、無料配布。（24日）

２０１１（平成23）年

・1月25日、セーブオンが、前橋のＢ級グルメ「うＴＯＮ飯」を商品化、期間限定販売（1／25～2／21）。豚肉とうどん、ご飯を炒めたソース味の料理。

・1月、コーセンドーが、両毛5市（太田、桐生、館林、足利、佐野）の麺類の人気店を紹介するトランプ「麺の里、麺めぐり」を発売。（30日）

・1月27日、下仁田町商工会が群馬ＤＣに向け、下仁田かつ丼食べ歩きのスタンプラリーを開始（9月30日まで）。

・2月1日、藤岡市のＢ級グルメを開発する「上州麺（むぎっつら）倶楽部」が、上州名物のうどんと藤岡名産のトマトを使った「キムトマ焼きうどん」の発売を決定。

・2月、みまつ食品（前橋市上大島町）と共愛学園前橋国際大学の学生グループが、「上州米粉屋本舗オリジナル水餃子」を共同開発。（21日）

・**3月11日、東日本大震災が起こる。**
・4月、横坂製麺（片品村鎌田）が、福島県南相馬市から東日本大震災と福島第一原発事故の被災者を受け入れている村の宿泊施設に、うどん1000食を配布。（6日）
・4月、「麺のまち『うどんの里館林』振興会」が、東日本大震災の避難者に「釜玉うどん」と「しょうゆ焼きうどん」を振る舞う。（7日）
・**4月、県観光物産課が、県全域の344店を紹介する「ぐんまのうどんガイドブック」を発刊。**
・4月17日、前橋市内の飲食店を対象にした豚肉料理コンテスト「第2回T―1グランプリ」で、居酒屋こみさんの「塩豚まんじゅう」がグランプリを獲得。（26日）
・4月29日、高崎市倉渕町の保養施設「はまゆう山荘」が、開設25周年を記念して、神奈川県横須賀市との関係から生まれたメニュー「海軍カレー」を土産品として発売。
・5月、吹割の滝観光協会（沼田市利根町）が、群馬DCに向けて、郷土料理「そばすいとん」を復活させ、販売開始。（15日）
・5月15日、太田市石橋町で開催された東日本大震災復興支援の「第8回ふれあい市フリーマーケット」で、避難者が福島県浪江町の名物「なみえ焼きそば」を販売。
・5月26日、ほっかほっか亭群馬地区本部が、県産小麦と正田醤油のめんつゆを使用した県内限定メニュー「冷やし釜玉うどん」を販売。
・**7月1日、群馬DC（ディスティネーションキャンペーン）開始（9月30日まで）。**
・7月1日、甘楽町都市農村交流協会が、群馬DCに合わせ、地元の食品加工業者の製品を使った冷や麦とスパゲティの新メニューを提供。
・7月、山崎製パンが、「上州太田焼そば風」「行田ゼリーフライ風」「じゃがいも入り栃木やきそば風」の3種の総菜パン「ランチパック」を発売。（14日）
・7月24日、大泉まつりの「大泉町B級グルメグランプリ」で、大泉高校食品科学科の生徒が考案した、ジャガイモと米粉使用の「いももち」が、グランプリを獲得。

・7月、下仁田地域の日本ジオパーク認定審査が行われた際に、総本家紙屋（下仁田町）の「ジオどら焼き」がお茶菓子として提供され、好評を得る。「跡倉クリッペ」に語呂を合わせ、中に粒餡と大きな栗を入れたもの。

・8月28日、片品村で開催された「第1回片品トマトまつり」のトマト料理コンテスト「Ｔ－1グランプリ」で、フーズバー・コアの「赤みそとトマトのうどん」がグランプリを獲得。

・9月、県と山崎製パンが、群馬ディスティネーションキャンペーンに合わせて、県の農畜産物を使った「大和芋メロンパン」などの菓子パン4商品を販売（9月30日まで）。（3日）

・9月4日、前橋商工会議所青年部「緑水会」が、前橋市中心市街地2会場で、「第1次ご当地グルメ合戦」を開催。前橋の「うＴＯＮ飯」、宇都宮の餃子、水戸の納豆ケバブ、行田のゼリーフライ、太田の焼きそば、伊勢崎のもんじゃなどが出店。

・9月、桐生麺類商組合青年部、ＦＭ桐生、ＮＰＯ法人・桐生地域情報ネットワークが「桐生もりあげうどん部」を結成。桐生、みどり両市内の31のうどん店が参加する「桐生うどんスタンプラリー２０１１」を開始（12月下旬まで）。（5日）

・9月5・6日と12・13日に、東京・銀座のぐんま総合情報センター「ぐんまちゃん家」に、「水沢うどん」のランチを味わえる特設コーナーが設けられる。

・9月18日、両毛地域青年会議所協議会が、あしかがフラワーパークでグルメイベント「We love 両毛！　元気祭」を開催。太田の焼きそば、館林のうどん、佐野のイモフライなどが出店する。

・9月17～19日、富岡製糸場付近特設会場で、西部県民局管内の9市町村の観光、物産をＰＲする「世界遺産への道！　西上州まるかじりフェア」が開催され、「藤岡キムトマ焼きうどん」などが出店。

・9月18・19日、群馬ディスティネーションキャンペーンの一環として、県と伊勢崎市、伊勢崎商工会議所青年部の主催で「ぐんまのB級グルメ大集合」と「いせさきもんじゃまつりと県外B級グルメフェスタ」が、華蔵寺公園（伊勢崎市）で同時開催。約100店が出店。
・9月23日、前橋広域物産振興協会主催の「まえばし物産まつり」が、ヤマダ電気LABI1（高崎市栄町）で開催。焼きまんじゅうや前橋 tonton 汁などを扱う11店が参加。
・9月24日、渋川市の伊香保温泉で、「MM（まんなかまんじゅう）―1フェスティバル」が開催され、饅頭を販売する13店舗が出店。計約5000個を販売。
・9月25日、館林市役所でご当地麺の祭典「麺―1グランプリin館林」が開催され、県内外から57店が出店。原田製麺（板倉町）の「きゅうりの冷や汁で食べる地粉うどん」がグランプリを獲得。
・9月、県観光物産課が、県民が選んだ群馬の「うまいもの」を1冊に詰め込んだ「ぐんま発　G級グルメガイドブック」を発行。県内の道の駅や東京・銀座のぐんま総合情報センター「ぐんまちゃん家」などで無料配布。（30日）
・9月、邑楽町のそば店9店でつくる「そばの町おうら」が仮発足。
・10月2日、藤岡市で開催された創作料理の王座を争う「ふじおかC（チャレンジ）―1グランプリ2011」で、コロッケを豚肉で巻いて揚げた、和食処吉村（藤岡市）の「とんコロ」が初代王座を獲得。
・10月、赤城温泉郷（前橋市宮城・粕川地区）の赤城温泉観光協同組合が、県産の小麦粉と前橋産の豚肉、山芋、キャベツを使用したお焼き「上州赤城山　かかあのじり焼き」の提供を始める。（3日）
・10月6日、日本テレビ「秘密のケンミンSHOW」で「藤岡キムトマ焼きうどん」が紹介される。
・10月、玉村町文化センターまつりで、町内保育所のおやつメニュー、お好み焼きの「たまむら焼き」の試食会が行われる。（31日）

群馬ＤＣとの連携と継承

・10月31日、サンヨー食品が、「上州太田焼そばのれん会」監修の「サッポロ一番　B級グルメ団　上州太田焼そば」を発売。
・11月14日、東京の日本橋倶楽部で、本県産の農畜産物や物産の消費拡大をＰＲする「地産フェア・イン・群馬」が開催。上州牛、ブランド豚、焼きまんじゅうなどが提供される（25日まで）。
・11月19日、高崎中部名店街と中央銀座商店街で、「高崎えびす講」の一環として、高崎市制１１１周年にちなんだ長さ１１１ｍのロールケーキを作るイベントが行われ、世界最長のケーキとしてギネス記録に認定される。
・11月20日、玉村町役場周辺で開かれた玉村町産業祭で、町内産の地粉を使用したB級グルメ「ロンちゃんスティック」を販売。鶏肉のミンチを薄皮で細長い筒状に包み、油で揚げたもの。
・11月、沼田市B級グルメ研究会などが、天狗プラザ（沼田市上之町）で、揚げ物で沼田を盛り上げようと「ぬまた揚げ上げフェスティバル」を開催。市内外の飲食店や精肉店約20店が参加。（23日）
・11月、邑楽町商工会が、邑楽町のそばをＰＲする冊子「おうら蕎麦手帳」を作成、公共施設等で配布。（21日）
・11月、榛東村と吉岡町の商工会が、東日本大震災で被災した福島県新地町で炊き出しを行い、焼き饅頭７００本とおきりこみ６００食を振る舞う。（27日）
・11月、下仁田町内の9店舗が「下仁田かつ丼の会」を結成。
・12月1日、そば・うどん・ラーメン・パスタなど、甘楽町内の飲食店14店の麺が楽しめる「甘楽麺食いスタンプラリー」が開始される（平成24年5月31日まで）。
・12月2～4日、「おおた物産まつり」が、太田市新田《にった》市《いち》野井《のい》町《ちょう》のショッピングセンター「ニコ・モール」で開催され、新田乃庄のおきりこみなどが出店。

・12月4日、高崎市内で行われたイベント「たかさき冬の祭典」に、福島県浪江町からの避難者が「なみえ焼きそば」の店を出す。
・12月10日、群馬奥利根連合そば会が中心となり、県内22団体の全県的な連携組織「群馬そば文化連絡協議会」を設立。沼田市内で設立総会と記念イベントを行う。
・12月27日、山崎製パンが、県産みそだれ使用の「焼きまんじゅう風パン」を太田市立商業高校と共同開発。関東全域で発売。

2012（平成24）年

・1月15日、玉村町の商工業者、JA佐波伊勢崎など11団体が「たまむら朝市会」を設立。地名を冠した「軍配山ラーメン」、朝市限定のパックケーキ、玉村ゆずドーナツなどを販売。
・1月16日、高崎市が、市内のパスタ店を紹介するパンフレット「一服満腹　新・パスタ探検隊」を作成、無料配布。
・1月16日、セブンイレブンが、県産小麦100％使用のうどんとして、「レンジでOK！上州おきりこみうどん」「レンジでOK！たぬきうどん　群馬産小麦使用麺」「冷やしたぬきうどん　群馬産小麦使用麺」「桐生の味カレーうどん」の4商品を販売。
・1月17日、ファミリーマートが、関東近県10都県の約3500店で、群馬県の郷土料理を再現した「おっきりこみ風うどん」を発売。
・1月、鈴森商事（みなかみ町阿能川）が、同所の仏岩温泉の源泉を練り込んだ「源泉うどん」を発売。（25日）
・3月、県東部行政事務所が、東毛地域や隣接する栃木県内の自治体のグルメ、特産品、名所旧跡、イベント情報を網羅した観光マップ「ぐんまVSとちぎ・ウマいもん合戦漫遊記」を作成。桐生や館林のうどん、太田の焼きそば、足利のそば、佐野のラーメンなどの店舗を掲載。（19日）
・3月30日、「道の駅おおた」がオープン。「太田やきそば風ドロップ」「太田やきそば風ラスク」

群馬ＤＣとの連携と継承

を販売。
・4月1日、「そばの町おうら会」が正式に発足。
・4月15日、「上州太田焼そばのれん会」の発足10周年を記念した「上州太田焼そば祭り」が、太田市北部運動公園で開催される。
・4月20日、「そばの町おうら会」がスタンプラリーを開始（10月31日まで）。
・5月6日、富岡市役所西駐車場で「２０１２とみおかご当地美食選手権」が開かれ、こんにゃくを揚げた「こんカツ」が優勝。
・5月27日、富岡市富岡で、東日本大震災で被害を受けた宮城県石巻市の復興支援を目的とした「動楽市」が開かれ、「石巻焼きそば」を販売。
・6月23日、「奥利根連合そば会」が創立10周年記念講演会を開き、あさを社の木部克彦氏が「群馬の食文化を誇りに思う」と題して講演。
・8月29日、太田商工会議所青年部が「太田焼きそばクレープ」を開発、太田市内の結婚式場で開いた発表会で披露。
・9月1・2日、両毛地域のご当地グルメを一堂に集めた「ぐんまVSとちぎ　ウマいもん合戦」が、桐生市稲荷町の新川公園で開催。うどん、ラーメン、焼きそば、ソースカツ丼などの店が出店する。
・9月12日、餃子製造販売の正幸（前橋市西片貝町）が、自社製品の「ふくまんじゅう」を商標登録した「片原饅頭」として販売開始。
・10月17日、県産食材の消費拡大を目的に、群馬県庁で物販と商談会「ぐんま粉もの大集合」が開催され、30の企業や団体が主力商品や新開発メニューを披露。ギンヒカリの燻製を使ったピザ、ひもかわのスイーツ、ご当地バーガーなどが出品される。
・10月、前橋市の若手有志の会「dannagei（旦那芸）」が、豚肉料理の新名物として「前橋バトン」を考案。豚肉や糸こんにゃくをトルティーヤ（トウモロコシのパン生地）で巻いたもので、

	手に持って食べる料理。（19日） ・10月22日、藤岡市の群馬医療福祉大学藤岡キャンパスで開かれた「秋の大祭典　ふじおかフェスタ２０１２」で、「世界一長～いうどん」と銘打って、全長１７００ｍのうどん作りが行われる。 ・11月10日、高崎市のもてなし広場で、ＮＰＯ法人高崎やるき堂の企画する「イタリアめんくい広場フェア」が開かれ、生パスタ教室などが人気を集める。 ・11月17日、邑楽町内のそば店でつくる「そばの町おうら会」が、「石打こぶ観音」として親しまれる曹洞宗明言寺（同町石打）で、「邑楽のそばを楽しむ一日」を開催。 ・12月1日、藤岡市の桜山公園で開催された「桜山まつり」で、藤岡北高校の生徒が開発した「桜まんじゅう」が販売される。 ・12月8日、群馬県商工会青年部連合会などによる「第1回商工会青年部グルメグランプリ～縁と動～」が、ビエント高崎展示会館（高崎市問屋町）で開催され、玉村町商工会青年部の「ロンちゃんスティック」がグランプリを獲得。豚肉のミンチを細長い小麦粉皮で包んで揚げたもの。 ・12月、高崎市榛名山町の榛名神社前に広がる社家町参道で、名物の門前そばを味わう「新そば祭り」が行われる。（14日） ・12月25日、共愛学園前橋国際大学の学生グループと景勝軒が、共同開発した「上州つけ麺」を発表。県産小麦粉「あかぎ鶴」を使用し、コンニャクイモ粉末、ひじきを練り込んだ麺。
2013（平成25）年	・1月、石焼つけ汁うどん専門店のひろき庵（伊勢崎市波志江町）が、「年明けうどん」として、煮込んだ県産トマトを丸ごとつけ汁に入れた「とまと丸ごとうどん」を考案。15日まで1日10食の限定販売を行う。 ・1月27日、藤岡市観光協会鬼石支部が、埼玉県和光市で開かれた「ニッポン全国鍋合戦」に、

群馬ＤＣとの連携と継承

味噌仕立てのつゆを使った水団「辛っ風うま味噌とっちゃなげ汁」を出品。

・**1月31日、「富岡製糸場と絹産業遺産群」が、日本の世界遺産としてユネスコの世界遺産センターに正式推薦される。**

・2月、「下仁田かつ丼の会」がスタンプラリーを開始（11月30日まで）。

・2月、館林商工会議所青年部が、ナマズの天ぷらを丸形パンにはさんだ「なまずバーガー」を開発、販売。（25日）

・2月、「中之条そば健」が、高野長英が飢饉対策にソバとジャガイモの栽培を勧めた著書『救荒二物考』をヒントに、「長英そば」を考案。ジャガイモでとろみをつけたカレー南蛮風のそば。（28日）

・3月、JAたかさきが、皮の生地に高崎産の米粉と小麦粉をブレンドした「Uh！ my（うー米）どら焼」を発売。

・3月、高崎市の認定農業者らでつくる市農業者先端技術情報化研究会が、榛名・箕郷の梅を使った冷凍生餃子「高崎名物　梅餃子　元気百梅」を開発、試験販売。（２日）

・3月7日、全国麺業青年連合会が10月に開催するうどん・そばのメニューコンテストに向け、県麺業青年会が前橋市内で予選会を開催。桐生支部の「トマトdeつけ麺　カレー風味仕立て」が代表に決まる。

・3月19日、県産農産物の将来性を消費の視点から考えるシンポジウム「ぐんま食と農のフォーラム」が県庁で開かれ、小麦粉を使った「粉もの食」をテーマにパネル討論が行われる。

・4月26日～5月6日、日本最大級の食の祭典「食博覧会・大阪」（インテックス大阪）に高崎観光協会が出展。高崎産食材を使ったショウロンポウ、米粉かりんとう、一口サイズの焼き饅頭などを実演販売。

・**4月12日、郷土料理「お切り込み」を群馬の代表的な名物料理に育てることを目的に、県**

が部局を超えた職員による「おっきりこみプロジェクトチーム」を発足、初会合を開く。

・5月、京都市東山区の飲食店兼博物館「うどんミュージアム」で、桐生市の「ひもかわうどん」が売り上げ1位になる（2位は栃木県佐野市の「耳うどん」）。

・6月27日、高崎麺類業組合が、ＪＡたかさきや高崎市と連携して、高崎産の小麦粉や食材を使ったつけ汁うどん「高崎福々うどん」を開発、発売。

・7月4日、県が前橋市の群馬会館で「おっきりこみシンポジウム」を開く。

・7月13日、「中之条そば健」が、「長英そば」の完成記念イベントを開催。カレー南蛮風やごまだれ、ジャガイモの素揚げやポテトサラダを添えた物など、そばとジャガイモを組み合わせた料理が振る舞われる。

・8月、首都圏で活躍する本県ゆかりの政財界関係者らでつくる「上毛倶楽部」の暑気払いが、東京・銀座のぐんま総合情報センター「ぐんまちゃん家」で開かれ、参加者がおきりこみなどの郷土料理を楽しむ。県の「おっきりこみプロジェクト」と連動した取り組み。（16日）

・8月24・25日、日本一のご当地うどんを決める「Ｕ―1グランプリ」が東京都内で開かれ、全国から24店舗・団体が参加。花山うどん（館林市）の「ひもかわうどん」が優勝。

・8月、草津湯の花まんじゅう本舗（草津町草津）が、草津温泉のキャラクターをかたどった「ゆもみちゃん焼き」を発表。（29日）

・9月5日、館林市の飲食店や商店が参加した「日本一ＨＯＴなまち館林　激辛・激甘・激冷グルメ総選挙」（館林商工会議所主催）の結果発表が行われ、館林うどん本店の「激辛ハバネロひやむぎ」がグランプリになる。

・9月、高崎市が、東日本調理師専門学校（同市矢中町）の監修で、高崎産食材を使ったご当地料理「高崎ケーク・サレ」を開発。（13日）

・9月、「中之条そば健」が「長英そば」を食べ歩くスタンプラリーを実施（11月30日まで）。

・9月、日本コロッケ協会（東京）の第1回コロッケグランプリで、平井精肉店（高崎市大橋町）

のオランダコロッケがバラエティー部門で金賞を獲得。（25日）
・10月、麺食業の活性化と販路拡大を目指す「ぐんまの麺食パワーアップ事業」の一環として、東京・銀座の「ぐんまちゃん家」で、郷土料理「おっきりこみ」をＰＲするイベントが開かれる。（５日）
・10月、花山うどん（館林市本町）が、「ひもかわうどん」を50年ぶりに復活させ、経営する飲食店で「復刻麺鬼ひも川」として提供。（８日）
・10月５・６日、県内最大級の農業祭「収穫感謝祭２０１３」が、前橋・ＪＡビル南側大駐車場で開催され、各ＪＡの女性部が県産小麦を使ったおきりこみと水団を提供。
・10月、県がおっきりこみを提供する県内の82店に、ＰＲ用ののぼり旗を無料配布。（10日）
・10月13・14日、鳥取県大山町で開かれたご当地バーガーの全国大会「とっとりバーガーフェスタ２０１３」に、館林の「上州なまずバーガー」と、富岡の「上州富岡こしねバーガー」が初出場。
・10月、東日本大震災の被災地支援の一環として、藤岡市職員や鬼石商工会会員らが、多賀城市の「第15回史都多賀城万葉まつり」に参加。鬼石名物の水団「とっちゃなげ汁」と、焼き饅頭計１５００人分を振る舞う。（19日）
・10月、東京・銀座のぐんま総合情報センター「ぐんまちゃん家」で、南牧村のＰＲイベント「南牧村に行ってんべ～in銀座」が開かれ、村特産の炭を練り込んだ炭まんじゅうなどが販売される。（31日）
・11月２日、神流町の臨時職員３名が、町の観光資源、恐竜にちなんだ新商品「足あとパン」を開発、川崎市のイベントで販売を開始。
・11月、桐生麺類商組合が、「ひもかわうどん」をＰＲするためののぼり旗１００本を作り、桐生市内約40店の店先に掲げる。（30日）
・**12月４日、ユネスコの無形文化遺産に「和食」の登録が決定される。**

・12月7日、東日本大震災により県内に避難している被災者を支援する「ぐんま暮らし応援会」が、高崎市棟高町のNPO法人じゃんけんぽん駐車場で「浪江風焼きそばの会」を開く。
・12月、セーブオンが、前橋市の豚肉料理PRキャラクター「ころとん」の焼き印を押したネギ塩豚カルビまん（通称・ころとんまん）を発売。（14日）

2014（平成26）年

・1月、大澤屋（渋川市伊香保町水沢）が、バレンタインデー向けに、水沢うどんの新商品「LOVEきつね」を発売。ハート形の油揚げとピンクに色付けしたうどん、特製めんつゆのセット。（16日）
・1月18日、セーブオンが焼き饅頭を店内販売する「伊勢崎連取本町店」をオープンする。
・1月28日、藤岡市のご当地グルメ「キムトマうどん」が、市内の小中学校の給食に初めて採用。
・3月、郷土料理おきりこみを全国にアピールしようと、県製麺工業協同組合が共通ブランド「おっ切り込みご膳」を立ち上げ、販売を開始。（4日）
・3月18日、東日本調理師専門学校（高崎市矢中町）で、小麦粉・チンゲンサイ・豚肉・白菜・長ネギなど高崎産の食材を使ったご当地料理「たかさき福々まんじゅう」が披露される。
・**3月20日、おきりこみが県無形民俗文化財に選択される。**
・4月、「太田焼そば」で街を盛り上げようと、市民ボランティア団体「上州太田焼そばEnJOY 麺 berS」が発足。
・4月、「焼きそばの街」を掲げる太田市の店が、「元祖ぐんまちゃん焼そば」を売り出す。（5日）
・**4月7日、県が郷土料理おきりこみを広めるため、県内でおきりこみを取り扱う飲食店を示した「おっきりこみマップ」をインターネット上に公開。**
・4月16日、東京・銀座の「ぐんまちゃん家」で、おきりこみを販売。

群馬ＤＣとの連携と継承

・4月17日、県がおきりこみを提供する飲食店や郷土料理のレシピを紹介するホームページを公開。
・5月、グンイチパンが、高崎市上中居町にメロンパン専門店「メロン・ド・パーネ」を開店。（6日）
・5月18日、伊香保温泉で開かれた「初夏のそばまつりin伊香保」で、勢多農林高校の生徒が、ソバを使った焼き菓子「そばんすこう」を販売。
・5月27日、セーブオンが「富岡製糸場と絹遺産群」の世界遺産登録を応援する新商品「上州みそパン」を発売。パッケージに製糸場と工女姿のぐんまちゃんを使用。
・**6月21日、「富岡製糸場と絹産業遺産群」が世界遺産として登録される。**
・9月、嬬恋村が村内の飲食店や小売店と協力して、特産のキャベツを使った新名物「嬬恋餃子」を開発。取扱店によるスタンプラリーを実施。（18日）
・10月29日、榛東村商工会女性部が、県のマスコットキャラクター、ぐんまちゃんをかたどった「ぐんまちゃん焼き」を販売。
・11月2日、大泉町の第18回産業フェスティバルが町文化むらで開かれ、直径2ｍの巨大アップルパイが振る舞われる。
・11月3日、桐生麺類商組合と桐生うどん会が、有鄰館（桐生市本町）で世界一幅の広いひもかわ作りを行う。幅72㎝、長さ4・5ｍのひもかわを完成させ、「勝手に世界一」を宣言。
・**11月3日、群馬県のマスコットキャラクターぐんまちゃんが、「ゆるキャラグランプリ２０１４」で優勝。**
・11月8日、「第9回やすらぎとふれあいに満ちた〝ほっと〟なまちフェスティバル」が渋川市役所で開かれ、高崎経済大学生と地元の飲食店が共同開発・商品化した「渋川麻婆うどん」の試食会が行われる。
・11月、「絹の国ぐんま和食文化向上キャンペーン実行委員会」（県、県農業協同組合中央会、

	上毛新聞社など）が、おきりこみ提供店を巡る「ぐんまおっきりこみスタンプラリー」を初めて実施（1月まで）。（26日） ・12月7～14日、前橋テルサ（前橋市千代田町）で開かれた企画展「前橋の昭和展」で、伝説の焼きそば店「あくざわ」の焼きそばが有志によって再現される。 ・12月7日、「THE富岡おっきりこみを食べてみんべ～会」が、旧官営富岡製糸場に近い富岡市中町まちなか交流館で開かれ、おきりこみが観光客に無料で振る舞われる。 ・12月31日、上野村と川場村がそばの味を競う「上州年越しそば対決」が、さいたま市大宮区のパレスホテル大宮で開かれ、上野村が勝利。
2015（平成27）年	・2月3日、セーブオンが「おっきりこみうどん」を発売。県が推進する「おっきりこみプロジェクト」の応援商品。 ・2月、藤岡市内の飲食店5店が、県内産の麦を使った新しい名物をアピールしようと、「麦王国　藤岡麦府」を立ち上げる。18日に市内で商品の試食会を開き、販売を開始。 ・3月、ミトモ（高崎市萩原町）が、シルクエキスを練り込んだ「シルク入り焼きまんじゅう」を開発。富岡製糸場などで販売。（10日） ・3月14・15日、高崎市と高崎観光協会が、市中心街の慈光通りで食をテーマにしたイベント「開運たかさき食堂2015　春」を開催。高崎産小麦や梅・豚肉を使った「高崎うめ～豚うどん」、焼き饅頭、高崎パスタなどの店が出店。 ・3月18日、「麺のまち『うどんの里館林』振興会」が、館林市のうどんのおいしさを広めようと、東京・銀座の「ぐんまちゃん家」でPRを兼ねた無料試食会を開く。 ・3月、星野物産と県中小企業団体中央会、高崎商科大学などが連携し、「上州ひもかわうどんのおっ切り込みご膳」をリニューアル。箱に富岡製糸場のイラストを入れる。（24日） ・4月26日、スーパーセンター・フィール（藤岡市中栗須）の直営の焼き饅頭店で、県のマ

群馬ＤＣとの連携と継承

スコットキャラクターの焼き印を押した「ぐんまちゃん焼きまんじゅう」を発売。

・4月29日、セーブオンが、県のマスコットキャラクターをかたどり、中にあんこが入った鯛焼き風の「おやつのぐんまちゃん」を発売。

・4月29日、道の駅「八ッ場ふるさと館」（長野原町林）で、長野原高校生活部が考案した「丸岩メロンパン」を販売（5月2日まで）。同町のシンボルとなっている岩山「丸岩」をかたどったもの。

・5月20日から、スーパーチェーンのフレッセイ（前橋市力丸町）が、「焼きまんじゅう風味せんべい」を群馬、栃木、埼玉の全49店で順次発売。

・5月16・17日、「東京大学群馬県人会」が大学祭「五月祭」で焼き饅頭を販売。

・6月、旅行サイトの楽天トラベルが、群馬県に宿泊した県外の旅行者に一番おいしかった料理を尋ねたアンケートを集計し、「群馬県旅めしランキング」として発表。粉ものでランクインしたのは、1位水沢うどん、3位焼きまんじゅう、7位おっきりこみ、10位ひもかわうどん。

・7月2日、高崎市民有志らでつくるキングオブパスタ実行委員会が、PR活動の一環として「高崎パスタ大使」を設け、初代大使にテレビの大食い番組などで活躍する石関友梨さんを任命。

・7月5日、県やJA群馬中央会らでつくる「絹の国ぐんま和食文化向上キャンペーン実行委員会」が、前橋市の前橋プラザ元気21で開かれた第24回日本健康教育学会学術大会で、おきりこみ約350食を振る舞う。

・7月、幸煎餅（前橋市千代田町）が、看板商品の「七福神あられ」に、焼き饅頭風味のあられ「ぐんまちゃん」を加えた新商品「ぐんまちゃん七福神」を発売。（7日）

・7月、スーパーチェーンのベイシアが「ポテトチップス焼きまんじゅう味」と、せんべい「ばかうけ焼きまんじゅう味」を販売。（30日）

・10月3日、NPO法人県スローフード協会が、旅館・八塩館（藤岡市浄法寺）で鬼石地区名物のとっちゃなげ汁（水団）を食べて語り合う食談会を開く。
・10月3・4日、「絹の国ぐんま和食文化向上キャンペーン実行委員会」と吉岡町商工会女性部が、上州富岡駅前広場でおっきりこみの試食会を開く。
・10月10日から11月30日まで、JR東日本の高崎・長野・新潟の3支社が、管内の駅そば39店で「スキです。駅そばキャンペーン」を実施。「駅そばリーフレット」を各店で配布。
・11月7日、桐生名物「花ぱん」の魅力を発信しようと、桐生ふるさと大使に就任したお笑いコンビ「ワンクッション」が、市内12店舗の花ぱんを集めた無料試食会を開く。
・11月21日、ベイシアが伊勢崎商業高校と共同開発した「焼きまんじゅう⁉パン」を発売。第一屋製パンが製品の開発に協力。
・12月、県が伝統食「おっきりこみ」を提供する店舗117店を紹介する「おっきりこみ大図鑑」を作成、無料配布。（19日）

2016（平成28）年

・1月中旬、中之条町の六合赤岩地区で、伝統食「とうじうどん」を土日限定で提供（3月いっぱいまで）。
・1月、みまつ食品（前橋市上大島町）と共愛学園前橋国際大学（同市小屋原町）の学生グループが、すき焼きの具材を皮で包んだ中華まん「ぐんまのすきやきまん」を共同開発。（20日）
・1月、旅がらす本舗清月堂（前橋市新堀町）が、県産牛乳を使用した新商品「つるまう饅頭」を発売。上毛かるたの「つる舞う形の群馬県」から着想。（27日）
・1月28日、県が群馬の魅力を国内外に発信するプロモーション動画の第3話「おっきりこみ編」を動画サイト「ユーチューブ」に公開。
・1月27日、水団を吉井名物にしようと、高崎市吉井公民館が吉井保健センターで水団作り講座を開催。

・２月６日、桐生市の桐生天満宮の骨董市で「花ぱんまつり」が開催される。
・２月18日、富岡実業高校生が、卵を使って焼き饅頭生地をフレンチトースト仕立てにした「てぃふれんち」を開発。
・２月26日、ＪＲ東日本グループとホテルメトロポリタン高崎が、県産小麦に県産ホウレンソウを練り込んだ「オール群馬産」の生パスタ「ベＧパスタ」を開発。
・３月13日、県が主催する「わが家のおっきりこみコンテスト」の実技審査が前橋市の前橋プラザ元気21で開かれ、最優秀賞に前橋清里小学校５年の桜井葵衣さんの「もっちりふわふわおっきりこみ！」が選ばれる。
・４月、訪日外国人に関東地方１都７県地場産品をＰＲする国土交通省の「TOKYO& AROUND TOKYOブランド」に40品目が認定され、田舎や（高崎市）の焼きまんじゅうが観光振興賞（各都県1社に与えられる最高賞）を獲得。（８日）
・４月、「きのした」（東京都足立区）が、吉岡町上野田の同社工場で生産する焼き饅頭味のシリアル「ぐんまちゃんグラノーラ」の販売を本格化。（13日）
・４月、牧商事（渋川市伊香保町水沢）の水沢うどんが、「日本ギフト大賞２０１６」の都道府県賞（47点選定）に選ばれる。（13日）
・７月３日、群馬、栃木両県の名物料理店が味を競う初の「粉もんぐるめグランプリ」（みどり市商工会主催）が、同市大間々町のはねたき広場で開催。カレーうどんを出品した「旬菜トラットリア　ありす」（みどり市大間々町）が優勝。
・７月、食パン専門店、一本堂高崎飯塚店（高崎市飯塚町）が開店。一本堂（東京都）が全国展開するフランチャイズチェーンで、県内の出店は初。（５日）
・７月30日、「焼きそばの街・太田」を盛り上げようと、太田市内の洋菓子店と焼きそば専門店が協力し、太田焼きそばに見た目がそっくりの「太田焼きそばケーキ」を考案、発売。
・８月４日、第40回東日本学校給食麺業者交流会が高崎市内のホテルで開かれ、関東を中心とした1都8県の業者約60人が、県学校栄養士会が考案したひもかわうどんを使った和洋中3種の料理を試食。

・8月27日、太田青年会議所が開催した地域PRイベント「ワンワールドマーケット」で、太田焼きそばを入れた器を３７２０個並べ、「麺の器の最も長い列」でギネス世界記録を樹立。

・9月18日、住民グループ「そば処霧生」が、桐生市黒保根町のわたらせ渓谷鉄道水沼駅前で、手打ちうどんを振る舞う「水沼うどんまつり」を開催。

・10月1日、藤岡市のみかぼみらい館で開かれた「シルクカントリーぐんま　絹の国サミットin藤岡」で、とっちゃなげ汁（水団）の試食会や、桑の葉まんじゅうの無料配布が行われる。

・10月8日、沼田市の沼田公園野球場で産業展示即売会に、真田氏の家紋の六文銭を模した直径約60cmの大焼き饅頭が登場。NHK大河ドラマ「真田丸」にちなんだもの。

・10月9日、花山うどん（館林市本町）が、東京・銀座に銀座店を開店。幅約5cmの「鬼ひも川」や、焼き饅頭を提供。

・10月22日、第36回牛乳料理コンクール県大会（県牛乳普及協会主催）が群馬調理師専門学校（前橋市小屋原町）で開かれ、宇敷朱央さん（渋川女子高校2年）の「ほっこりミルクの洋風だんご汁」が最優秀賞に選ばれる。

・10月23日、前橋市街地の飲食店と市内の子どもが共同開発したメニューを紹介する「前橋地元味グルメ商店街」（前橋青年会議所主催）が千代田町の中央イベント広場で開かれ、小学生が考案したチーズがとろける創作焼きまんじゅうの試食などが行われる。

・11月25日、セブンイレブンが「群馬名物！　上州地粉のおっきりこみ」を発売。県産農畜産物のブランド化を研究している団体「女子会」（愛称・ひめラボ）の意見を取り入れて開発した商品。

群馬ＤＣとの連携と継承
・11月26日、前橋商業高校とベイシアが共同開発した「だるまぱん」、館林商工高校とイオンリテールが共同開発した「Mt.みそ焼うどん」が発売される。 ・12月、国内外で喜ばれる土産物を全国各地から募集し、魅力ある逸品を発掘する「おみやげグランプリ２０１７」（ふるさと祭り東京実行委員会主催）で、花山うどん（館林市本町）の「鶏だしカレーつけ鬼ひも川」がフード・ドリンク部門の準グランプリに選ばれる。（９日） ・12月23日、桐生大学グリーンアリーナ（みどり市）で、みどり市民が花ぱん２万６３９７個、長さ１７０６・７８ｍを並べ、「最も長いケーキの列」のギネス記録を達成。みどり市の市制施行10周年の企画。

初出一覧

序

粉どころ群馬の粉ものたち―おきりこみ文化財登録から焼き饅頭まで（『vesta』第九六号、公益財団法人 味の素食の文化センター、二〇一四年。原題「粉どころ群馬の粉ものたち―おきりこみ文化財登録から焼きまんじゅうまで」）

第一章　粉もの文化の伝統

餡入り焼餅と饅頭（『武尊通信』第七二号、一九九七年）

ゆで饅頭考（『群馬文化』第二五五号、一九九八年）

酒饅頭と焼き饅頭（『群馬歴史民俗』第三一号、二〇一〇年。原題「群馬の酒饅頭―ス饅頭・焼き饅頭をめぐる一考察―」）

おきりこみと水団（『群馬県立歴史博物館紀要』第三二号、二〇一一年。原題「オキリコミと水団」）

粉ものをめぐる歴史と民俗

一　高崎に見られる焼餅（『高崎市史編さん事務局ニュース』第一七七号、二〇〇三年）

二　饅頭に見る高崎のムラとマチ（『高崎市史編さん事務局ニュース』第一五一号、二〇〇一年）

三　饅頭をめぐる高崎の歴史と民俗（『高崎市市史編さんだより』第二五号、二〇〇二年。原題「饅頭をめぐる歴史と民俗」）

四　倉賀野町の農休みと饅頭（『ぐんま地域文化』第四一号、二〇一三年）

五　酒饅頭の形（『群大地理学会五〇年誌』、二〇〇三年）

六　田植えとあんパン（書き下ろし）

七　重曹が変えた群馬の粉もの（書き下ろし）

第二章　粉もの文化の現在

伊香保温泉の「湯の花饅頭」製造販売店（『えりあぐんま』第五号、一九九八年。原題「伊香保温泉における『湯の花饅頭』製造販売店の存在形態」）

温泉饅頭と鉱泉煎餅（『武尊通信』第一〇五号、二〇〇六年）

地域おこしと粉もの（書き下ろし）

第三章　粉もの探しの旅

農産物直売所を歩く（『よしい「教育さろん」』第一〇号、二〇〇四年）

祭りの露店を歩く（『よしい「教育さろん」』第一一号、二〇〇五年）

マルメモノを求めて群馬県を歩く（『よしい「教育さろん」』第一二号、二〇〇六年）

忘れられない粉ものの思い出（書き下ろし）

第四章　群馬の粉もの文化とその特色

粉もの文化とその背景―おっきりこみと焼き饅頭を中心に―（群馬県立歴史博物館、平成十九年度歴史博物館講座④における講演原稿、二〇〇八年。原題「おっきりこみと焼きまんじゅう」）

粉ものみやげと名産品（上毛新聞、二〇一〇年五月十三日～八月十九日、一一回の連載。原題「ソウルフードエッセー　粉食」）

伝統的な粉もの文化の諸相（未発表原稿）

伝統食としてのお菓子―柚餅子を中心に―（NPO法人群馬の食文化研究会、平成二十四年度第三回研究会における講演要旨、二〇一三年）

地域おこしと粉もの　関連年表（書き下ろし）

あとがき

粉ものに興味をもって群馬県内を歩き始めたのは、今から二十数年前、高崎市の市史編さん室に勤務していたときのことである。私は当時、高崎市史編さん専門委員会の民俗部会を担当していて、部会の専門委員や調査員の先生方のために、調査の交渉や事務手続きをするのが仕事だった。そうした中で、食生活の聞き取り調査に同行すると、しばしば話題に上るのがゆで饅頭《まんじゅう》だった。皮の生地に膨張剤を入れず、ゆでて作るこの饅頭は、果たして饅頭と言えるのだろうか。そんな素朴な疑問が研究のきっかけだった。詳しくは第一章の「ゆで饅頭考」に書いたので、ここでは繰り返さない。そして、本書に饅頭に関する文章が多いのは、粉もの研究の出発点が饅頭だったからである。

饅頭といえば、子供の頃に母親から聞いた炭酸饅頭の話が、強く印象に残っている。筆者の母は、県西部の山村、多野《たの》郡上野村の出身である。母が小学二年生くらいだった頃、近所のおばさんから「うんまいから食べな」と言われて、蒸かしたて熱々の炭酸饅頭をもらった。ところが、喜んで一口かじった瞬間、彼女はぎょっとした。口の中いっぱいに生臭いにおいが広がったからである。かじったところからのぞいて見ると、饅頭の中に入っていたのは、何とイカの塩辛であった。一九四九（昭和二十四）年頃の話である。この時のことがトラウマになって、母は今でも塩辛が食べられない。しかし、これは何もおばさんが子供相手に悪戯《いたずら》をしたわけではない。この地域には、イカの塩辛やウルカ（アユの内臓の塩辛）、ホオザシなどを饅頭や焼餅《やきもち》の中に餡《あん》として入れ、食べる習慣があったのである（まあ、あまり子供向けとは言えないが）。饅頭だからといって、いつでもどこでも甘い餡こが入っているとは限らない。時代により地域により、さまざまなのである。

学生時代に地理学を専攻していたこともあって、このような地域差とか地域性には関心があった。だから、大学の民俗学研究会で勉強していても、民俗事象の地域差や地域性というものがいつも気になっていた。第三章の「忘れられない粉ものの思い出」に出てくる米粉の焼餅の話は、そんなエピソードの一つである。そして、本書が食文化に関する本なのに、所々に分布図が登場するのは、そのためである。

分布図について少し説明しておこう。二〇〇五（平成十七）年、筆者は群馬大学大学院に入学し、修士論文作成のために、粉ものを含めた伝統的な食に関する分布調査を行う機会を得た。このときの調査・研究の対象は、筆者が「マルメモノ」と呼ぶ餅類を含めた食品群で、粉ものに限ったものではない（第三章の「マルメモノを求めて群馬県を歩く」参照）。しかし、いくつかの種類の粉ものについて分布調査を行うことができ、その成果の一部が分布図として本書に活用されている。

粉ものへの関心は、伝統的な農村家庭の粉ものから、その後次第に、みやげものや名産品、外国起源の粉もの、ご当地グルメにまで広がっていった。そして、このような新しい粉ものと、伝統的な粉ものとをつなぐものはあるのだろうか。あるとすればそれは何なのか。筆者の興味は、伝統と現在をつなぐ部分へと入り込んでいった。そうした視点から書いたものが、第一章の「粉ものをめぐる歴史と民俗」の中の「田植えとあんパン」「重曹が変えた群馬の粉もの」、第二章の「伊香保温泉の『湯の花饅頭』製造販売店」「温泉饅頭と鉱泉煎餅」である。

伝統的な粉ものと新しい粉ものを総合的に研究しようという方向性は、群馬県立歴史博物館に勤務し、二〇一〇（平成二十二）年の第八八回企画展「粉もの上州風土記」を担当することになって、一層はっきりとした。この企画展で扱ったものは、焼餅・饅頭・うどんなどの伝統食から、温泉饅頭・鉱泉煎餅《せんべい》・麦落雁《むぎらくがん》などのみやげもの、伊勢崎もんじゃ・太田焼きそばなどのご当地グルメまで多種多様であった。ここまで多様な粉ものを系統立て、関連付けて展示した企画展は、これまでになかったものと自負している。

第四章の「粉ものみやげと名産品」、「伝統的な粉もの文化の諸相」、は、この企画展のＰＲのため、上毛新聞に連載する目的で書いた文章である。そのうち、前者が掲載された原稿、後者は連載の企画段階でお蔵入りとなった未発表原稿である。どちらも、群馬の粉ものを概説するものとしてコンパクトにまとまっていると考えて、本書に加えることにした。また、第二章の「地域おこしと粉もの」および巻末の関連年表は、企画展のために行った「ご当地粉もの」の研究を元に、新たに書き下ろしたものである。

歴史博物館の企画展を担当してから、群馬の粉ものに関する問い合わせや講演依頼を受けることが多くなった。本書をまとめたのは、筆者の粉ものについての考えを知っていただく際に、簡単に手に取って見られるような本が必要と考えたからである。

現在の筆者は小学校に勤務しており、調査や執筆ができるのは週末や祝日に限られる。言ってみれば休日だけのアマチュア研究者である。しかし、教員の身分で研究をしていると、粉もの等の問い合わせを受けたときに「小学校の先生がどうして…」と言われることがしばしばある。依頼されてある民放のテレビ番組に出演したときなどは、「博物館にいたときなら（そのままの肩書で）よかったが、肩書が小学校教諭では具合が悪いから、食文化研究家ということにしてほしい」とまで言われてしまった。

しかし、本書を読んでいただければ、学生時代に地域研究に目覚めた人間が、教職に就いてからも好きな研究を続けているだけのことだ、ということがおわかりいただけたと思う。そして、「どうして」と問われれば、「面白いから、楽しいから」としか答えようがない。そもそも「何のために」とか「何の役に立つのか」などとは考えたこともないのだ。それでも、あえて別な言葉にするならば、「小学校の教員は私の職業だけれど、地域研究は私の趣味であり、それを続けるのが私の生き方だから」といったところだろうか。

「まえがき」でも述べたように、本書はこれまでに書いてきた粉もの関係の文章を集めたものである。掲載誌の多くは関係者のみに配布され、一般の方はほとんど目にすることのない雑誌や会報などである。論文・短報・解説文・随筆・講演原稿と形式もさまざまなら、文体も常体・敬体のものが混じっており、統一されていない。粉ものの名称の表記についても同様で、同じものが「おきりこみ」「おっきりこみ」、「まんじゅう」「饅頭」などと書かれている。しかし、それは発表した場所や目的が異なるからで、本としてまとめる際にも、そのままの形で残しておくことにした。

最後になってしまったが、聞き取り調査を中心とした私のフィールドワークに快くご協力くださった多くの方々、編集担当の大山哲さんをはじめ、このような本を世に出してくださった農文協プロダクションの方々に心から感謝申し上げたい。そして、一番の理解者である私の家族にも。

二〇一八年七月二十二日

横田　雅博

■著者略歴

横田　雅博（よこた　まさひろ）

1962年、群馬県高崎市に生まれる。群馬大学大学院教育学研究科修了。
高崎市立中学校、高崎市教育委員会文化振興課、高崎市市史編さん室、旧吉井町立小学校、群馬県立歴史博物館勤務を経て、現在は高崎市立小学校教諭。
日本民俗学会会員、日本地理学会会員。専門は民俗学、農業地理学。

〈ルーラルブックス〉

おきりこみと焼き饅頭—群馬の粉もの文化—

2018年7月22日　第1刷発行

著者　横田　雅博

イラスト：こゆささ

発行　一般社団法人　農山漁村文化協会
住所：107-8668　東京都港区赤坂7丁目6－1
電話：03（3585）1141（営業）　03（3585）1145（編集）　FAX：03（3585）3668
振替：00120-3-144478
URL：http://www.ruralnet.or.jp/

ISBN978-4-540-18156-6
〈検印廃止〉

制作／（株）農文協プロダクション
印刷・製本／（株）杏花印刷
